Te van a despedir y lo sabes

PILAR LLÁCER CENTENO

Te van a despedir y lo sabes

Historias de la @SeñoritaMaryPoppins en sus
#travesíasdesvergonzadasporlasempresas

℘

ALMUZARA

© Pilar Llácer Centeno 2019

© Editorial Almuzara, s.l., 2019

Primera edición: noviembre de 2019

COLECCIÓN ECONOMÍA Y EMPRESA
EDITORIAL ALMUZARA
Director editorial: Antonio E. Cuesta López
Edición al cuidado de Rosa García Perea
www.editorialalmuzara.com
pedidos@almuzaralibros.com - info@almuzaralibros.com

Imprime: Gráficas La Paz
ISBN: 978-84-17954-74-1
Depósito Legal: CO-1696-2019
Hecho e impreso en España - *Made and printed in Spain*

«El que busque razones, lo que estrictamente llamamos como tales, argumentos científicos, consideraciones técnicamente lógicas, puede renunciar a seguir leyendo.»

(*Del sentimiento trágico de la vida VI*, Miguel de Unamuno).

Índice

PEQUEÑA INTRAHISTORIA DEL GRAN #LIBROLLÁCER

Sobrevivir como editor conlleva cuarto de ciencia y mitad de alquimia. Ciencia, en cuanto razón y calidad; alquimia, por cuanto intuición y olfato. Y la ciencia y la alquimia se conjugaron aquella mañana para detectar la oportunidad editorial que, de manera inesperada, se me presentó el mismo día que conocí a Pilar Llácer. Habíamos quedado en EAE, su escuela de negocios, para hablar de posibles cooperaciones en conferencias y cursos. Filósofa, experta en RRHH, maestra de las redes sociales, runner y palentina, sinceró, en nuestro diálogo directo y franco, la gran experiencia que atesoraba, con sus heridas y sus goces. Buena profesional, irradiaba seguridad, criterio y fuerza. Ganas de hacer cosas, ambición —bendita palabra en estos tiempos de mediocres—, deseo de prosperar, de dejar huella. Conecté con ella de inmediato. Química, le dicen. Además de sus trabajos de docencia y consultoría, dirigía de investigaciones Recursos Humanos de gran repercusión por sus publicaciones. Un perfil rutilante para estos tiempos de desconcierto.

Tras repasar posibilidades de colaboración, la rueda de la casualidad/causalidad comenzó a rodar, quién sabe si inevitablemente. Y, aunque no te lo creas, el diálogo que parió el #librollácer transcurrió, casi literalmente, al estilo tuit que reproduzco.

@llácer: Estoy escribiendo un libro.

@pimentel: ¿Ah, sí? —y el instinto de cazador que late bajo cualquier editor de raza se azuzó de inmediato—. ¿Y de qué va?

@llácer: Pues de recursos humanos, de adaptación al cambio, de malos y buenos jefes, de rendiciones y superaciones personales, de todo eso...

@pimentel: ¿Has pensado título?

@llácer: Sí, lo tengo desde un primer momento. Se llama #tevanaDESPEDIRylosabes.

Te van a despedir y lo sabes, joé, que gran título, pensé. Guardé silencio por unos segundos. Había tema, había autora, tenía libro delante de mis narices. No se me podía escapar.

@pimentel: Pues si todavía no tienes editorial, @almuzara te lo edita.

Me miró. Sus ojos delataron una efímera sorpresa. No se lo esperaba. Afortunadamente, se recompuso de inmediato, no lo dudó y aceptó mi propuesta. Y así, en menos de tres minutos, media hora después de habernos conocido, se engendró el #librollácer, sorprendente desde su mismo nacimiento. Y es que entramos para pergeñar conferencias y salimos con el embrión del libro que hoy tienes entre las manos, que así de caprichosos, a veces, son los hados del quehacer editorial.

Y @llácer trabajó durante meses. Seguimos sus avances por los borradores que nos remitió y por las redes sociales, a las que trasladaba el halo creativo inherente al escribir su obra en el silencio solemne de la Biblioteca Nacional. Nos gustaba el proyecto y aún nos gusta más el resultado. Necesario, inquietante, lúcido, provocador, clarividente, tierno, insolente. @llácer en estado puro.

Prepárate, tú, que #tevanadespedirylosabes, a sentirte identificado en las situaciones y personajes que vas a conocer. Más que leer, lo vivirás. Y es que aflora sin tapujos la vida real que late en el seno de las empresas y de las relaciones laborales en estos tiempos en los que todo muta y nada permanece. Y sabrás que #librollácer tiene razón. Te dolerá —iba a escribir te joderá—, por un lado, y por otro te advertirá de lo que te espera… si no te preparas como en el fondo ya sabes qué tienes que hacer, pero que, inexplicablemente, aún no has hecho.

Qué buen libro, Dios. @llácer en estado puro, como decíamos. Qué suerte tuvimos al ir aquella bendita mañana a la EAE para hablar de conferencias y cursos...

Manuel Pimentel Siles.

@PERSONAJES

PERSONAJES PRINCIPALES	
@SeñoritaMaryPoppins	20 años de estancias discontinuas en #cavernasempresariales, ha tenido tres despidos y siete salidas voluntarias. En sus #travesíasdesvergonzadasporlasempresas ha entrado, habitado y salido muchas veces, acompañada de la @tiaILUSIÓN, la @primaIRA y otros muchos personajes.
@señorM	Un jefe que despidió a la @SeñoritaMaryPoppins.
@tioVUCA	Representa los valores de cambio constante. VUCA es un acrónimo utilizado para describir la volatilidad, incertidumbre (*uncertainty* en inglés), complejidad y ambigüedad de situaciones. La noción de VUCA fue creada por el U. S. Army War College después del mundo surgido tras el fin de la Guerra Fría. El término comenzó a utilizarse de forma generalizada a partir de los años 90.

PERSONAJES SECUNDARIOS	
ANTIGUO	@abueloELADIO
APRENDIZAJE	@señorAPRENDIZAJE
CANDIDATO	@CANDIDATO
COHERENCIA	@suegraCOHERENCIA
DE FAMILIA BIEN	@APELLIDOSCONABOLENGO
DESTINO	@yayaDESTINA
ENCHUFADOS	@ENCHUFADOS
FILÓSOFOS	@FILÓSOFUS
FORMACIÓN	@señoraFORMACIÓN
	Trans-formar (El significado fundamental del prefijo «trans» es el de «paso al lado opuesto» «pasar de un sitio a otro») La formación tiene que llevarte a otro lado.
	De-formar (alterar una cosa) La formación tiene que cambiarte.
ILUSIÓN	@tiaILUSIÓN
IRA	@primaIRA
JUSTICIA DIVINA	@JUSTICIAdivina
MAGIA	@cuñadaMAGIA
PADRES	@PADRES
POLÍTICOS	@POLÍTICUS
PROFESIONAL SIN ESTUDIOS SUPERIORES	@tioJOSETE
PROFESORES	@PROFESORES
RAE	@LARAE
RECURSOS HUMANOS	@RECURSOSHUMANOS
TALENTO	@INNOMBRABLETALENTO
	No hablaré de lo que es el «Talento», pues se le ha definido de tantas maneras, que para mí casi es «el innombrable».

PERSONAJES/ESPECIES QUE HABITAN EN LA #CAVERNAEMPRESARIAL
Tipos de especies por ubicación:
@JEFES
@NOSALGODELACAVERNA
@YOVENDO
@BECARIOS
Tipo de especies por género:
@ELLAS
Tipo de especies por edad:
@ITMILLENIAL
@50PLUS
Tipo de especies sin clasificación:
@HEMPRENDEDORES (Con hache porque tiene más fuerza. Que hace y no solo sueña).
@LASEÑORADELALIMPIEZA
@ITROBOT

#HASHTAGS

HASHTAG	
ANTI-CAMBIO	#estosiempresehahechoasí
AMBICIÓN	#huracAMBICIÓN
BABY BOOMERS	#generacióndelosresignados
CAMBIO /SORPRESA PERMANENTE / TODO NOS ABURRE RÁPIDO	#efectocircodelSOL Nuestra capacidad de sorprendernos por las cosas ha incrementado su velocidad. Antes el efecto de algo completamente rompedor, como en su momento fue el Circo del Sol (se fundó el 7 de julio de 1984), duraba varias temporadas. Ahora vemos algo y enseguida nos aburre. Las series ya no son como Dinastía con cientos de episodios y emitidas durante años. Buscamos series cortas, enseguida nos aburrimos de las tramas, los personajes. Queremos ver novedad radical y constante. Que nos deslumbren de manera permanente.
CAMBIAR EL MUNDO	#cambiarelmundo
CONCILIAR	#lamaldicióndeconciliar
CV	#CVqueyanosirve
EFECTO 3 VELOCIDADES	#3VELOCIDADES Pasado, presente y futuro en la misma línea de tiempo. Convivimos con la mentalidad del siglo XX. Con empresas que tan solo hace diez años nos parecían cosa de magia o ciencia ficción. Y a la vez tenemos empresas de toda la vida, produciendo los mismos servicios de siempre, con los mismos medios de siempre. Trenes de cercanías con otros de alta velocidad que ni siquiera tocan el suelo.
DESEMPLEO	#satéliteDESEMPLEO
DESPIDO	#SALIDAPACTADA
EMPLEO	#galaxiaEMPLEO

EMPRESA	#cavernaempresarial
ESTUDIOS CON SALIDAS	#estudiosconSALIDAS
EX EMPLEADOS	#EX-pecies
FIN DEL TRABAJO	#galaxiaFINDELTRABAJO
FP	#islaFP
HUELLA DIGITAL	#PISADADIGITAL
LETRAS	#PURALETRAS
LIDERAZGO	#estadoLIDEREGO
	#estadoLIDERPURO
	#estadoLIDERZAFIO
ME VOY A IR DE LA EMPRESA	#mevoyaIRylosaben
MIEDO	#atmósferaMIEDO
NO OLVIDAR	#NOLVIDES
PARADO	#ESTARPARADO
PASIÓN	#GENPASIÓN
PENSAMIENTOS	#pensamientosde20g
PREJUBILADO	#SOYPREJUBILADO
PRIMER TRABAJO	#PRIMERTRABAJO
Puntos cardinales	#PUNTOSCARDINALES
RECUERDOS	#MISRECUERDOS
SISTEMA EDUCATIVO	#planetaEDUCACIÓN
TE VAN A DESPEDIR Y LO SABES	#tevanDESPEDIRylosabes
TEDIO	#GENTEDIO
TRABAJO	#TUTRABAJO
TRANSFORMACIÓN DIGITAL	#meteoritoDIGITAL
TRAVESÍAS	#travesíasdesvergonzadasporlasempresas
UNIVERSIDAD	#continenteUNIVERSIDAD

OTROS

— *GAFAs* (Acrónimo de: Google, Amazon, Facebook, Apple y Siguientes)

— *Estado del Liderazgo*: es la situación en que se encuentran los @JEFES, y en especial cada uno de sus sucesivos modos de SER o ESTAR con otras especies. Se suele denominar «Estilo de Liderazgo».

TE LO VOY A DEDICAR, PORQUE A MÍ ME HAN DESPEDIDO TRES VECES

¿Qué vas a hacer si te despiden mañana? ¿Si te dicen que no vuelvas a tu #cavernaempresarial?

¿Qué vas a hacer, si después de estar estudiando muchos años, no encuentras #TUTRABAJO?

Este libro va dedicado a todos los que alguna vez han sufrido, han llorado, se han quejado, han criticado, han sido felices algunos instantes… en las #cavernasempresariales. Grandes o pequeñas… porque los han despedido o lo van a hacer pronto y lo saben.

A todos los @JEFES que os han echado de las #cavernasempresariales y que lo seguirán haciendo, muchas gracias, aunque duele.

A los que están estudiando y no van a encontrar el trabajo que habían pensado en la #galaxiaEMPLEO. Los moldes que se fabrican en el #planetaEDUCACIÓN, ya no encajan en el universo.

A todas las especies de la #cavernaempresarial. La forma de salir y entrar de las empresas es diferente, el #meteoritoDIGITAL y el @tioVUCA han cambiado todo de sitio.

A los @JEFES que gestionan y no se centran en las personas. Y se cierran las puertas de sus despachos o de su cabeza y están mejor en soledad o con sus vasallos, que con un rostro como el tuyo delante.

A los que han tenido sueños grandes, pequeños y medianos, y sus @PADRES, @PROFESORES y @JEFES se los han matado una y otra vez o les han puesto miles de barreras para no poder cumplirlos. Son fáciles de reconocer porque llevan tatuada la frase #estosiempresehahechoasí y, además, funciona.

A los que se han callado muchas veces delante de su @JEFE, han puesto su mejor sonrisa y con la mente daban puñetazos y sujetaban a la @primaIRA que se escapaba sin suspiros ni contemplaciones.

A ti. Qué te van a despedir y los sabes (#tevanaDESPEDIRylosabes).

A ti, @ITMILLENIAL, que te vas a ir y lo saben (#mevoyaIRylosaben) y luego dirán que esta generación no tiene compromiso con nada, ni con nadie. Tienes experiencia en ver desiertos, después de los oasis que te venden en las @cavernasempresariales.

A los que dudan entre elegir #estudiosconSALIDAS o perseguir sus sueños.

A los que asesinaron a tus sueños por culpa de las salidas profesionales y ahora no encuentras #TUTRABAJO ni tus sueños.

A ti. Que a veces te va bien en tu #cavernaempresarial, y otras muchas, mal y muy mal, y si no te han echado ya alguna vez, estás pensando que quizás seas el próximo.

O peor aún, a ti, que te consideras absolutamente imprescindible, porque pasas muchas horas sentado trabajando, cumples tus objetivos y nunca le dices nada a tu @JEFE que le pueda molestar. Pues sí, a ti también #tevanaDESPEDIRylosabes, y si no lo sabías, espero que después de enrolarte en mis #travesíasdesvergonzadasporlasempresas por lo menos te den calambres para que empieces a moverte de una vez.

A ti, que soportas día a día, minuto a minuto, cómo no te hacen caso, y cuando te lo hacen es para reñirte. Que crees que una señora llamada @JUSTICIAdivina hará ver algún día que el trabajo que has hecho se verá recompensado… #NOLVIDES que eso nunca pasa.

A ti, que trabajas en tu casa, en una #cavernaempresarial, en un coworking, en una fábrica, en el campo. Como soldador, como empleado cualquiera, como jefe, como recepcionista, YouTuber o como CEO. O que no estudias ni trabajas. Y no te gusta ni tu #cavernaempresarial ni tus @JEFES y además siempre te callas.

A @ELLAS, que van llegando poco a poco sin hacer ruido, con #lamaldicióndeconciliar, trabajando como hormiguitas. A ti, aunque pienses que por tu género no te van a despedir… #tevanaDESPEDIRylosabes. Por no hacer más que trabajar y trabajar sin distraerte. Hay que salir más de la #cavernaempresarial.

A ti, que no sales nunca del despacho (@NOSALGODELACAVERNA), cumples el control horario sin descansos y no paras de trabajar. Por no levantar la cabeza de la mesa no te has enterado de que vas a ser uno de los primeros de la lista, y no precisamente para darte un premio. Que piensas que ir a eventos, relacionarte con otras especies y otros actos sociales, es una pérdida de tiempo. Pregúntate qué contactos vas a tener si te despiden mañana.

A ti, que te dedicas a vender (@YOVENDO). Tú estás más preparado. Has salido y entrado más veces de la #cavernaempresarial que otras especies.

A ti también, emprendedor (@HEMPRENDEDOR con hache porque me parece que tiene más fuerza. Que hace y no solo sueña). Forzado, si tienes más de cuarenta años y no te ha quedado más remedio que encontrar una grieta fuera de la #cavernaempresarial.

Sobre todo, a ti, @50PLUS, especie en peligro de extinción en la #cavernaempresarial, que te va a tocar descubrir nuevas travesías a tus años. Que has perdido #TUTRABAJO de toda la vida y ahora no sabes dónde está, ni cómo encontrarlo y quieres tu contrato de siempre y tu sueldo de toda la vida.

A todas las especies de las #cavernasempresariales que soportan día a día, minuto a minuto, año a año, que sus @JEFES les ignoren o les atosiguen demasiado. Como mucho, a veces les hablan con un tono más amable, les dan algún proyecto distinto y les suben su sueldo lo justo. Especies que creen que la @JUSTICIAdivina les hará ver a su @JEFE que #TUTRABAJO es, de verdad, estupendo… #NOLVIDES que #tevanaDESPE-DIRylosabes, y así de simple, sin contemplaciones. ¿Te crees de verdad que tu @JEFE lo va a ver si no lo exhibes?

A los que se preguntan «qué voy a ser de mayor y cómo me veo dentro de cinco años»… ¡Yo qué sé!… Hace veinte años no existían *GAFAs* (Google, Amazon, Facebook, Apple y Siguientes) ni las plataformas digitales… No sé a lo que me voy a dedicar. Difícil decisión con quince años, o con treinta o cuarenta, cincuenta o sesenta. La esperanza de vida se estira y nuestra mortalidad ni #TUTRABAJO van a tener fecha de caducidad.

Piensa en el día después de que te despidan. Si llevas en una #cavernaempresarial toda la vida… ¿qué vas a hacer ahora?, y ¿si te despiden mañana? Quieres descansar, pero tampoco mucho tiempo. Las puertas para entrar, una vez que sales, se cierran muy rápido y además cambian de sitio. Tendrás que empezar a moverte, contactos, amigos, y ahora te dicen que si no estás en redes sociales no tienes nada que hacer. Quieres volver o no, a la #cavernaempresarial, porque en tu mentalidad del siglo XX es el espacio de tu seguridad laboral. Sí, no me he confundido de siglo, tu forma de pensar es del @abueloELADIO, del siglo XX en el siglo XXI.

Si te despiden mañana, tienes que padecer desde YA mismo los síntomas y empezar a preparar tu plan. Recopilar todas las cosas grandes y pequeñas que has hecho. Y eso no te va a caber en un #CVqueyanosirve. Vas a tener que buscar la forma de regresar o llegar, si no has estado nunca, a la #galaxiaEMPLEO.

Pero ¿a tu mismo puesto? #TUTRABAJO ha sido impactado por el #meteoritoDIGITAL y se está desgastando rápido. Quizás, aunque busques mucho, ya no lo encuentres como lo tenías antes. Mucho de #TUTRABAJO lo puede hacer ya, una nueva especie @ITROBOTS. O lo va a hacer un @ITMILLENIAL, sin experiencia, pero digital. Y hay muchas especies asustadas por el #meteoritoDIGITAL, lo ignoran e incluso creen que va a desteñir la esencia humana y que será una moda. Esperan agazapadas a que pase.

A ti, porque a mí ya me han despedido tres veces, te conviene enrolarte en mis #travesíasdesvergonzadasporlasempresas, para que te empiecen a dar calambres.

ADVERTENCIA

Este libro es como un andamio, que puede desecharse una vez que hayas pensado como vas a *trans-formar* #TUTRABAJO.

«Mis proposiciones son elucidaciones de este modo: quien me entiende las reconoce al final como sinsentidos, cuando mediante ellas —a hombros de ellas— ha logrado auparse encima de ellas. (Tiene, por así decirlo, que tirar la escalera una vez que se haya encaramado a ella)»

Tractatus Logico-Philosophicus. Ludwig Wittgenstein

A MODO DE INTRODUCCIÓN: ME VOY A PORTAR BIEN PARA LO QUE ES MI SER

Los hechos y los personajes que aparecen en el libro no son fruto de la ficción, sino de la experiencia real de mis #travesíasdesvergonzadasporlasempresas

Subí a su despacho en la última planta. Era el más grande y el que tenía más vistas, como siempre. Entré. Me dio la mano. Estaba serio, después de tantos años, algo envejecido, pero más delgado, seguro que era de esos @50PLUS que ahora es runner.

—@señorM: ¡Cuánto tiempo, @SeñoritaMaryPoppins! ¿Necesitas algo? Llegas sin avisar y ya sabes que siempre tengo poco tiempo. Si te he recibido tan rápido es porque reconozco que tu nota de voz me dejo intrigado: «necesito verte», qué escueta, con lo que tú eres.

—@SeñoritaMaryPoppins: Tan desagradable y seco como siempre —solo ahora después de algunos años me atrevo a decírselo a la cara—. Estoy aquí porque necesito contarte algo importante.

—@señorM: Dime.

—@SeñoritaMaryPoppins: #tevanaDESPEDIRylosabes.

—@señorM: ¡¡Tú que sabrás!!

—@SeñoritaMaryPoppins: Ahora sé moverme por los bajos fondos y me entero de todo.

—@señorM: Pues vas a tener que ayudarme...

—@SeñoritaMaryPoppins: Para eso he venido. Todavía no he olvidado que hace cuatro años me despediste, pero me voy a portar bien para lo que es ahora mi SER.

El @señorM me miró con su cara de siempre, con cierto desprecio y soberbia, pero en el fondo sabía que lo que le estaba diciendo era cierto. Creo que ya se esperaba que le fueran a despedir. Sabía que su trabajo se estaba desgastando, que no podía sobrevivir en las mismas condiciones que hasta ahora.

Pero voy a comenzar por el principio.

Mi nombre es @SeñoritaMaryPoppins y te invito a enrolarte en mis #travesíasdesvergonzadasporlasempresas. Son las travesías de una empleada cualquiera (yo), y del último jefe que me despidió llamado @señorM. Y de todos los diálogos y encontronazos que tienen con las especies que habitan en las #cavernasempresariales. Están muy preocupadas.

El #satéliteDESEMPLEO y la #galaxiaFINDELTRABAJO se observan cada vez más cerca y no quieren salir de su #cavernaempresarial, aunque siempre se estén quejando de cómo se habita dentro.

Después de más de 20 años de estancias discontinuas en #cavernasempresariales y de despedirme tres veces —no voy a utilizar eufemismos— he vuelto para invitar al @señorM a enrolarse en mis travesías.

Tras el impacto del #meteoritoDIGITAL y mi último despido tuve que reformar mi trabajo. Se me desgastaba muy deprisa. De paso voy a presentarle al @tioVUCA, creo que no le conoce todavía. En el fondo, pasados algunos años, me da pena decirle que le van a despedir. A él, con lo que ha sido, con la de especies que ha echado sin contemplaciones. A ver si le dan calambres y empieza a moverse. Sin embargo, voy a ayudarle. Tendré breves encuentros, conversaciones, diálogos o encontronazos con algunas especies que habitan en las #cavernasempresariales, y a todos les haré una sola pregunta: «si te despiden mañana, ¿qué vas a hacer?» Desde @LASEÑORADELALIMPIEZA, hasta los @JEFES. Tengo intriga por ver que me responde @ITROBOTS.

—@RECURSOSHUMANOS: ¿Por qué me lo preguntas? ¿Sabes algo? No me he visto en el listado.

—@NOSALGODELACAVERNA: ¿A mí? Seguro que no, no he oído nada. No me he visto en el listado que se ha dejado mi @JEFE en la impresora.

—@ITMILLENIAL: A mí no me van a despedir, ¡me voy a ir yo! #mevoyalRylosaben.

—@50PLUS: Ya lo sabía. Era el siguiente de la lista y con suerte me voy a pasar al estado #SOYPREJUBILADO.

Y con los que están estudiando y han renunciado a sus sueños por unos #estudiosconSALIDAS... Con esos voy a tener más que palabras. Después, sus @PADRES y @PROFESORES seguro que me odian por lo que les diga y les pondrán miles de excusas para que no me hagan ni caso. Espero que se enrolen también a mis travesías y les den calambres.

Hace cuatro años me despidieron otra vez, y ya iban tres. Otro final, otra vez a empezar de nuevo. Había tenido muchos comienzos y muchas caídas, algunas más dolorosas que otras, pero siempre con la @tiaILUSIÓN. ¿Por qué te tiene que pasar a ti? Te paras y al final llegas a la conclusión que no te valió toda tu experiencia, ni los estudios, ni los másteres, ni los idiomas, ni nada. Has perdido #TUTRABAJO de nuevo y esta vez no sabes por cuanto tiempo, ni sabes si lo vas a encontrar de nuevo o si vas a volver con él.

Hay muchas especies que me miran con cara de pena porque a ellos no les han despedido nunca. A mí antes me daba vergüenza decirlo, pero desde que, en una cena con amigos, comentando que me había ido de mi última empresa con una #SALIDAPACTADA, uno me dijo: «no, a ti te despidieron», pensé que era cierto, que siempre nos da miedo decirlo, y más en voz alta. (Por cierto, de la vergüenza hablaremos luego, punto débil que abandoné dentro de la cajonera de mi última #cavernaempresarial).

TE VAN A DESPEDIR Y LO SABES

Todos los días me encuentro algún caso, seguro que tú también. Esa semana la habían echado a @ELLA y, además, @50PLUS. Estaban en racha. Luego fue otro @NOSALGODELACAVERNA, y no se lo esperaba tampoco.

¿Por qué les despidieron? Seguro que lo sabían, pero no hacían nada por prepararse. A nadie le pilla de sorpresa aunque digan lo contrario; o sí, a ti que eras imprescindible, que estabas a punto de jubilarte, que te quedabas siempre el último hasta que saliera tu @JEFE. Que no decías una palabra más alta que la otra, que siempre estabas disponible... también tengo que decirte que #tevanaDESPEDIRylosabes.

En mi última #cavernaempresarial, ya no tenía ni fotos, ni siquiera los marcos. Pesan demasiado cuando te llevas las cajas con tus cosas. Y la taquilla donde guardabas tu uniforme y la botellita de agua ahora será de otro, o de un @ITROBOT, o de un @ITMILLENIAL, o de alguien de tu misma especie, pero no tuya.

Cuando te despiden, ¡cómo duele!, aunque digas que no has llorado. Primero de rabia y luego tu WhatsApp ardiendo de mensajes e iconos. Y no de corazones precisamente. Las historias de despidos, igual que las despedidas, son siempre las mismas y bastantes tristes: «me llamaron», «iba en el metro», «estaba en mi silla sentado»..., «que no vuelvas más». «¿Cómo?, ¿es una broma?», «se han equivocado de número»... Todo comienza con una llamada o un correo electrónico o un «¿puedes venir un momento a mi despacho?» Hay veces que se dignan a decírtelo cara a cara. Excusas, los números, tu perfil, la estructura...

#MISRECUERDOS: MI PRIMER DESPIDO MEMORABLE

La primera vez que me despidieron la recuerdo terrible. Después de haber trabajado mucho, no decir nunca una palabra más alta que la otra, ser proactiva, cumplir objetivos, y toda la ristra de las mejores competencias que se puedan aplicar a un perfil con talento, mi primer @JEFE me llamó.

—@JEFE: @SeñoritaMaryPoppins, ¿Puedes venir un momento a mi despacho?
—@SeñoritaMaryPoppins: #pensamientosde20sg:
* ¿Qué me va a decir ahora?
* ¿Qué habré hecho mal?
* ¿Será para comunicarme un nuevo proyecto?
* ¿Le habrá molestado algo?
* Bueno, no, seguro que no, o sí.
* Te levantas.
* Vas corriendo.
* Te paras un momento, coges el cuaderno, un papel o la tablet.
* Claro, será algo de trabajo y tendré que apuntar.
* A lo mejor me ascienden.
* O me suben el sueldo.
* Te acercas.
* La puerta siempre está cerrada, como si te adentraras en una cámara acorazada.
* Llamas.
* Esperas.
* No responde.
* Seguro que llamé flojo y no me ha oído.
* Golpeas la puerta otra vez más fuerte.
* Esta vez te has pasado.
* Se oye «adelante».
* La verdad es que me iría corriendo.
* La mayoría de mis @JEFES, más que respeto, se han dedicado a contagiarme la #atmósfera-MIEDO.
* Nunca se me ha dado bien interpretar sus signos.

- Y según entro despacio van detrás mis cinco sentidos.
- VISTA: No le veo todavía, despacio abro la puerta.
- OLFATO: Pero ya le huelo. Lleva un perfume muy fuerte. La importancia del olor y el liderazgo daría para otra travesía. Este sentido descubre lo que está disimulado o encubierto.
- OÍDO: Su tono de voz suena serio. Si los @JEFES supieran que de todo lo que dicen las palabras trasmiten el 7%, el lenguaje corporal el 55% y el tono de voz un 38%, creo que todos deberían ir a clases de canto y ensayar sus tonos.
- Esta vez su tono suena a enfadado y ya no necesito más porque la #atmósferaMIEDO crece exponencialmente. La ley de Moore sacude el mundo, pues en mi caso es la *Ley del Mieeedo.*
- De los sentidos, del gusto y del tacto no voy a hablar. No entraron en escena, aunque el tacto, en sentido figurado poco, poco.
- Ya estoy dentro, me acerco a la silla, ni se levanta, ¡donde quedaron los buenos modales!, como diría el @abueloELADIO.

—@JEFE: ¿Qué tal?

—@SeñoritaMaryPoppins: #pensamientosde20sg:

- ¡¡En serio!!
- No me puede estar preguntando «qué tal» con la cara de angustia que tengo.
- Si creo que estoy sudando.
- Aun así, contesto porque soy muy digna.

—@SeñoritaMaryPoppins: Muy bien. Y ya no soy capaz de acordarme de nada más de la conversación, más allá de las palabras; «ya no podemos seguir contando contigo». Lo que si recuerdo perfectamente es esa sensación de «y ahora qué voy a hacer yo». #pensamientosde20sg:

- ¿Qué hago después de salir del despacho?
- Seguro que mis compañeros ya lo saben y ahora van y todos me miran con cara de lástima.
- ¿Hago como si no hubiera pasado nada y sigo trabajando?

- No, mejor me voy.
- Claro si me voy así de repente, tendré que dar explicaciones y no quiero.
- ¿Vuelvo mañana como si nada?
- No me he enterado de cuando es mi último día.
- Le odio.
- El sí que es un incompetente, no se da cuenta de la perla que pierde, con la de horas que trabajo.
- A ver ahora que va a hacer si soy la única que sabe hacer todo.
- Seguro que reflexiona y me pide que vuelva.
- Ni loca.
- (Tras dos horas) A lo mejor no estaría tan mal.
- ¿Por qué me han despedido?
- Me tienen envidia.
- Soy demasiado competente.
- Claro, la última que ha entrado.
- Me han cogido manía.
- ¿A quién se lo digo?
- De momento, a nadie.
- Con la @primaIRA ya tengo suficiente.

Fue la primera vez que me despidieron y me pilló desprevenida y sin ninguna alternativa. Porque esto de que te despidan no pasa como en las películas en plan «¡¡estas despedido!!». Los @JEFES han debido hacer cursos de retórica del despedido pues, aunque tengo bastante experiencia en este sentido, creo recordar que nunca han utilizado las mismas palabras ni las mismas excusas. Ahora, que lo mismo digo para muchos que les han echado y son incapaces de decirlo con estas palabras, ¡cuánta retórica!:

— «Salí de esta compañía…» (Por la puerta de atrás)
— «Llegamos a un acuerdo» (Para que no vuelvas más)
— #SALIDAPACTADA (en tu caso, más que un acuerdo de voluntades fue su voluntad y tu desacuerdo sumiso)

En esos primeros momentos vas a odiar mucho a la #cavernaempresarial y a tu @JEFE, pero es un sentimiento que dura muy poco.

De repente quieres volver.

No se estaba tan mal, aunque lo hayas criticado muchas veces, aunque no te gustaran sus modales. Vas a querer volver a #TUTRABAJO tal y como lo tenías. Este sentimiento hay veces que dura minutos, semanas, meses o años.

#TUTRABAJO SE ESTÁ DESGASTANDO

El #meteoritoDIGITAL ha roto la corteza de los trabajos que conocías y ha abierto cráteres tan grandes en muchas #cavernasempresariales que se han hundido y han surgido nuevas plataformas digitales con formas distintas de consumir #TUTRABAJO. Y el mundo ideal del contrato indefinido y el empleo para toda la vida que te enseñó el @abueloELADIO, empieza a tener grietas.

El #meteoritoDIGITAL ya ha impactado en #TUTRABAJO y sigues sin darte cuenta de sus efectos hasta que te despiden. A ti ya te pilló mayor lo de la transformación digital y no por la edad, sino por culpa del @abueloELADIO, de tus @PADRES y del #planetaEDUCACIÓN, que siguen con la misma mentalidad del siglo XX. Pensando que eso de la tecnología es una moda y las redes sociales mucho postureo y mucha tontería, pero que para #TUTRABAJO necesitas lo mismo de siempre.

Nuestro consumo va por un lado y nuestra mentalidad por otro: el mundo a #3VELOCIDADES. Compras por Internet, te trasladas con Uber o Cabify, confías para elegir tu destino de ocio en plataformas con miles de usuarios que no conoces de nada... pero para buscar #TUTRABAJO sigues con tu currículum de siempre. Incluso me dice algún @ITMILLENIAL que si me parece bien que vaya a dejarlo físicamente a la empresa. Le pregunto, muy seria, si lleva la foto típica del *fotomatón*, con su borde blanco y una grapa bien puesta en la frente. Algunos salen corriendo a hacerse una, se paran un momento y me preguntan que dónde van a encontrar *fotomatón*.

Nuevas especies están colonizando los territorios de la #galaxiaEMPLEO. Otras se están extinguiendo, pero todas tienen que evolucionar. Es la teoría de la selección natural y aquí los más fuertes no serán los más digitales, sino los que tengan #GENPASIÓN, muchas citas con la @señoraFORMACIÓN y pisoteen a los que digan #estosiempresehahechoasí. Después de mis #travesíasdesvergonzadasporlasempresas espero que te den muchos calambres y estés preparado para que cuando te despidan, te vayas tan contento porque ya tienes un plan para encontrar o crear #TUTRABAJO.

En mis travesías he visto como se está transformando y desgastando #TUTRABAJO tal y como lo conocías hasta ahora. El #meteoritoDIGITAL y el @tioVUCA han cambiado de sitio las puertas de acceso a la #galaxiaEMPLEO. Conozco muchas ganzúas para entrar en las #cavernasempresariales si estás buscando #TUTRABAJO. Las he tenido que utilizar con frecuencia. Tres despidos y siete salidas voluntarias. Sí, ya sé lo que estás pensado: que si me han despedido será por algo, que me he cambiado muchas veces y eso todavía está mal visto. ¡¡Y las que me quedan!! Todavía no he surcado el territorio de las plataformas digitales, pero tengo una #PISADADIGITAL de maratón.

Si te despiden mañana, para encontrar #TUTRABAJO deberás tener en cuenta que te enfrentas a aguas abiertas. Esto suele ser más exigente y demanda un mayor esfuerzo físico y un gran entrenamiento previo. Más que las travesías dentro de las #cavernasempresariales. Tienen corrientes a veces muy fuertes, incluso para especies experimentadas y con muchos estudios y másteres del universo. Las travesías no son solo por mar, son el tránsito o el recorrido del cielo por los astros. Tránsito, pasar de un sitio a otro, no solo pasar sino traspasar.

Para ayudar al @señorM, tendrá que cruzar conmigo cuatro travesías:

— Primera travesía: Ha caído un #meteoritoDIGITAL.
— Segunda travesía: Del #planetaEDUCACIÓN a la #galaxia-EMPLEO.
— Tercera travesía: El mundo de la #cavernaempresarial y los diálogos con sus especies: Si te despiden mañana, ¿qué vas a hacer?
— Cuarta travesía: Cómo entrenar para que, si te despiden mañana, te vayas tan contento.

El #meteoritoDIGITAL ha alterado todas las condiciones de habitabilidad en las #cavernasempresariales y en la #galaxia-EMPLEO, causando grandes cráteres por los que están saliendo muchas especies y provocado la aparición y extinción de otras muchas. Así que voy a tener conversaciones con algunas de ellas para ver que me cuentan: los que nunca salen de la caverna, los que venden, los becarios, con @ELLAS, los millenials, seniors, emprendedores, la señora del limpieza. Hasta con un robot y, por último, mi especie favorita: @JEFES.

La segunda travesía en el #planetaEDUCACIÓN, nos encontraremos con especies que todavía están estudiando, y les voy a decir que como sigan con la actitud del @abueloELADIO no van a encontrar trabajo en la #galaxiaEMPLEO. Qué absurdo es elegir tu futuro con quince años. La misma dicotomía de siempre: ciencias o #PURALETRAS, listos o… muy trabajadores. Sé que tus @PADRES y los @PROFESORES siguen pensado eso. Y los de @RECURSOSHUMANOS, que son los que deciden tu entrada en las #cavernasempresariales, también.

Después de pasar por el mundo de la #cavernaempresarial y ver que nos cuentan las especies que allí habitan y alguna que está fuera, llegaremos al final de la travesía, y aquí no te voy a poder ayudar. Necesitas encontrar tus #PUNTOSCARDINALES para llegar de nuevo o seguir en la #galaxiaEMPLEO. No es sencillo porque el #meteoritoDIGITAL y el @tioVUCA han destrozado el sistema de referencia cartesiano: Norte, Sur, Este y Oeste. Pero es más divertido porque puedes inventarte todas las referencias que quieras para orientarte. Tampoco los puntos donde vas a encontrar #TUTRABAJO están todavía definidos. Yo te mostraré los míos. Al final, son *maneras de vivir*. Después, por cierto, los tiras, no resisten mucho tiempo (tienen obsolescencia programada).

ANTES DE SEGUIR MIS
#TRAVESÍASDESVERGONZADASPORLASEMPRESAS
ME VOY A PRESENTAR RÁPIDAMENTE

No me parece justo continuar sin presentarme brevemente con cuatro defectos importantes que es conveniente que sepas:

— Mi orgullo me mata.

— Me gusta ponerme medallas.

— Tengo a miedo a decir lo que pienso (antes era pánico y ahora, después de despedirme tres veces, casi ha desaparecido, como la vergüenza).

— Sé pensar y conectar ideas que no tienen ninguna relación aparente (debe ser una de las taras de haber estudiado una carrera sin salidas).

MI ORGULLO ME MATA

Tengo mucho orgullo. #pensamientosde20seg:

— ¡¡¡Ay, ese orgullo!!! Dignidad mal entendida.

— Cuántos problemas me ha dado y me sigue dando.

— Cuántas veces te has ido de una sala de reuniones con todas las lágrimas guardadas en una bolsa de plástico que se rompía una vez que salías por la puerta.

— Cuántas veces te has comportado de forma digna, sabiendo que la dignidad, en muchas ocasiones, no sirve para nada, es más, estorba.

— Ahora ya sé que no vale para nada, que la dignidad en muchas ocasiones nos hace solitarios y egocéntricos.

Cuando me dan un ligero golpe en el orgullo, suelo comenzar mis frases por «no te preocupes, que ya…». Si midieran mi tono de voz, intentando ser siempre neutra, educada, correcta, seguro que les engañaría. La @primaIRA es discreta. Pero si dibujaran mi tono de voz cuando me tocan el orgullo, saldría algo así como la sombra de un cuchillo muy grande, muy afilado. El orgullo no lo tienes al lado siempre, sino que sale de vez en cuando y duele mucho, porque en el fondo (y aunque digamos que no), todos tenemos una estimación muy alta de lo que somos y de lo que hacemos.

ME GUSTA PONERME MEDALLAS

Yo pensaba que a las personas amables y honestas, esas que son buenas personas en las #cavernasempresariales, no les gusta ponerse medallas. Gracias a un compañero me di cuenta de que era justo lo contrario. ¡Pobre hombre!, si supiera la de veces que he mencionado la anécdota. Yo, que creía que era tan *buena-tonta*, y resulta que gracias a él, ahora sé reconocer que me gusta ponerme medallas. ¿Por qué cuando uno es bueno parece que, en realidad, es tonto? Porque sale perdiendo a corto plazo. No me refiero a *colgarme medallas* de algún logro o éxito sin haber participado en su consecución, sino que si he contribuido en algo, me gusta que se sepa, que me nombren, que me citen. Ahora con las redes sociales es muy fácil, no por llevarme yo todo el mérito sino solo un trocito, pequeño. Se agradece, y creo que a la mayoría de las especies les pasa lo mismo que mí, aunque lo nieguen.

TENGO A MIEDO A DECIR LO QUE PIENSO

Y de esta característica, que yo creía que me hacía menos vulnerable a un despedido, se han aprovechado muchos @JEFES y muchas especies: «calladita estas más guapa». A algunos @JEFES les parece que quedarse callado es signo de respeto y educación. Ahora ya sé que no. Es mejor decir las cosas con gracia y educación. Hablar con sinceridad, pero tampoco ser muy directo. Te da más credibilidad porque normalmente ninguna especie hace este ejercicio delante de los @JEFES.

SÉ PENSAR Y CONECTAR IDEAS QUE NO TIENEN NINGUNA RELACIÓN

De esta ya me dirás lo que piensas si llegas hasta el final de mis #travesíasdesvergonzadasporlasempresas.

Y empezamos la primera travesía con un poema. ¿Por qué? y... ¿por qué no?

POEMA: ESPASMOS Y TEMBLORES LABORALES

Como te van a despedir y lo sabes.
Como te vas a ir con motivo o sin motivo.
Como #TUTRABAJO se está desgastando
y no lo vas a encontrar fácilmente.
Espero que NO te quedes agazapado.
Es mejor que te empiecen a dar calambres,
que evoluciones,
es mejor que lo sepas,
que pienses en ello, desde ya mismo
y te enroles YA, en mis #travesíasdesvergonzadasporlasempresas.
Porque va a llegar ese día.
El #satéliteDESEMPLEO y la #galaxiaFINDELTRABAJO
están cada vez más cercade lo que nunca habías imaginado.
Y no quieres salir de la #galaxiaEMPLEO,
ni del #planetaEDUCACIÓN,
aunque te quejes constantemente de cómo se habita allí.
No te va a quitar #TUTRABAJO @ITROBOTS,
lo va a hacer tu falta de previsión y preparación,
y también te lo va a quitar tu @JEFE,
y a tu @JEFE también.
Por no pensar que la manera de SER y ESTAR de #TUTRABAJO,
ya cambiaron y él no,
y las #cavernasempresariales tampoco.
Tu @JEFE y el jefe de tu jefe, hasta el presidente,
que deberían haber estado atentos al #meteoritoDIGITAL,
ni se fijaron, ni se dieron cuenta,
sólo se llenaron de cacharrería digital.
Estaban distraídos con lo mismo de siempre:
las cifras, la facturación, los resultados, el cliente…
Todos menos TÚ.
No serán los @ITROBOTS quienes te roben #TUTRABAJO,
sino la falta de previsión de los @JEFES y
de muchos @POLÍTICUS también.
Y lo peor es TU falta de previsión.
Como a mí me han despedido tres veces,
y he salido de siete #cavernasempresariales,
teniendo incluso un romance con @HEMPRENDEDOR,
te invito a enrolarte en mis travesías.
Para que te den calambres.
El #meteoritoDIGITAL ha impactado YA en #TUTRABAJO.

¿Cómo se llega a la #galaxiaEMPLEO?
Desde el #planetaEDUCACIÓN, se ve muy lejos.
Y los que están pensando qué estudiar,
ningún estudio tiene más salidas que otro.
Y a los que acabaron hace tiempo, también les diré
que necesitan pedir cita con la @señoraFORMACIÓN…
urgentemente.
Y necesitan crear los #PUNTOSCARDINALES
para encontrar o crear #TUTRABAJO.
Y no te los puedo dar, porque yo tengo los míos y no te valen.
Sólo te los comparto, para que los tires y busques los tuyos.
El @tioVUCA me ha enseñado lo que ya dijo Heráclito hace
tiempo,
Todo cambia, todo fluye, muy rápido.
Pero el que más tiene que cambiar eres TÚ y además,
muy deprisa.

PRIMERA TRAVESÍA:
HA CAÍDO UN #METEORITODIGITAL

—@SeñoritaMaryPoppins: La primera travesía te va a dar chispas.

—@señorM: Algún espasmo ya me ha dado con ese poema. No me digas que ahora te dedicas a la literatura.

—@SeñoritaMaryPoppins: Venga, que te lo digo en son de paz.

—@señorM: Creo que mi problema contigo que es nunca te entiendo.

—@SeñoritaMaryPoppins: Por eso me despediste, pero ahora te explico, tranquilo.

—@señorM: Cómo me escribas otro poema... lo que me va a dar es sueño.

—@SeñoritaMaryPoppins: Entonces te hago un esquema.

De cuando cayó el #meteoritoDIGITAL y no te diste ni cuenta. Tú ya eras un consumidor digital, pero #TUTRABAJO era otra cosa, eso no te lo podían ni tocar. Habías escuchado que vientos huracanados derribaron muchas #cavernasempresariales, y estaban formando cráteres en algunos trabajos, pero nunca pensaste que fuera el tuyo. La #galaxiaEMPLEO en tu sector era segura y para tu puesto de trabajo tenía una atmosfera que te permitía sobrevivir. Cada día se conocía una nueva noticia del impacto del #meteoritoDIGITAL. Todas eran de dimensiones catastróficas y anunciaban la destrucción de miles de puestos de trabajo. Pero tú, como si nada, sin calambres ni espasmos. Y también había llegado por sorpresa el @tioVUCA, ese que le encanta cambiarlo todo de sitio a todas horas y que nunca sabe lo que quiere, justo en el mejor momento.

Ahí va el esquema que te había prometido de algunos efectos de la llegada de este familiar y el fenómeno atmosférico:

- #tevanaDESPEDIRylosabes (eso ya te lo he repetido muchas veces porque #NOLVIDES que siempre tiendes a no hacerme ni caso).
- Si estás buscando tu #PRIMERTRABAJO con los moldes del #planetaEDUCACIÓN, probablemente no lo encuentres.
- Ni tampoco #TUTRABAJO perdido, si estás buscando uno nuevo.
- Y la culpa no será del meteorito, no, ni de tu @JEFE, ni de @POLÍTICUS.
- La culpa será tuya por no estar preparado para el impacto.
- Con la llegada del @tioVUCA, #TUTRABAJO no va a ser el mismo y necesitarás altas dosis de innovación, disrupción y también, por qué no, un poquito de rock and roll.
- #efectocircodelSOL: Las modas de las nuevas profesiones cambian muy rápido. No vayas a elegir #estudiosconSALIDAS y cuando acabes resulta que ya no esté de moda, o que lo haga @ITROBOT (ej. YouTuber, Big Data…).
- #PISADADIGITAL: Las redes sociales, o la nueva obsesión por mostrar y no solo demostrar, no son una moda. Están generando nuevas profesiones y te ayudan con tu marca personal. Sí, ahora las especies también tienen «marca», no solo las empresas. Y algunas #cavernasempresariales y @JEFES se ponen muy celosos. Con tu huella digital tienes más posibilidad de encontrar tu #PRIMERTRABAJO o de localizar #TUTRABAJO si lo has perdido. Si te despiden mañana, vas a necesitar las redes sociales, pero antes piensa qué vas a contar, además de tus fotos de vacaciones en el chiringuito, en la playa o en la montaña. Lo importante es el contenido, el resto pasa de moda muy rápido.
- Efecto #3VELOCIDADES: la #galaxiaEMPLEO y el #planetaEDUCACIÓN avanzan a tres velocidades muy

distintas. Pizarras con tiza y digitales, pupitres y MOOC[1], furgonetas, drones y glovos sin b. Pasado, presente y futuro, en la misma línea de tiempo y desordenado.

—@LASEÑORADELALIMPIEZA: Qué bien que me vayas a contar lo que puedo yo innovar con la fregona, estoy deseando dejarla. De las pisadas no hace falta, tengo bastante experiencia en limpiarlas.

—@SeñoritaMaryPoppins: Pues limpiar #PISADAS-DIGITALES va a ser una de las profesiones del futuro. Luego hablaré contigo, pero tienes que pensar ya, que vas a hacer si #TUTRABAJO se acaba.

—@LASEÑORADELALIMPIEZA: Siempre hay suelos que limpiar...

—@ITROBOT: No quiero adelantarme, pero ya me han ofrecido trabajo relacionado con la limpieza.

—@LASEÑORADELALIMPIEZA: Ya empezamos, me van a quitar el trabajo.

—@POLÍTICUS: Haremos una ley para asegurar....

—@SeñoritaMaryPoppins: No vas a asegurar nada, hay que pensar nuevas soluciones, seguro que sabe hacer algo más.

—@LASEÑORADELALIMPIEZA: ¡¡¡Ya lo sé!!! Voy a limpiar @ITROBOT.

—@HEMPRENDEDOR: ¡¡¡Brillante!!! Podemos ofrecer servicios de limpieza e higiene más sofisticada.

—@ELLAS: Maquillaje, pelucas, diseño de ropa...

—@JEFE: Luego te quejas de los sesgos...

—@ELLAS: A ti ni se te hubiera ocurrido.

—@50PLUS: ¿Se harán viejos? Seguro que necesita-

---

1   Los MOOC (acrónimo en inglés de *Massive Open Online Course*) o CEMA en español (Curso En-línea Masivo y Abierto) son cursos en línea dirigidos a un número ilimitado de participantes a través de Internet según el principio de educación abierta y masiva. Más de 800 universidades de todo el mundo ofrecen miles de cursos en línea gratuitos. Algunos los consideran una evolución de la educación abierta en Internet. El término fue acuñado en 2008 por Dave Cormier y Brian Hypertuano. Clayton Christensen, profesor de la *Harvard Business School*, acuñó el término «tecnología disruptiva» y piensa que los MOOC se pueden considerar disruptivos Son un punto de partida para la divulgación, el acercamiento de la formación universitaria a la revolución digital y una manera de abrir una ventana de oportunidad al mundo. https://es.wikipedia.org/wiki/Massive_Open_Online_Course

ran ayuda cuando se vayan estropeando. Residencias, cuidados varios...

—@SeñoritaMaryPoppins: Viejos servicios para nuevas especies.

1. EL IMPACTO DEL #METEORITODIGITAL EN #TUTRABAJO

En la #galaxia EMPLEO hace diez años cayó un gran #meteoritoDIGITAL. Un impresionante bólido sorprendió a todas las especies de esta galaxia. Muchos hablaban de que la posibilidad del impacto era pequeña y que, dado su tamaño, no afectaría. Sin embargo, provocó un gran cráter en todas las #cavernasempresariales de todos los sistemas planetarios, incluso en el apartado #planetaEDUCACIÓN. Algunas especies desaparecieron, surgieron otras nuevas y la mayoría tuvo que adaptarse a otras condiciones de habitabilidad y evolucionar.

—@señorM: Que se lo pregunten a los que trabajaban en Kodak o Blockbuster.

—@SeñoritaMaryPoppins: Y a la tienda de toda la vida de tu barrio.

—@señorM: Pues fíjate, sigue teniendo su clientela, será por el mundo ese de #3VELOCIDADES que hablas, las señoras de mi barrio siguen comprando allí. La verdad, y no me pongo tierno, es que me da pena ver caer a grandes #cavernasempresariales y los pequeños comercios.

—@SeñoritaMaryPoppins: A la tuya también le pasará. El #meteoritoDIGITAL ya te ha impactado y además, como consecuencia de sus efectos, #tevanaDESPEDIRylosabes. Y si tienes un hijo en el #planetaEDUCACIÓN, como siga tus consejos, no va a encontrar su #PRIMERTRABAJO.

—@señorM: ¿Me vas a explicar cuáles van a ser los efectos del #meteoritoDIGITAL? Me estoy viendo ahora mismo como aquellos dinosaurios que miraron al cielo hace sesenta y seis millones de años. Entre el asteroide ese y el @tioVUCA se están cargando todos los trabajos. A ver ahora qué voy a hacer yo.

—@SeñoritaMaryPoppins: Me pones difícil explicarte en plan sencillo lo que está pasando. Además, como la velocidad a la que cambia todo es tan rápida, seguro que cuando acabe de hablar ya no valdrán algunas cosas. Por culpa del @tioVUCA es imposible hacer predicciones. Hay muchos libros de #cavernasempresariales que ahora te hablan de este asunto y mucho mejor que yo. Sobre todo está provocando un cambio en nuestro modo de SER y ESTAR en el mundo, en el trabajo, nuestra identidad y la forma de relacionarnos.

—@señorM: ¡Ay Dios! Encima, si me lo mezclas con filosofía, voy a necesitar tres cafés para no dormirme. Tampoco estoy tan mal: móvil, tengo, redes sociales, Facebook...

—@SeñoritaMaryPoppins: El futuro del empleo es el presente de la educación.

—@señorM: (ruido de palmas) Muy bien. Pues ahora te haces gurú con esa frase y vas dando charlas sobre el futuro del empleo, que a mí, no me sirven para encontrar trabajo.

—@SeñoritaMaryPoppins: Tengo un listado de las posiciones más demandadas que seguro que te viene bien.

—@señorM: Serán todas esas de nombres raros.

Le mostré las posiciones más demandadas al @señorM y se quedó más tranquilo. @ITROBOT, mientras tanto, me miraba por el rabillo del ojo.

POSICIONES MAS DEMANDADAS (INFORME EPYCE 2018)

1.- Comercial - Account Manager	23.- Consultoría - Consultor Junior
2.- Ingeniería - Ingeniero Informático	24.- Dirección - Gerente
3.- Operarios - Operarios cualificados	25.- Ingeniería - Ingeniero Eléctrico
4.- Ingeniería - Ingeniero Industrial	26.- Marketing - Responsable de estrategia digital
5.- Tecnología - Big Data	27.- Marketing - Responsable Online o Mobile
6.- Tecnología - Data Science	28.- Marketing - SEM analytics - Web Designer
7.- Comercial - Consultor Comercial	29.- Salud - Asesores Médicos Regionales
8.- Comercial - Técnico Comercial	30.- Salud - Médico
9.- Ingeniería - Ingeniero de Proyecto	31.- Tecnología - Desarrollador Aplicaciones multimedia
10.- Administración, Finanzas y Legal - Control de Gestión	32.- Tecnología - Especialista de Integraciones
11.- Comercial - Desarrollo de Negocio	33.- Tecnología - Project Manager
12.- Ingeniería - Ingeniero de Planta	34.- Tecnología - Web Analytics manager
13.- Marketing - Especialista de Marketing Online / Digital	35.- Administración, Finanzas y Legal - Abogado
14.- Comercial - Delegados de Venta	36.- Administración, Finanzas y Legal - Administrativo
15.- Consultoría - Consultor Senior	37.- Comercial - Category Manager
16.- Tecnología - Especialista en Sistemas de Información	38.- Comercial - Especialista en Puntos de Venta
17.- Tecnología - Programador Informático	39.- Comercial - Jefe de Zona
18.- Administración, Finanzas y Legal - Compliance	40.- Comercial - Técnico de Servicio Post Venta
19.- Comercial - Comercial Digital	41.- Ingeniería - Ingeniero Civil
20.- Comercial - Gestor Comercial de Hostelería	42.- Ingeniería - Ingeniero de Desarrollo
21.- Comercial - Sales Engineer	43.- Logística - Técnico de Logística
22.- Comercial - Senior Key Account Manager	44.- Tecnología - I + D

El @señorM se quedó encantado. No eran todas digitales.

Todavía existían muchos trabajos de los de toda la vida: ingenieros, gerentes, consultores, había hasta operarios cualificados en la tercera posición. El #meteoritoDIGITAL no golpeaba de la misma forma a todos los espacios de la #galaxiaEMPLEO y, además, este listado demuestra el efecto #3VELOCIDADES. Pasado, presente y futuro de la #galaxiaEMPLEO a la vez.

Son muchos los impactos que reciben las #cavernasempresariales y las especies desde siempre: restos de cometas de innovación, meteoros de industrialización, bólidos de crisis financieras, estrellas fugaces de ideas… Todo un elenco de piedras que les sorprenden de vez en cuando, causando pequeños altercados y en otras ocasiones grandes desastres que llevan a la *transformación* de muchas especies y muchos trabajos. Parece que ahora les toca a los @50PLUS (especie con muchos nombres: senior, con experiencia… vamos, básicamente los que tienen más de cincuenta años).

El @tioVUCA, junto con el #meteoritoDIGITAL, tiene unas dimensiones tan grandes que puede provocar la extinción de muchas especies de las #cavernasempresariales y su evolución en condiciones diferentes de habitabilidad. En otras ocasiones han provocado mudanzas.

En las #cavernasempresariales tiran paredes para trabajar sin despachos, pero no cambian las barreras mentales, así que muchos @JEFES, aunque no haya puertas, siguen siendo igual de inaccesibles y las especies continúan entrando, habitando y saliendo de la misma manera. Y no hace falta hablar de blockchain, big data, inteligencia artificial…para saber que #TUTRABAJO, el de siempre, YA ha cambiado. El mundo WhatsApp ha incorporado una instantaneidad que choca con el andar lento de las especies en las #cavernasempresariales.

El #meteoritoDIGITAL no es toda la cacharrería digital. Implica la ruptura de conceptos que impactan de lleno en #TUTRABAJO:

- Para mejorarlo.
- Para hacerlo más productivo.
- Para que puedas trabajar desde cualquier sitio, a cualquier hora.
- Para hacerlo más flexible.
- Para crear nuevos trabajos.
- Para transformar otros.

- Y para destruir inevitablemente algunos.

Gracias a las redes sociales puedes tener más impacto e influencia. Y las redes es un tema complicado, a ver si ahora en las #cavernasempresariales van a fisgar tu #PISADADIGITAL. Pero claro, no a todos los trabajos les golpea de la misma forma el #meteoritoDIGITAL. Ayer, cuando le contaba esta historia al mensajero que me traía mi último pedido online, me dijo con sorna que a ver cuándo le impactaba de verdad a él ese cuerpo celeste y podía trabajar YA desde su casa y sin control horario.

—@ITROBOT: No quiero que me malinterpretes, pero Wing, empresa de Alphabet (Google), ha lanzado el primer servicio de entrega de paquetes a través de drones autónomos.

—@tioJOSETE: Pues tengo dos opciones, o que me paguen una renta básica o pasar al estado #SOYPREJUBILADO.

—@SeñoritaMaryPoppins: ¿No has pensado en trabajar de forma independiente en alguna plataforma digital de servicios de mensajería?

—@tioJOSETE: No tengo ni idea de lo que me hablas, pero eso suena precario y encima tendré que darme de alta como autónomo. Además yo, de digital, bastante poco.

—@SeñoritaMaryPoppins: Vas a tener que pedir cita ya con la @señoraFORMACIÓN.

—@tioJOSETE: ¡Lo que me faltaba! Y encima ahora tengo estudiar, ¡con lo que me ha gustado siempre!

El #meteoritoDIGITAL rompe el significado de viejos conceptos como espacio físico, presencialidad, jornada de trabajo, información personal y profesional, materialidad, fiabilidad de la información, identidad, acceso a la información desde cualquier dispositivo, desde cualquier sitio y en todo momento, reputación, transparencia, etc., pero solo para algunas profesiones. Para otras va a llegar más tarde, pero llegará y en forma de *platillo* digital. Por eso tienes que pedir cuanto antes cita con la @señoraFORMACIÓN y vas a necesitar varias sesiones con ella. Ponte cuanto antes un tinte digital, y me da igual la profesión que tengas, sea muy cualificada o no.

También provoca cráteres en las relaciones laborales convencionales y abre nuevos espacios de conexiones: *freelancers*, *knowmad*, trabajadores del conocimiento, etc., que pueden desempeñar su trabajo mediante formas más o menos convencionales en una #cavernaempresarial, o trabajo mediante plataformas de economía bajo demanda (*Gig Economy*). Son especies que, si bien han mantenido alguna vez una relación estable con una #cavernaempresarial, ahora tienen el soporte de plataformas para desarrollar su actividad.

La *Gig Economy* nació en Estados Unidos. Con la llegada de la crisis económica el mercado laboral sufrió un desgaste y provocó la aparición de formas alternativas a la contratación tradicional. En EE. UU., una de las plataformas con más trabajadores es TaskRabbit (https://www.taskrabbit.com/) —especializada en tareas domésticas como mudanzas, instalaciones eléctricas o la realización de la compra—, que pone en contacto a clientes con trabajadores. Pueden responder a la oferta de un cliente para un proyecto en concreto y también pueden ser contactados directamente por el cliente según su perfil. Cada especie puede elegir cuándo, dónde y cómo va a realizar su trabajo. La flexibilidad y la comunicación en tiempo real junto con la deslocalización son algunas ventajas de esta economía.

> —@HEMPRENDEDOR: Se me está ocurriendo que con esta forma de trabajo podemos resolver el tema de la despoblación de ciudades y pueblos.
> —@POLÍTICUS: Bueno, bien, pero está el tema de las infraestructuras. Ya te digo yo que en mi pueblo, no llega ni siquiera la conexión de Internet.
> —@SeñoritaMaryPoppins: Y, ¿por qué no lo solucionas de una vez?

Hay muchas opciones de trabajo en las plataformas, según tu perfil. Te recomiendo que entres para ver todas «El mercado laboral digital a debate: Plataformas, Trabajadores, Derechos»[2]. Hasta las Empresas de Trabajo Temporal (ETTs) crean sus propios espacios como Adia32 (Adecco). Hay tareas para el @tioJOSETE y para los @JEFES. La consultora PwC también ha creado su propia plataforma de consultores exter-

---

2   https://cotec.es/media/INFORME-WORKERTECH_PIACOTEC.pdf

nos: *TalentExchange*. Puedes acceder al directorio completo en http://bit.ly/COTECPlataformasWorkerTech. Es un formato abierto, en el que puedes añadir o crear nuevas plataformas.

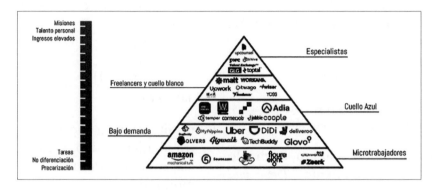

Grafico El mercado laboral digital a debate Plataformas, Trabajadores, Derechos y WorkerTech. Este documento ha sido elaborado por Ouishare (Albert Cañigueral) con el apoyo de Malt.

CRÁTERES QUE PROVOCA EL IMPACTO DEL #METEORITODIGITAL EN ALGUNOS TRABAJOS

DESUBICACIÓN DEL TRABAJO Y FLEXIBILIDAD

Si gracias a la tecnología puedes realizar #TUTRABAJO desde cualquier parte del mundo, creo que es una buena oportunidad para revertir la despoblación de algunas zonas y para la fuga de ese @INNOMBRABLETALENTO del que tanto hablan. #NOLVIDES que hay muchas profesiones como las del @tioJOSETE a las que todavía no les afecta por el efecto #3VELOCIDADES.

Si #TUTRABAJO ya no necesita realizarse en un espacio físico determinado, ¿para qué tienes todavía un teléfono fijo encima de la mesa? Si tu consumo es de veinticuatro horas, siete días a la semana, ¿por qué #TUTRABAJO se hace en el mismo horario que en el siglo XIX? Y esto no va de turnos, sino de flexibilidad. Qué pasaría si un día entras en Google y aparece: «Cerrado por vacaciones del 1 al 20 de agosto». Los cambios producidos por el efecto del #meteoritoDIGITAL, todavía no han rozado el *Estado del Liderazgo*[3], porque este no es un estilo, es un territorio muy bien marcado.

ESTILO	ESTADO
Del lat. stilus «punzón para escribir», «*modo de escribir*». 1. m. Modo, manera, forma de comportamiento. *Tiene mal estilo.* 2. m. Uso, práctica, costumbre, moda.	Del lat. *status.* 1. m. Situación en que se encuentra alguien o algo, y en especial cada uno de sus sucesivos modos de ser o estar. 2. Clase o condición a la cual está sujeta la vida de cada uno.

—@NOSALGODELACAVERNA: Tengo teléfono fijo encima de mi mesa para que me llame mi @JEFE y sepa que ESTOY. Y además el móvil es mío, no de la empresa.

—@ITMILLENIAL: Si mi trabajo ya no necesita presencialidad porque tengo acceso a todos los datos desde cualquier dispositivo conectado a Internet, ¿para qué quieres que pierda todos los días dos horas de desplazamientos hasta tu #cavernaempresarial? Mi móvil y mi ordenador son mejores que los que me dan. En lo que tarda en encenderse, te da tiempo a ver un episodio de «La casa de papel».

—@JEFES: Te necesito presencialmente, para saber que trabajas.

—@ITMILLENIAL: Pero el trabajo no es estar sentado.

—@POLÍTICUS: Calla y ficha.

---

3 Estado del Liderazgo: es la situación en que se encuentran los @JEFES, y en especial cada uno de sus sucesivos modos de SER o ESTAR con otras especies. Se suele denominar «Estilo de Liderazgo».

—@SeñoritaMaryPoppins: He diseñado un decálogo del control horario que te va a encantar y además es bien saludable:

Decálogo del control horario
1. Cumplirás tu horario por encima de todas las cosas.
2. No tomarás café.
3. Te levantarás de la silla lo justo y necesario.
4. Realizarás tus horas por encima de todas las cosas, ni una más, ni una menos.
5. No mencionarás la palabra «flexibilidad» en vano.
6. De estos mandamientos están exentas algunas especies.

—@señorM: ¡Pero si solo hay seis!
—@SeñoritaMaryPoppins: El resto te lo cuento mañana, que tengo que fichar para salir.

LA INSTANTANEIDAD Y EL PODER DE LAS REDES SOCIALES

#TUTRABAJO lo vas a encontrar por redes sociales y por los contactos que tengas, me da igual si los conoces presencialmente o no.

#TUTRABAJO lo vas a crear en redes sociales porque a lo mejor el que tenías antes ya no está de la misma forma ni en el mismo sitio o lo va a hacer @ITROBOTS. Que se lo pregunten a Marie Kondo, que ha conseguido de su afición por ordenar y ordenar armarios (y mira que es aburrido) facturar más que tu pequeña empresa, y solo ha necesitado YouTube y tus likes. Kondo se interesó desde pequeña por los temas de decoración y como se aburría mucho tiempo en casa, le dio por ordenar armarios (si vas a Wikipedia te lo describe mejor). Es un gran ejemplo de cómo crear profesiones con aficiones, aparentemente absurdas y sabiendo lo básico de tecnología. El trabajo de Marie Kondo se llama Instagramer, YouTuber o Influencer. No he encontrado qué estudios tiene. En LinkedIn, de hecho, solo tiene trece contactos (26 junio 2019).

#NOLVIDES rebuscar en tu hobbies, además de poder ayudar a crear #TUTRABAJO, seguro que te diviertes... trabajando.

¿Cómo puedes ir a una reunión, a una entrevista o cada vez que te encuentras con alguien y no mirar su #PISADADIGITAL? Además de divertido es muy útil, pues puedes saber hasta qué ha desayunado la persona a la que vas a vender un servicio o tu currículum, y tras el impacto del #meteoritoDIGITAL, el dato es el nuevo poder. Todavía los @50PLUS me pueden dar alguna excusa: que no les gusta el postureo, que esa información no la quieren compartir con nadie…, bueno, bien. Pero tú, @ITMILLENIAL, que no tengas un #PISADADIGITAL sólida que te permita entrar en una #cavernaempresarial, o crear tu propio trabajo, no es que me dé risa, es que te vas a ir directamente a la #galaxiaFINDELTRABAJO.

—@SeñoritaMaryPoppins: ¿Recuerdas la última convención tan original en aquél hotel de las mesas con manteles? Invitaste a un gurú de esos que te dicen: «tú sí que vales», «tú sí que puedes», «persigue tus sueños», «lo más importante es tu actitud» y demás *bla bla bla*.

—@señorM: Noto cierto tono de crítica en tus palabras, siempre hemos hecho esas cosas en un hotel.

—@ITMILLENIAL: Por cierto, no quiero que me envíes las fotos después de tres días, aunque estén más perfectas. Las quiero ya, y las quiero compartir, ¿puedo hacerlo?

—@señorM: Pregunta.

—@ITMILLENIAL: ¿A quién?

—@señorM: No lo sé, ¿al portavoz de comunicación?

—@ITMILLENIAL: Ja, ese ni siquiera está en Instagram. Bueno sí, con un perfil personal que flipo. Se creía que no lo iba a encontrar aunque estuviera con otro nombre. Estos @50PLUS no saben de privacidad. Luego nos dicen a nosotros…

—@señorM: En LinkedIn está, seguro.

—@ITMILLENIAL: Sí.

—@señorM: ¿Ves?

—@ITMILLENIAL: Pero le escribo y nunca contesta.

—@señorM: No tendrá tiempo.

—@ITMILLENIAL: Ya, las excusas de siempre.

—@SeñoritaMaryPoppins: Bueno y lo de «Opinions

are my own and not the views of my employer»[4], el típico disclaimer o excusa para no decir nunca lo que verdaderamente piensas, con sentido común y dentro de la legalidad claro.

—@señorM: En mi #cavernaempresarial los de comunicación sacaron unas recomendaciones para cuando publiquemos en redes sociales.

—@suegraCOHERENCIA: Y tú, como siempre, dando ejemplo, que acabo de ver tu #PISADADIGITAL y no tienes ninguna publicación con contenido propio. Esto es un gran ejemplo de NO coherencia de las opiniones de los @JEFES con las #cavernasempresariales.

—@SeñoritaMaryPoppins: No te metas tanto con él, vamos a revisar las recomendaciones que comenta antes de juzgar:

- Demuestra tu apoyo cuando se publica un contenido desde la cuenta corporativa.
- Si tienes dudas, no publiques nada.
- Antes de publicar un contenido que afecte a la empresa, conviene que lo revise el departamento de Marketing y Comunicación.
- No reveles información confidencial sobre la marca.
- Nunca hables de la competencia. #pensamientosde20g: que yo me pregunto, ¿a quién consideran su competencia? Seguro que no se han puesto las *GAFAs*.
- No faltes a nadie el respeto ni uses palabras malsonantes. Cíñete a las normas.

—@ITMILLENIAL: ¿Esto es en serio? ¿No me están pidiendo que sea creativo e innovador?

—@suegraCOHERENCIA: Eso es para el PDF de los valores y la cultura corporativa.

Los efectos del #meteoritoDIGITAL y el @tioVUCA, que si lees uno de los muchos libros de transformación digital o nuevas tecnologías (¿porque les siguen llamando «nuevas»?) te lo desarrollan mejor, no han cambiado la forma de SER y ESTAR de los @JEFES ni de muchas #cavernasempresariales.

---

4   «Las opiniones son mías y no de mi empleador»

No han originado un cambio en su órbita habitual y por eso no saben orientar la evolución de muchas especies; llevan tatuado #estosiempresehahechoasí. Se han quedado estáticos y ahora además con el peso de toda la cacharrería digital.

Necesitamos salirnos de las órbitas tradicionales establecidas por los modelos de liderazgo. Y me da igual que los llames 4.0; sigues pensando como en el siglo XIX aunque te hayas quitado la corbata y los tacones o vayas en zapatillas de deporte. Los efectos del #meteoritoDIGITAL han impactado en #TUTRABAJO, pero muy lentamente en las especies que viven dentro. ¿Por qué? Porque siempre te ha funcionado bien. ¿Para qué cambiar?, ¿Para qué vas a estar en LinkedIn, en Instagram o, si estás, para qué vas a interactuar con otras especies?... no vayan a creer que eres demasiado cercano y que contestas rápido. Además, tu excusa principal es que no tienes tiempo para estar en redes. Cuando te despidan sí lo vas a tener. Pero entonces, nadie te va a responder, ni vas a saber qué contar, más que estás en búsqueda activa de #TUTRABAJO. Lo has perdido y no lo encuentras.

Porque te leas lo que te leas de las características de los nuevos modelos de liderazgo en las #cavernasempresariales eso sí que es mucho postureo y más *bla bla bla*: que si la persona es el centro, que el capital humano es lo más importante... Tú, que estas dentro de las #cavernasempresariales, sabes que no eres el centro. Siempre está antes el cliente, las ventas, la facturación. Eres el último de la fila y pocas veces se acuerdan de ti.

Después del choque del #meteoritoDIGITAL sigues con las mismas obsesiones. Por la excelencia en #TUTRABAJO, por ESTAR presente y creer que los competidores son los mismos de siempre, los de tu sector. ¿Quién es tu competencia, @señorM? ¿El vecino de al lado, con los colores distintos, con el logo más grande, que hace cosas muy parecidas a ti? Que se lo pregunten a los bancos o a cualquier sector tradicional. Tu competidor ahora lleva GAFAs. Y no te das cuenta de que @ITROBOTS lo va a hacer todo más excelente, más rápido, con menos errores e incluso más original. Porque tú sigues con el mismo tatuaje: #estosiempresehahechoasí.

—@SeñoritaMaryPoppins: ¿Hace cuánto que no te *googleas*, @señorM? (me mira con su gesto clásico de dos cejas levantadas a la vez)

—@señorM: Eso lo hace mi secretaria o un @BECARIO que contratamos hace tres meses que se llama *Community Manager*.

—@SeñoritaMaryPoppins: Tú sí que eres INNOVA-DOR, ¿no sabes que ahora se llevan los Influencers?

—@señorM: Pero ¿esto de las redes sociales será una moda, no? Lo que me faltaba a mí... estar poniendo lo que desayuno y andar todo el día de postureo.

—@SeñoritaMaryPoppins: ¿Tú crees que lo de comprar por Internet es una moda? Me parece que el curso ese que has hecho de *trans-formación* digital no te ha servido para nada.

—@señorM: Tu sí que estas todo el día con tus tonterías.

—@SeñoritaMaryPoppins: Ya sé que me ves aunque no te dignes ni a darme ni un like ni una recomendación.

—@señorM: ¿Y cómo sabes que te veo? —Pregunta muy asustado— Yo no tengo tiempo para esas tonterías.

—@SeñoritaMaryPoppins: ¿No sigues lo que dicen las especies de tu #cavernaempresarial? Lo mismo hasta alguno está hablando bien de ti y tú ni siquiera te enteras.

—@señorM: Ya bastante tengo con los clientes quejándose todo el rato y encima, por si fuera poco, ahora tengo que ser sostenible y todo eso del impacto en el medio ambiente y los Objetivos de Desarrollo Sostenible (ODS). Además en las redes sociales solo están los @ITMILLENIALS como los llamas tú.

—@SeñoritaMaryPoppins: ¿Cómo lo puedes saber si tú no estás?

—@señorM: Además eso son datos personales. A mí me gusta a veces cotillear un poco...

—@SeñoritaMaryPoppins: Muchos tienen perfiles públicos.

—@señorM: Te digo que no hay tiempo, hay que trabajar.

—@SeñoritaMaryPoppins: ¿Todavía no te has enterado de que #TUTRABAJO ha cambiado? ¿No es importante para ti el impacto y la influencia? Yo lo pondría como parte de las funciones en todos los perfiles de puesto de tu #cavernaempresarial. La influencia está empezando a salir de los campos de golf. Es accesible, saludable y no tiene impacto medio ambiental.

—@SeñoritaMaryPoppins: Os lo prevengo: ¡Al final vais a ser tocados! (al finalizar... #tevanaDESPEDIRylosabes, y por eso tienes que estar avisado y preparado)

2. LA LLEGADA DEL @TIOVUCA

Uno de los efectos de la llegada del #meteoritoDIGITAL es la aparición del @tioVUCA, no te lo imagines como el abuelo de Heidi. Tú ya lo conocías de antes, ha tenido muchos nombres: devenir, cambio constante, las crisis, el efecto mariposa, hoy aquí, mañana allá... Algunos le acusan de ser el culpable de la precariedad laboral. Con la llegada del @tioVUCA, #TUTRABAJO no va a ser el mismo y necesitarás altas dosis de innovación, disrupción y también, por qué no, un poquito de rock and roll.

—@SeñoritaMaryPoppins: #tevanaDESPEDIRylosabes y parte de la culpa será del @tioVUCA.

—@señorM: ¡¡¡Hombre!!! A este quería conocerle yo.

—@SeñoritaMaryPoppins: Sé que te molesta que siempre empiece con apuntes poéticos pero, en esta ocasión, unos versos que proceden de las Odas de Horacio te van a explicar brevemente quien es:

«Hasta las palabras que ahora pronunciamos/ El tiempo en su furia/se las ha llevado ya/y ya nada retorna» (I, 11)

—@señorM: Pues me he quedado igual. ¿Es fuerte, delgado, alto, bajo, joven o viejo? ¿Es majo? Lo digo por si le tengo que pegar. Debe ser el culpable de que muchos jóvenes solo encuentren un empleo precario y los @50PLUS salgan despedidos de las #cavernasempresariales.

—@SeñoritaMaryPoppins: Ahora te lo presento. Para tratar con el @tioVUCA no valen las mismas reglas de antes.

—@señorM: ¡Qué rollo, de verdad! Aburres a las paredes. ¿Para qué quiero yo conocerle si encima me dices que por su culpa me van a despedir?

—@SeñoritaMaryPoppins: El entorno y las #cavernasempresariales que tú conoces han cambiado tanto que si quieres permanecer en la #galaxiaEMPLEO es importante que conozcas los efectos de su llegada:
- Si tus planes y estrategia son a tres años, NO TE SIRVE, todo cambia muy deprisa.
- Si te preguntan cómo te ves dentro de tres años, NO TE SIRVE (pregunta muy típica de @RECURSOSHUMANOS para entrar en las #cavernasempresariales y que siempre me ha parecido un poco de pitonisa)
- Si estas pensado que #TUTRABAJO va a tener las funciones y recorrido de siempre, NO TE SIRVE.

#TUTRABAJO avanza con el efecto de #3VELOCIDADES y son muy distintas. Lo ves día a día, cada vez que sales a la calle. Bancos con horario de atención al cliente de 9 a 7 de lunes a viernes y otros abiertos veinticuatro horas, siete días a la semana. Y en los trabajos pasa lo mismo:

- De Mensajero a Piloto de Drones.
- De Cajero de Oficina a Experto Asesor de Finanzas para Conductores de Uber (y lo puedes hacer en zapatillas desde casa)
- De @JEFE a Asistente de Experiencias de Viaje del Empleado.

Y en muchos de estos casos, trabajarás en plataformas digitales. Como puedes ver, la velocidad de los cambios es exponencial o más rápida de lo que estabas acostumbrado (WhatsApp tiene diez años y ahora no podrías vivir sin él). No pienses que estos cambios no te van a adelantar, y me da igual la edad que tengas o tu ubicación dentro o fuera de la #cavernaempresarial. Pide cita YA con la @señoraFORMACIÓN. Uno se forma, pero sobre todo lo que necesito es que te *trans-formes*.

La @suegraCOHERENCIA, que es muy lista, siempre saca los colores a los que van de innovadores y disruptivos con ejemplos sencillos. Y te da una bofetada con efecto de #3VELOCIDADES. Te dicen que ahora va a ser todo digital y que los trabajos convencionales ya no tienen espacio. Entra en la web del «Mundo del becario» o en Infojobs. Todavía piden muchos administrativos con funciones y requisitos del @abueloELADIO. Aunque cada vez más posiciones llevan el apellido digital.

INNOVACIÓN Y DISRUPCIÓN

Para buscar tu #PRIMERTRABAJO o #TUTRABAJO si lo has perdido o se ha desgastado, vas a necesitar incrementar la dosis de innovación y disrupción. Si te despiden mañana, para volver a la #galaxiaEMPLEO, ya no te valen los mismos alambres.

> —@SeñoritaMaryPoppins: ¿Eres innovador?
> —@señorM: La mayoría de las veces. La innovación es una pieza clave en nuestra estrategia de la #cavernaempresarial. De hecho, lo tenemos como uno de los valores corporativos. El departamento de innovación se creó en los años noventa, fuimos una de las primeras #cavernasempresariales en tenerlo.
> —@SeñoritaMaryPoppins: ¿No te parece que la innovación tiene que ser parte de las funciones de todas y cada una de las especies de tu #cavernaempresarial?
> —@señorM: #pensamientosde20sg.
> • Sí claro, ¡¡y ponerles a todos a pensar!!
> • Ya invierto YO muchas horas en pensar.
> • Y mucho dinero.
> • Por supuesto que no he preguntado al resto de especies qué les parece, ¿para qué?, no tienen ni idea, y siempre me lo critican y pretenden que lo cambie todo.
> • Ni he preguntado a otras especies de distintos departamentos, ¿para qué?, no tienen ni idea, y siempre me lo critican y me lo hacen cambiar todo.
> • Qué manía con preguntar a todo el mundo.
> • Qué manía con que todo el mundo tiene que pensar, ser innovador y creativo.
> —@SeñoritaMaryPoppins: ¡¡Vuelve!!
> —@señorM: Ya veo por dónde vas. Ahora me vas a

pedir que piense fuera de la caja y todas esas monsergas. Para eso ya tenemos a los de innovación y a los creativos.

—@SeñoritaMaryPoppins: La innovación se trata de alterar algo que ya tienes. Hay veces que damos tantas vueltas con la innovación que lo volvemos a su estado anterior. Con el @tioVUCA y el #meteoritoDIGITAL necesitamos disrupción, rupturas bruscas con todo lo anterior. Si fabricas coches, la innovación es pensar en nuevos materiales, más sostenibles, con nuevos diseños y comodidades para el conductor. La disrupción rompe ese esquema, produce una pausa con una mirada distinta y te hace preguntarte: ¿los coches van a necesitar conductor? Si eres mensajero, pregúntate, ¿los paquetes van a necesitar ser trasladados por alguien? Y así con todo y también con #TUTRABAJO.

#EFECTOCIRCODELSOL CAMBIO /SORPRESA PERMANENTE / TODO NOS ABURRE RÁPIDO

Nuestra capacidad de sorprendernos por las cosas ha incrementado su velocidad. Antes, el efecto de algo completamente rompedor, como en su momento fue el Circo del Sol (se fundó el 7 de julio de 1984), duraba varios años, pero ahora vemos algo nuevo y enseguida nos aburre. Las series ya no son como Dinastía con doscientos capítulos. Buscamos series cortas. Enseguida nos cansamos de las tramas, de los personajes, y queremos ver novedad radical y constante. Hay dos trabajos recientes que les impacta de lleno este efecto:

- Community Manager
- YouTubers

Ante el auge de los Influencers, la Universidad Autónoma de Madrid ha puesto en marcha, junto con su Escuela de Inteligencia Económica y en colaboración de la Ibiza Fashion Week, el primer curso universitario de formación para ser Influencers y evitar la falta de preparación y las malas prácticas. Esta profesión, nació en redes sociales como YouTube o Instagram. Esta última es del año 2010, tiene nueve años. Cuando tú acabes de estudiar o te *trans-formes*, ¿seguirá de moda está profesión? Porque si quieres ser YouTuber vas a tener que contar algo muy bueno y diferencial. Me imagino a cualquier @ITMILLENIAL llegando a su primera entrevista de trabajo o con su @JEFE y que le diga que tiene más de 90.000 seguidores en su canal de YouTube. Seguro que le parecerá mucho postureo. Por tu parte @señorM, estate tranquilo, que eso no te lo van a preguntar en los *innovadores* test de personalidad y psicotécnicos que utilizan para seleccionar y entrar en las #cavernasempresariales.

Si estas dentro de la #cavernaempresarial pasa lo mismo, seas de la especie que seas. Seguir haciendo las cosas de la misma manera, aburre:

- Tus reuniones, DE LA MISMA MANERA.
- Tus correos electrónicos, DE LA MISMA MANERA, incluso si cabe, más largos.
- Tus eventos, DE LA MISMA MANERA (digital, y la nueva decoración de las cavernas con los manteles, no *pegan ni con cola*)

¡¡¡@JEFES!!! Alteradme algo el camino de las travesías por las #cavernasempresariales. No solo por ser innovador, sino porque las especies necesitan la novedad constante y les aburre enseguida. Y no les pasa solo a los @ITMILLENIALS.

DIÁLOGO FINAL: ME ABURRO CADA VEZ MÁS RÁPIDO

—@SeñoritaMaryPoppins: ¿No te estás dando cuenta que se está produciendo el #efectocircodelSOL?

—@señorM: Tú sí que eres innovadora. Mira que sacarme este ejemplo... ya está más manido que yo qué sé.

—@SeñoritaMaryPoppins: Lo que no sabes es por qué te lo cuento. ¿Qué expresión utilizas al salir, la primera vez que vas al Circo del Sol?

—@señorM: ¡¡¡GUAUUUUU, es genial!!!

—@SeñoritaMaryPoppins: ¿Qué expresión utilizas al salir, la segunda vez que vas al Circo del Sol?

—@señorM: Bueno... no está mal... ya no tiene tanta gracia, es caro.

—@SeñoritaMaryPoppins: ¿Qué expresión utilizas al salir, la tercera vez que vas al Circo del Sol?

—@señorM: No vuelvo. Mucho tienen que cambiar el espectáculo, me causa tedio, no me sorprende ¡¡y es carísimo!!

—@SeñoritaMaryPoppins: Pues piensa que en todas las innovaciones que estás introduciendo en tu #cavernaempresarial, les pasa lo mismo. Nuestra capacidad de asombro, de admiración, de sorpresa, tiene una longitud de tiempo muy distinta. Si sacas un programa muy innovador para tus especies o tus clientes, recuerda el #efectocircodelSOL. Aunque no te preocupes, que los accionistas siguen esperando lo mismo...

—@señorM: ¡¡No te creas!! Dicen que algunos valoran si eres socialmente responsable con la comunidad y el medio ambiente...

—@SeñoritaMaryPoppins: Me encanta, ¿ves hasta dónde llega el efecto del @tioVUCA? En el caso de lo que quieren los accionistas, aplicamos el efecto #3VELOCIDADES. Unos seguirán pidiendo solo beneficios y otros, además, que seas socialmente responsable, y no te valdrá tener el mismo enfoque. Tendrás que empezar a personalizar.

—@señorM: Lo que me faltaba...

—@SeñoritaMaryPoppins: Os lo prevengo: ¡al final vais a ser tocados! (al finalizar... #tevanaDESPEDIRylo-sabes y por eso tienes que estar avisado y preparado).

3. ¿DÓNDE HAN ESCONDIDO #TUTRABAJO? AHORA TODO ES DIGITAL, SOSTENIBLE Y VOLÁTIL

Llevas tiempo buscando #TUTRABAJO, pero ya no lo encuentras. Ahora todo es digital y volátil, ¿Qué ha ocurrido con aquellas profesiones clásicas de siempre? ¿Qué está ocurriendo con #TUTRABAJO? Cada vez lo encuentras más raro y desgastado y temes perderlo.

En el #planetaEDUCACIÓN todas las carreras cambiaron de nombre, se acortaron y surgieron muchas nuevas, pero la @señoraFORMACIÓN, aunque cambió de traje, sigue con sus mismos métodos y un poco de cacharrería digital.

Hay trabajos que se transforman, otros nuevos y algunos que desaparecen (menos de los que te cuentan), no solo por el impacto del #meteoritoDIGITAL sino por nuestro impacto en el medio ambiente o por energías que ya nos son sostenibles. En definitiva, porque #TUTRABAJO es como el río que va a dar a la mar...o de la Economía Circular[5].

—@señorM: Como sigas el resto de las travesías con los poemas....

—@abueloELADIO: En casa siempre se ha aprovechado todo, la ropa pasaba de unos hermanos a otros, no se tiraba nada. No podíamos permitírnoslo.

—@SeñoritaMaryPoppins: Ahora tampoco, ¿ves? Todo vuelve, es por pura supervivencia de las especies en la galaxia.

---

5   El término «economía circular» se utilizó por primera vez en la literatura occidental en 1980 (Pearce y Turner 1990) para describir un sistema cerrado de las interacciones entre economía y medio ambiente.

—@50PLUS: Si ya digo yo que se necesita la sabiduría de los mayores.

—@SeñoritaMaryPoppins: No te lo niego, pero deja de mirar al pasado, que no vuelve, ni quiero que vuelva, y ponte a pensar cómo vas a crear #TUTRABAJO para la economía circular.

—@50PLUS: Tendré que reciclarme.

—@SeñoritaMaryPoppins: Ya estás tardando. Mucho quejarte, pero luego no haces nada. Muchos agoreros dicen que los oficios manuales se pierden: los zapateros, los fontaneros, los electricistas... sale más barato comprar algo nuevo; pero con esto del cambio climático y que nos cargamos el planeta, a ver quién es el guapo que no arregla algo. Ya verás cómo se vuelven a poner de moda estos oficios.

—@señorM: ¿Van a volver a abrir la zapatería de mi barrio?

—@SeñoritaMaryPoppins: El zapatero te va a dar servicio en una plataforma digital seguro.

—@señorM: Ya estoy empezando a entender al @tioVUCA, me va cayendo hasta mejor.

—@POLÍTICUS: Entonces, el problema que vamos a tener es que disminuye el consumo y baja la producción, ¡¡ay Dios!! que ostentamos una de las primeras posiciones en el ranking de los países con más tasa de desempleo.

—@SeñoritaMaryPoppins: Y, ¿entonces qué vas a hacer?

—@POLÍTICUS: Prohibir a las empresas que despidan sin más a las especies.

—@SeñoritaMaryPoppins: El futuro del empleo es el presente de la educación.

—@POLÍTICUS: Pues a ver como declinas ese eslogan tan bonito que yo tengo que amarrar el empleo, y más el de algunas especies que tienen los sindicatos muy rudos.

—@SeñoritaMaryPoppins: El futuro del empleo, que ya es el presente, no se negocia. Se piensa, se crea y se impulsa. No intenta achicar algo que ya está inundado. Hay alrededor de unos 29.000 empleos directos relacionados con el sector minero en España y quemar carbón, petróleo o gas para producir electricidad tiene un severo impacto ambiental.

—@POLÍTICUS: Ahora les ha dado por el carbón, hasta que encuentren otra cosa, he oído por las noticias que dicen que los que comemos carne nos cargamos el planeta, así qué no sé qué decirte.

—@50PLUS: Tendremos que pensar cómo hacer sostenible y rentable esta industria.

—@HEMPRENDEDOR: Pues ya tenemos otro reto...

Sin embargo tenía que ser sincera con el @señorM, aunque no se percibiera a simple vista, las condiciones de habitabilidad de la #galaxiaEMPLEO, estaban cambiando y llamé a @cuñadaMAGIA para que le mostrara las posiciones del futuro. Se me quedó mirando con cara de no comprender nada. Nombres que no le sonaban en relación con lo que había estudiado en el #planetaEDUCACIÓN.

POSICIONES DEL FUTURO (INFORME EPYCE 2018)

Experto Blockchain
Experto en ética de datos y privacidad
Arquitecto de internet de las cosas
Especialistas en Machine Learning
Arquitecto e Ingeniero 3D
Coordinador de bienestar y salud
Expertos en interfaz de datos y usabilidad
Gestor de residuos
Experto en soluciones de movilidad
Desarrollador de realidad aumentada
Técnico de impresión 3D
Diseñadores de chatbots
Disruptor organizacional
Diseñador de experiencias de realidad virtual
Técnico de domótica

Especialistas en economía circular
Diseñador de experiencias de realidad virtual
Entrenador de robots
Programador educacional en Inteligencia Artificial
Abogado de robots
Arquitectos e ingenieros de tráfico automatizado
Asesor de marca personal
Coordinador de smartcities
Ingeniero Smart Factory
Desarrollador de dispositivos wereables
Piloto de drones
Diseñadores de «experiencia de viaje» sin conductor
Growth hacker o Estrategas de posicionamiento
Optimizadores del tráfico de drones
Técnico de asistencia sanitaria asistido por IA
Diseñadores de impresión de ropa 3D, especialistas en material y estilistas
Chef de impresión de comida 3D
Especialista en implantes cerebrales
Ingenieros y diseñadores de modificaciones genéticas
Sherpa de tienda virtual
Desarrolladores de «tinta» para impresora 3D
Gastrónomos moleculares
Guía de turismo espacial

—@señorM: Pues estoy yo para trabajar de Guía de Turismo Espacial. Algunas, es que directamente ni las entiendo.

—@SeñoritaMaryPoppins: Luego dicen que la tecnología no crea empleo.

—@señorM: Pero destruye mucho.

—@SeñoritaMaryPoppins: #TUTRABAJO no se crea ni se destruye, solo se trans-forma.

—@señorM: Ya estás con tus frases lapidarias, pero en esa lista no encuentro mi trabajo de siempre.
—@SeñoritaMaryPoppins: ¿Te refieres al de @JEFE? He pensado para ti dos opciones de la lista: Gestor de Residuos (humanos) o Disruptor Organizacional.
—@señorM: Muy graciosa, a ver dónde encuentro yo un curso de eso.

El Arquitecto va a *trans-formarse* en Arquitecto de Smartcities. El Abogado va a *trans-formarse* en Abogado de Robots.

—@tioJOSETE: ¿Y los Soldadores?
—@señorM: En Soldadores de Robots. ¿Y los @JEFES?
—@SeñoritaMaryPoppins: Tal y como actúan muchos, no van a tardar en sustituirles @ITROBOTS.

@cuñadaMAGIA nos empezó a contar con más detalle alguno de ellos:

- Diseñador de Gamificación: el trabajo consiste en hacer del mundo un lugar más lúdico y desafiante a través del diseño de juegos que puedan motivar a las especies o incluso enfrentarse a serios problemas como enfermedades o depresión.
- Diseñador de Experiencias de Realidad Virtual: es el creador de emociones y experiencias inolvidables a través de aplicaciones o juegos con el fin de que las especies puedan transportarse a un mundo virtual, a una realidad simulada, generada por la tecnología.
- Piloto de Drones en remoto: es el conductor remoto de drones, que podrán ser empleados para el transporte (enviar paquetes en un periodo muy corto de tiempo), la agricultura, la producción cinematográfica, para la exploración en el campo científico o para inspeccionar torres de teléfono, etc.
- Nano-médico: los avances en nanotecnología transformarán el personal de atención médica, por lo que se requerirán especialistas en nanomedicina para administrar tratamientos subatómicos.

Parece que todas las posiciones llevan kilos de digital y algoritmos. El marketing es ahora digital, los recursos humanos también. Eso dicen (se puede adivinar por el número tan alto de charlas que se organizan de «recursos humanos y *trans-formación* digital»), y los de finanzas parece que ahora se hace todo por blockchain.

Y entonces te das cuenta de que es muy probable que te vayan a despedir, con motivo o sin motivo, y no sabes si van a contratar a un @ITMILLENIAL o a un @ITROBOT, y a ver dónde vas a buscar #TUTRABAJO de siempre. Ya lo sabes, pero no quieres ni verlo, ni entenderlo, tú ahí, bien agazapado en tu #cavernaempresarial.

Toda tarea que pueda ser automatizada, lo va a ser. Y te preguntas por qué, si tú lo haces muy bien, muy rápido, ¿para qué van a necesitar sustituirte por un @ITROBOT? Los de la #cavernaempresarial ya lo saben aunque te digan que no. Es una cuestión de abaratamiento del coste de la tecnología (acuérdate de lo que valían los teléfonos móviles y los ordenadores y de que TODAVÍA los algoritmos no son tan inteligentes cómo TÚ). Con el 5G se producirá un acceso 100 veces más rápido a los datos. La quinta generación será la base tecnológica para el Internet de las cosas, con vehículos automatizados, casas conectadas a las ciudades inteligentes… ¿Te imaginas que hicieras las tareas cien veces más rápido? ¿Has pensado ya cómo vas a adaptar #TUTRABAJO a este ritmo? Piensa, de tu trabajo diario, ¿cuántas de las funciones y tareas que realizas se pueden automatizar? ¿Muchas o pocas? Piénsalo de nuevo… Muchas ¿verdad?

El marketing, los recursos humanos, las finanzas, a todos los silos de las #cavernasempresariales les ha dado por lo digital, y tú quieres seguir haciendo #TUTRABAJO de la misma manera, en los mismos tiempos, como antes, como siempre. Aunque digas que sí, a nadie le gustan los cambios, y menos si te tocan #TUTRABAJO.

Y ahora salen los humanistas reivindicando la parte humana. Me pregunto si se referirán a la *cara de perro* con la que te atienden en muchos sitios, donde el foco es el cliente, o a la que te pone tu @JEFE cuando preguntas. Pues para eso prefiero un @ITROBOT o para las respuestas típicas o no respuestas que te da tu @JEFE. Pues sí, voy a preferir que sea un algoritmo, seguro que tiene más empatía y simpatía.

¿Puede pensar una máquina? Sí, mejor que tú. Si pensar es ejecutar ordenes teniendo en cuenta varias alternativas, lo llevan haciendo bastante tiempo. La automatización no es nueva, forma parte de la tercera revolución industrial. ¿Qué es lo que realmente hace diferente este proceso de la automatización?: los datos y la inteligencia artificial.

#NOLVIDES que todavía el cerebro de un mosquito de apenas tres milímetros presenta una actividad y funcionamiento sumamente complejos y precisos. Y que, gracias a él, los insectos son capaces de volar y aprender.

Últimamente todas las especies me hace la misma pregunta: ¿qué trabajos peligran en menos de diez años por el impacto del #meteoritoDIGITAL y el @tioVUCA? Lo primero que les digo es que no va a ser en diez años, sino probablemente menos, aunque siempre me equivoco en las predicciones. Me fiaré de los de @RECURSOSHUMANOS que hacen una encuesta en la que preguntan qué posiciones se van a automatizar y seguramente te van a sorprender los resultados. Va a ser la primera vez que no te va a gustar salir en la primera posición de un ranking:

INFORME EPYCE 2018: Grado de automatización de las posiciones actuales en la empresa	
Posición	Ranking de automatización
Administración, Finanzas y Legal - Administrativo	52
Administración, Finanzas y Legal - Control de Gestión	49
Tecnología - Programador Informático	41
RRHH - Administración de Personal	39
Marketing - Community Manager (Redes sociales)	36
Tecnología - Big Data	36
Dirección - Director General	35
Dirección - CDO - Chief Digital Officer	35
Administración, Finanzas y Legal - Auditor	34
Ingeniería - Ingeniero Informático	34
Tecnología - Desarrollador Web	34
Tecnología - Data Science	34
Comercial - Comercial Digital	33
Tecnología - Especialista en Sistemas de Información	33
Tecnología - Técnico de Comunicaciones	33
Tecnología - Programador Web, iOS, Android	33
Tecnología - I + D	32
Tecnología - Project Manager	32

Tecnología - Responsable ciberseguridad	32
Tecnología - Web Analytics manager	30
Administración, Finanzas y Legal - Asesor Financiero	29
Administración, Finanzas y Legal - Estadístico	29
Dirección - Gerente	29
Tecnología - Responsable de Cloud	29
Tecnología - User experience (UX) Manager	29
Administración, Finanzas y Legal - Compliance	28
RRHH - Técnico de Selección	28
RRHH - Responsable HR Analytics	28
Marketing - Especialista de Marketing Online / Digital	28
Dirección - CTO - Chief Transformation Officer	28
Administración, Finanzas y Legal - Economista	27
Tecnología - Desarrollador Aplicaciones multimedia	27
Tecnología - Ecommerce Development Specialist	26
RRHH - Técnico de Formación y Desarrollo	25
Logística - Técnico de Compras	25
Tecnología - Especialista de Integraciones	24
Comercial - Account Manager	23
Comercial - Delegados de Venta	23
Consultoría - Consultor Senior ERP	23
Logística - Jefe de Producción	22
Logística - Técnico de Logística	22
Marketing - Técnico de Marketing	22
Logística - Controller de Operaciones	22
Comercial - Desarrollo de Negocio	21
Comercial - Técnico Comercial	21
Marketing - Responsable de estrategia digital	21
Ingeniería - Ingeniero Industrial	20
Ingeniería - Técnico de Calidad	20
Marketing - Customer Experience Manager	20
Marketing - Responsable Online o Mobile	20
Marketing - SEM analytics - Web Designer	20
Marketing - Responsable de Marketing Relacional	20
RRHH - Técnico en Comunicación Interna	19
Consultoría - Consultor Junior ERP	19
Ingeniería - Ingeniero de Proyecto	19

Ingeniería - Ingeniero de Desarrollo	19
Marketing - Creativos en Videojuegos	19
Administración, Finanzas y Legal - Abogado	18
Comercial - Jefe de Zona	18
Marketing - Brand Managers	18
Ingeniería - Ingeniero de Planta	18
Comercial - Senior Key Account Manager	17
RRHH - Responsable Employer Branding	16
Comercial - Category Management	15
Comercial - Comercial de proyectos	15
Comercial - Sales Engineer	15
Ingeniería - Ingeniero Mecánico	15
Comercial - Técnico de Servicio Post Venta	14
Ingeniería - Ingeniero Eléctrico	14
Marketing - Group Product Managers	14
Ingeniería - Ingeniero de Fibra	14
Ingeniería - Ingeniero de Instalaciones Solares	14
Marketing - Investigador de Mercado	14
Comercial - Consultor Comercial	13
Comercial - Comerciales de exportación	12
Ingeniería - Ingeniero Civil	12
Marketing - Strategic CSR Sustainability Manager	12
Comercial - Comercial para Nuevos Mercados	11
Comercial - Shopper and Customer Marketing	11
Ingeniería - Responsable de Obra	11
Salud - Médico	11
Operarios - Operarios cualificados	10
Comercial - Trade and Promotion	10
Salud - Asesores Médicos Regionales	10
Salud - Gerente acceso al mercado regional y nacional	9
Comercial - Especialista en Puntos de Venta	8
Salud - Especialista en Asuntos Regulatorios	7
Salud - Visitadores Médicos	7
Comercial - Gestor Comercial de Hostelería	6

—@señorM: Ese estudio no tiene ni pies ni cabeza. ¿No me habías dicho que esos frikis del Big Data eran los más demandados?

—@ITROBOTS: Pues están los sextos de la lista, y tú, el séptimo.

—@SeñoritaMaryPoppins: ¿Te dejo que lo pienses y me das tú mismo la respuesta?

—@señorM: ¡¡¡Me están empezando a dar calambres!!! El maldito @tioVUCA y el #meteoritoDIGITAL. Ya verás cuando se enteren en el #planetaEDUCACIÓN.

—@SeñoritaMaryPoppins: ¡¡¡y las Odas de la Horacio de plena actualidad!!!

Después de mis #travesíasdesvergonzadasporlasempresas y mi romance con @HEMPRENDEDOR te digo que no peligra ningún trabajo. Quien peligra eres TÚ como especie si no evolucionas, si no te dan calambres cuanto te hablo del #meteoritoDIGITAL y el @tioVUCA. La mayoría de los apocalípticos de la tecnología, muchos @JEFES, @FILÓSOFUS y @POLÍTICUS, ven en el progreso y la innovación una forma de agonía de los trabajos convencionales. Los trabajos, oficios o profesiones no van a desaparecer de forma voluntaria o por la acción de la tecnología. Se van a *trans-formar*, se van a adaptar a un nuevo modo de SER y ESTAR en el mundo. Muchas de las tareas que realizamos de forma automática, sin aportar creatividad ni innovación, van a ser automatizadas. La llegada de @ITROBOTS y la inteligencia artificial supondrá que si, en #TUTRABAJO, un 60% de las tareas que realizas son automatizables, lo serán.

El big data, las redes sociales, el entorno móvil, cloud o los datos en la *nube*, la inteligencia artificial, el 5G, el blockchain y una lista de novedades que nunca se acaba, ya han generado una verdadera transformación de la forma de SER y ESTAR en #TUTRABAJO. Antes necesitábamos ir a la oficina para acceder a la información, no teníamos muchos datos de nuestros clientes y mucho menos la capacidad para predecir su comportamiento de forma sistemática y en tiempo real. El cambio que se produce no es ya tener la información, sino la habilidad de saber cómo utilizarla. El CÓMO hacemos las cosas frente al QUÉ hacemos. Ahora podemos no solo predecir el comportamiento de clientes sino crearlo. Y eso hasta hace muy poco solo lo hacía @cuñadaMAGIA.

La tecnología, el impacto del cambio climático y el incremento de la expectativa de vida abren un horizonte de nuevos empleos que necesitan especies evolucionadas con unas características diferentes y un conocimiento que se renueva de forma constante. No solo la tecnología es la que provoca la *trans-formación* de los puestos de trabajo, sino una generación, los @ITMILLENIALS con otra forma de consumo. Si todo lo puedo realizar a través del móvil, de forma instantánea, las veinticuatro horas del día y 365 días al año, este comportamiento, impacta de forma directa en los hábitos de compra y en los del trabajo.

Se estima que el 85% de los trabajos que habrá en el año 2030 aún no se habrán inventado. Recuerda que para eso estas TÚ, como Marie Kondo, para crearte #TUTRABAJO o para modificarlo y dotarlo de nuevas propiedades que le hagan irresistible. Y además gracias a las plataformas digitales podrás elegir cuándo, dónde y cómo hacerlo.

Los @JEFES de las #cavernasempresariales tienen una enorme responsabilidad de prever el impacto del #meteoritoDIGITAL y el @tioVUCA en las especies de las #cavernasempresariales. Pero no les eches toda la culpa. El primero que tienes que estar prevenido eres TÚ, y me da igual de que especie seas.

DIÁLOGO FINAL: QUE LLEGAN @ITROBOTS.
¿PUEDE PENSAR UNA MÁQUINA? SÍ, Y MEJOR QUE TÚ

—@señorM: ¿Puede pensar una máquina?

—@SeñoritaMaryPoppins: Sí, y mejor que tú.

—@señorM: Creo que esto de la inteligencia artificial me recuerda al camarero del bar donde tomo café todos los días, que según me ve entrar, y solo mirándome a la cara, y sin preguntarme, ya sabe si ponerme café con porras o con café solo.

—@SeñoritaMaryPoppins: Los datos y la capacidad de previsión te hacen la vida más fácil y rápida.

—@señorM: Pues si no sé dónde está mi trabajo, o dónde va a estar porque ya todo es digital, y si encima vienen los robots con el @tioVUCA ese, ahora ¡¿qué vamos a hacer?!

—@SeñoritaMaryPoppins: ¿Sabías que Alan Mathison Turing (1954) era *runner*? Corredor de ultra distancia.

—@señorM: Es el padre de la inteligencia artificial, ¿no? Hizo algo de un test.

—@ITMILLENIAL: Yo me la sé también, mira: «Alexa, ¿Test de Turing?» «Test de Turing (1950), un criterio según el cual puede juzgarse la inteligencia de una máquina si sus respuestas en la prueba son indistinguibles de las de un ser humano».

—@FILÓSOFUS: ¿Qué significa «pensar», amigos? Más de 20 siglos a vueltas con este concepto y van ahora y lo reducen a unos algoritmos. Pensar es más allá, según la tradición...

—@ITMILLENIAL: Salgamos por la puerta, @SeñoritaMaryPoppins. Volvemos dentro de 20 minutos y ni se habrá inmutado. Total, para dar vueltas a lo mismo una y otra vez...

—@señorM: Mucho dar vueltas al lenguaje y al final, como @POLÍTICUS, que no nos solucionan nada.

—@SeñoritaMaryPoppins: Ya sabes cuál va a ser tu siguiente travesía y con quién tienes que pedir cita.

—@señorM: ¡Estoy viendo que me mandas de vuelta al #planetaEDUCACIÓN!

—@SeñoritaMaryPoppins: Os lo prevengo: ¡al final vais a ser tocados! (al finalizar... #tevanaDESPEDIRylosabes y por eso tienes que estar avisado y preparado)

SEGUNDA TRAVESÍA:

DEL #PLANETAEDUCACIÓN
A LA #GALAXIAEMPLEO

4. ¿DÓNDE ESTÁ NUESTRO ERROR SIN SOLUCIÓN? EN EL #PLANETAEDUCACIÓN

El #planetaEDUCACIÓN tiene gran variedad de especies y una gran extensión de conocimientos, y aquí no ha impactado mucho el #meteoritoDIGITAL. Al @tioVUCA ni se le espera. Bajo el férreo sistema de gestión de la @señoraFORMACIÓN lo mantiene bien protegido de cuerpos celestes extraños.

Ahora que vuelves a este planeta, no lo ves tan distinto. Sigue existiendo un único #continenteUNIVERSIDAD, aunque hablen de las #ISLAFP o MOOC, todavía están muy sumergidas. La travesía habitual de la mayoría de las especies pasa por este continente, aunque cada vez más emergen bloques en medio del océano. La aparición reciente de volcanes como el MOOC está facilitando que el @señorAPRENDIZAJE y la @señoraFORMACIÓN lleguen a más especies. Algunas de estas no logran acceder a la #galaxiaEMPLEO, o salen y entran con mucha facilidad porque la @señoraFORMACIÓN les desterró del planeta a edades muy tempranas. Aunque pienses que para el viaje a la #galaxiaEMPLEO es fundamental el paso por el #continenteUNIVERSIDAD o por la #islaFP, lo que es verdaderamente esencial para tu supervivencia como especie, es el #GENPASIÓN inoculado por @señorAPRENDIZAJE, @ PROFESORES y los @PADRES.

Uno de los pensamientos recurrentes cuando te han despedido y pierdes #TUTRABAJO es: ¿y si hubiera estudiado otra cosa? ¿Y si hubiera seguido acudiendo a la consulta de la @señoraFORMACIÓN? Si ese @PROFESOR no te hubiera inoculado el #GENTEDIO y no te hubiera hecho odiar las matemáticas o la física o la filosofía…, seguro que no te habrían despedido y tendrías todavía #TUTRABAJO. En este proceso de despedidas bruscas, siempre echas la culpa a alguien, menos a ti.

En esta travesía vamos a regresar al #planetaEDUCACIÓN. No lo vas a encontrar muy diferente a como tú lo conocías: los mismos pupitres, el @PROFESOR en una tarima y algo de cacharrería digital. Cuando piensas que lo que determina tu entrada y salida de la #galaxiaEMPLEO es el método de enseñanza de un @PROFESOR en una asignatura, te das cuenta de que a ellos sí que habría que ponerles en el centro de todo el universo.

Desde el #planetaEDUCACIÓN, se fabrican *moldes laborales* que luego encajan más o menos en la #galaxiaEMPLEO, pero esto ya no funciona. La caída del #meteoritoDIGITAL ha provocado unos cráteres y está ocasionando dificultades a todas las especies. Aunque normalmente los planetas no emiten luz propia, el #planetaEDUCACIÓN se parece mucho a una estrella, no tanto por la luz que desprende, sino por la huella que te deja.

Nuestro recuerdo de este planeta y la galaxia van asociados a dos verbos que se conjugan siempre en negativo: estudiar y trabajar. Ahora, qué #tevanaDESPEDIRylosabes, piensa el número de veces que has oído y tú mismo has repetido: «que rollo estudiar» o «no soporto mi trabajo». ¡¿Cómo te va a gustar trabajar o estudiar?! Estas son algunas de las frases que seguramente más oímos a lo largo de toda nuestra existencia:

- Que rollo trabajar.
- Que rollo estudiar.
- Mi ideal es trabajar lo mínimo y ganar mucho dinero.
- Desearía estar ya en el estado sin ocupación pero con ingresos.

La estancia en este planeta es casi siempre obligatoria antes de emprender el viaje a la #galaxiaEMPLEO. Hay algunas especies como @ENCHUFADOS o @APELLIDOSCONABOLENGO que tienen un acceso más directo, aunque el #meteoritoDIGITAL también está provocando cortocircuitos en este ecosistema. Todas las especies conviven de forma obligada en el planeta, sin tener las características todavía muy bien definidas de lo que desarrollarán cuando pasen a la galaxia. La carrera de atrapar información comienza desde muy pequeño. Unos se pasan la vida atrapando información y otros con la información detrás de ellos para ver si se les pega algo. La información que recopilamos, mezclada con el recuerdo, nos convierte en especies, cada una diferente, con un modo de SER y ESTAR en el mundo distinto.

El #planetaEDUCACIÓN debería situarse en la misma órbita que la #galaxiaEMPLEO.

—@señorM: Esta mañana escuchaba en las noticias que, según un informe de una entidad financiera que ahora dice que no es un banco, la tasa de abandono escolar temprano en España es un 80% superior a la media europea.

—@señoraFORMACIÓN: Ahora será mi culpa, ya verás.

—@NINIS: Pues no se...

—@señorAPRENDIZAJE: Te dije que, si no conseguías enamorarles, tus trucos y cortejos de siempre ya no iban a funcionar.

—@señorM: Yo es que eso de estudiar por estudiar nunca lo he entendido. ¿Para qué acumulamos tanta información a lo largo de nuestras primeras etapas educativas? Y, además, la mayoría no me va a servir para nada. Y luego, encima, estaré sobrecualificado.

—@señorAPRENDIZAJE: ¿Desde cuándo nos han metido en la cabeza que estar sobrecualificado es malo?

—@SeñoritaMaryPoppins: Creo que es un empeño de @POLÍTICUS hablar mal de la sobrecualificación. Y, además, ¿cómo sabes lo que te va a servir o lo que no? ¿Si no sabes ni a lo que te vas a dedicar, ni cuántas veces te van a despedir, ni cómo tendrás que evolucionar como especie? Mírate tú ahora, ¿a qué te vas a dedicar? Perteneces a la especie @50PLUS y como te impacte el #satéliteDESEMPLEO ya no vuelves por la galaxia ni siquiera de paseo.

—@señorM: Ya sé a dónde querías llegar... Ahora me dirás que haga un máster o me convierta en @HEMPRENDEDOR. Nunca me gustó estudiar.

—@SeñoritaMaryPoppins: La mayoría de los estudiantes lo odian por varios motivos:

• Si estudiar es fijar en la memoria, ya tengo Google,

que sabe más que yo. Es más rápido y no se equi-
voca nunca.

- Nunca te han dicho que estudiar fuera divertido.
- Ni que ir al colegio fuera divertido.
- Tampoco escuchas a tus @PADRES decir que el trabajo es divertido.
- ¿Los lunes son divertidos? ¿Los martes?
- No, porque trabajar y estudiar son dos verbos que se conjugan siempre en negativo.

Desde que llegan, casi todas las especies están deseando salir de este planeta y acceder a la #galaxiaEMPLEO. Otros quisieran pasar directamente al estado sin ocupación, pero con ingresos, en el que comentan que solo unas pocas especies disponen de las características adecuadas para poder sobrevivir allí. Antes de la caída del #meteoritoDIGITAL y la llegada del @tioVUCA, las especies pasaban solo una vez durante su existencia por el #planetaEDUCACIÓN. Si quieres sobrevivir como especie dentro de la #cavernaempresarial, o quieres ser @HEMPRENDEDOR, o @JEFE vas a tener que regresar de nuevo a este planeta, en cualquiera de sus formas.

DIÁLOGO FINAL: HOMICIDIOS DE SUEÑOS Y VOCACIONES

—@señorM: Yo de pequeño quería ser astronauta, pero mis @PROFESORES me hicieron ver que yo era un #PURALETRAS.

—@SeñoritaMaryPoppins: ¿Quién asesinó tus sueños? Esa clase de homicidios deberían estar tipificados en el código penal.

—@señorM: No te creas, que yo en el fondo tampoco valía mucho para estudiar, pero siempre he tenido madera de líder, por eso he llegado hasta aquí. Creo que la culpa de que al final no acabara los estudios fue de mi profesor de matemáticas.

—@SeñoritaMaryPoppins: Te estas empezando a sincerar y eso me preocupa. Yo también tuve uno muy malo. Primero le diría todo el mal que ha hecho, y probablemente siga haciendo. No solamente se lo diría a él, también lo contaría en LinkedIn. Los caracteres de Twitter no me darían ni siquiera para empezar. Antes también tuve una profesora muy mala, para que no veas que la condición de profesor de matemáticas va asociada a un género de especies.

—@señorM: Al género no, pero creo que las ciencias son más de @ELLOS que de @ELLAS, salvo las ciencias sociales (risas).

—@SeñoritaMaryPoppins: Sé que no tienes una base científica para tu comentario, solo tu tatuaje de #estosiempresehahechoasí. Es más potente que cualquier argumento científico.

—@SeñoritaMaryPoppins: Os lo prevengo: ¡al final vais a ser tocados! (al finalizar... #tevanaDESPEDIRylosabes y por eso tienes que estar avisado y preparado)

5. DE LO ABSURDO DE ELEGIR CON 15 AÑOS #TUTRABAJO DEL FUTURO

Si lo piensas bien es absurdo tener que elegir con quince años #TUTRABAJO del futuro.

@PROFESORES

En muchas ocasiones piensas que la culpa de que no encuentres tu #PRIMERTRABAJO o #TUTRABAJO que has perdido, la tienen otros. Es fácil siempre encontrar un responsable, porque claro, TÚ nunca vas a tener la culpa.

- Por culpa de tus @PROFESORES y de tus @PADRES que te hicieron ser de ciencias o de letras ahora no encuentras o has perdido #TUTRABAJO. Sobre todo si eres un #PURALETRAS, la #galaxiaEMPLEO tiene ahora la plaga de ciencias (¿será una moda? ¿o profesiones que ocuparán los @ITROBOTS? Mira, la segunda profesión del futuro: «Experto en ética de datos y privacidad», ¡filósofos a la vista!)
- Por culpa del @abueloELADIO, que pensaba que el trabajo era para toda la vida, y así te lo transmitió, ahora te van a despedir, después de haber estado 20 años en una misma #cavernaempresarial. Y no sabes que vas a hacer, todavía es muy pronto para pasar al estado #SOYPREJUBILADO.
- Por culpa de tus @PADRES que te enseñaron a ser discreto y a no levantar la voz, ahora te van a despedir y no dirás nada, ni siquiera te moverás en las redes sociales.
- Por culpa de la nota de corte no pudiste perseguir tu vocación ni tus sueños.

Los @PROFESORES son una especie clave para tu supervivencia. Desde pequeñito pueden inocularte dosis de #GENPASIÓN o de #GENTEDIO. Te acuerdas de los profesores buenos, de los muy buenos y de los malos y muy malos. Pero los malos y muy malos los recuerdas con más intensidad, porque seguramente la materia que te intentaban incrustar la odiarás con todas tus fuerzas durante el resto de tu vida o, peor aún, que por su culpa pensaras que no se te daba bien esa asignatura.

—@señoraFORMACIÓN: Ya estamos con el aprendizaje. ¡Un profesor te forma!

—@señorAPRENDIZAJE: O te *deforma*.

—@SeñoritaMaryPoppins: No discutáis.

—@señorAPRENDIZAJE: Aprender, aunque hayamos perdido una «h» que era fundamental para el hacer. Todos ellos implican tu acción, necesita maestros y ¡cuidado! que amaestran. Aprender significa:

- Coger
- Apoderarse de
- Asir
- Tomar
- Comprender
- Conquistar
- Ocupar
- Contraer
- Capturar

—@señoraFORMACIÓN: Formar es una acción que alguien hace sobre ti. Para esto necesitas un profesor, el que hace profesión de, el que cultiva o practica.

—@SeñoritaMaryPoppins: Ahora no necesitas que te formen, sino que te transformen.

- Formarse es conformarse y deformarse.
- Relativo a un molde del que te quieres escapar.
- Te organiza.
- Te arregla.
- Tú aprehendes y alguien te forma o te deforma.

A la edad de los seis y los diez años se produce un genocidio en masa de la creatividad y sé quiénes son los responsables. Recuerda por unos instantes cuando eras pequeño y querías

#cambiarelmundo. Eras de lo más creativo cuando dibujabas un avión sin alas o niños y niñas más grandes que las casas o que volaban. Esa creatividad es una de las competencias más demandadas en las #cavernasempresariales y te la mataron en el #planetaEDUCACIÓN ¡¡¡y ahora te piden que seas creativo!!! Esto debe ser la famosa brecha entre el #planetaEDUCACIÓN y la #galaxiaEMPLEO.

Por otro lado, los datos de la Encuesta de Población Activa (primer trimestre 2019), nos muestran que el 22,4% de los graduados trabajan en puestos en los que no es necesaria la formación universitaria. El dato más relevante, es que el 15% de los titulados menores de treinta y cinco años no tiene empleo.

—@PROFESOR: Por alusiones tan negativas, no me queda más remedio que intervenir.

—@señorM: Yo también estoy harto de tanta crítica.

—@SeñoritaMaryPoppins: No son críticas, son datos.

—@PROFESOR: Vamos a ver qué propones para salvar el planeta y no me vengas ahora con tu frase lapidaria de que «El futuro del empleo es el presente de la educación», que queda muy bien para tus conferencias pero que no me sirve de nada.

—@SeñoritaMaryPoppins: Hasta que los @POLÍTICUS no pongan en el centro a la educación, todo son parches.

—@PROFESOR: Ahora que ya he visto todas las profesiones del futuro, no sé cómo diseñar la malla curricular ni el plan de estudios. ¿El Diseñador de chatbots es de ciencias o #PURALETRAS? El Optimizador de Tráfico de Drones... ese seguro que se le dan bien las matemáticas. El meteorito del que hablas, si ha caído ya en nuestro planeta y estamos cambiando muchas cosas, pero la exigencia, la excelencia, la disciplina y la obediencia, siempre han funcionado.

—@ITROBOT: En eso yo tengo altas capacidades demostradas, que luego no digan que soy un @ENCHUFADO...

LA DICOTOMÍA CIENCIAS–LETRAS

A pesar de todos los asteroides digitales que han impactado en nuestra vida, seguimos con los parámetros del siglo XIX en este planeta. En pleno siglo XXI con el @tioVUCA y tras el impacto del #meteoritoDIGITAL se sigue diciendo: «¿tú eres de letras o de ciencias?». Si eres listo, ciencias y todos los demás a letras, a «las marías», las de codos, los #PURALETRAS. Para cambiar esta mentalidad no es suficiente una lluvia de meteoritos sino un agujero negro del tamaño de la #galaxiaFINDELTRABAJO.

CIENCIAS–LETRAS polarizan nuestra travesía a la #galaxiaEMPLEO, aunque últimamente estoy viendo gamas de grises que no me disgustan (grados mixtos que conjugan disciplinas variadas).

> —@abueloELADIO: No me puedo creer que siga la dicotomía entre ciencias y letras.
> —@SeñoritaMaryPoppins: Si hablas con muchos @PADRES, siguen pensado como antes «el que vale, pa ingeniero» y además con cierto regusto de sesgo de género. Porque @ELLAS no eligen carreras técnicas y eso es otro tema que daría para otra travesía.

Está creciendo la brecha entre @ELLAS y @ELLOS que estudian ingeniería. Si los puestos de trabajo con mayor salario son los vinculados a estudios STEM —acrónimo que se refiere a las áreas de conocimiento en las que suelen trabajar los científicos y los ingenieros, Science, Technology, Engineering and Mathematics (ciencia, tecnología, ingeniería y matemáticas)—, esto significa que la brecha salarial de género crecerá y que se mantendrá la falta de perfiles profesionales vinculados a la tecnología.

#CONTINENTEUNIVERSIDAD

Dentro de este continente también hay muchas cavernas, y depende de cual elijas, el viaje hacia la #galaxiaEMPLEO es más directo. Recuerda que ahora que ya conoces muchas de las profesiones del futuro y, aunque el mundo avance a

#3VELOCIDADES, gracias al @tioVUCA todo cambia tan deprisa, que tu opción sin salidas, a lo mejor dentro de dos años está de moda y te cortejan en todas las #cavernasempresariales.

—@señorM: Qué rollo la filosofía, no me gustaba nada. Mi hijo va a estudiar ingeniería, como le hubiera gustado a su padre.

—@SeñoritaMaryPoppins: Te recuerdo que no acabaste la carrera...

—@señorM: Calla, eran otros tiempos y sí que llegué a empezarla.

—@SeñoritaMaryPoppins: Si volvieras a tener 15 años y tuvieras que elegir, ¿qué estudiarías?, ¿#estudiosconSALIDAS o sin salidas? Porque mucho @tioVUCA y #meteoritoDIGITAL y decidimos la vida como antes, 1 o 0, en código binario, ciencias o letras.

—@señorM: Seguro que ahora me sueltas ese discursito que queda muy bonito de estudiar con #GENPASIÓN, lo que a uno le gusta. Déjate de historias que hay que comer y trabajar. Trabajar cuanto menos mejor y a mí me inocularon el #GENTEDIO y no estoy para más historias.

—@SeñoritaMaryPoppins: Me río del empeño de los @PADRES por decirte «hijo, estudia algo que tenga salidas». Como si las salidas a la #galaxiaEMPLEO estuvieran en el mismo sitio que antes.

—@señorM: ¿Qué les decimos entonces a esos adolescentes? ¿Qué estudios tienen salidas? Tengo un sobrino que, como no le gustaba mucho estudiar, fue a la #islaFP y no le va nada mal. ¿Por qué tendrán que seguir yendo a la universidad? ¿O también te la quieres cargar? A este paso no dejas nada en pie.

—@SeñoritaMaryPoppins: Cuando veas el salario de algunas profesiones para las que no se necesitas pasar por el #continenteUNIVERSIDAD, lo mismo cambias de opinión[6].

---

6 Informe Infoempleo Adecco: Oferta y demanda de empleo en España https://iestatic.net/infoempleo/documentacion/Informe-infoempleo-adecco-2018.pdf

Categoría de Empleados	Salario Bruto (€/año)	Desviación[1]
Maquetista Industrial	59.494,07 €	203%
Operador/a de Explotación	29.747,04 €	51%
Ganadero/a	28.285,86 €	44%
Guardés/a	27.500,00 €	40%
Taquillero/a	26.200,00 €	33%
Afilador/a	26.000,00 €	32%
Azafato/a	24.984,62 €	27%
Gestor/a Punto de Venta	24.766,96 €	26%
Operador/a de Central Receptora de Alarmas	24.403,59 €	24%
Transportista	24.215,36 €	23%
Barista	24.166,67 €	23%
Escayolista	24.000,00 €	22%
Ayudante de Recepción	23.876,00 €	22%
Socorrista	23.720,89 €	21%
Planchador/a	23.528,00 €	20%
Teleasistencia	23.310,00 €	19%
Administrativo/a de Obra	23.096,77 €	18%
Auxiliar de Laboratorio	23.000,00 €	17%
Celador/a	22.966,53 €	17%
Secretario/a	22.699,38 €	16%

Puestos de trabajo mejor retribuidos según categoría profesional. Empleados [1]

[1] Desviación respecto a la retribución media en la categoría de empleados. Retribución fija bruta sin incluir variable

—@señorM: Mira, el de ganadero figura en la 3ª posición. Podría volver a mi pueblo, aunque creo que ya no queda nadie.

—@HEMPRENDEDOR: ¿Ves? Pues ahí tienes una oportunidad de cómo hacer atractivo tu pueblo con profesiones con salarios bastante dignos.

—@POLÍTICUS: Y el alquiler será más barato, seguro.

—@abueloELADIO: La culpa de que los jóvenes no quieran ser ganaderos como sus padres, la tiene la televisión... Bueno, el móvil ese o Internet.

—@SeñoritaMaryPoppins: Ahora las condiciones para trabajar en el campo son mejores que antes, los tractores tienen *wifi* y me instalo una *app* y ya tengo actualizado todo.

—@ITMILLENIAL: Pues prefiero trabajar en el Burger King poniendo hamburguesas.

—@abueloELADIO: Si le gusta, yo le he dicho que se ponga; ganará menos dinero, pero también trabajará menos, que el campo es muy duro.

@SeñoritaMaryPoppins: Cualquier opción siempre

implica mucho esfuerzo, pero si tienes #GENPASIÓN, siempre es más llevadero.

En el año 2014, el ministerio de Educación realizaba un mapa de empleabilidad con las carreras universitarias de España que tenían la tasa de salida laboral más bajas del país. Por fin algo útil, un mapa para viajar más rápido a la #galaxiaEMPLEO. Estudios con menos salidas año 2014:

- Diplomado en Turismo
- Ingeniero Técnico Forestal Especialidad en Industrias Forestales
- Diplomado en Gestión y Administración Pública
- Diplomado en Relaciones Laborales.
- Diplomado en Ciencias Empresariales.
- Ingeniero Técnico Forestal Especialidad en Explotaciones Forestales.
- Licenciado en Historia del Arte.
- Ingeniero Técnico de Minas Especialidad en Mineralurgia y Metalurgia.
- Ingeniero Técnico de Minas Especialidad en Sondeos y Prospecciones Mineras.
- Graduado en Geografía.

—@señorM: Me sorprende la primera en un país en el que el sector turístico representa un 14,6% de PIB. Y, ¡con el mal servicio que tenemos!
—@ITROBOTS: En cuanto entre yo como camarero, esto lo soluciono.
—@SeñoritaMaryPoppins: Muchos @JEFES que se han cargado el techo de metacrilato de las #cavernasempresariales estudiaron estas carreras sin salidas, y además cuando te lo cuentan o lo descubres, casi te lo dicen con vergüenza, como justificándose.
Con la corriente de innovación y disrupción necesitamos perfiles distintos en las #cavernasempresariales. Es un ejercicio divertido comprobar que, después del impacto del meteorito, siguen pidiendo en las #cavernasempresariales los mismos perfiles, de los mismos #estudiosconSALIDAS.

—@señorM: #estosiempresehahechoasí.

—@SeñoritaMaryPoppins: Pues ya es hora de cambiarlo.

—@suegraCOHERENCIA: Dicen unas cosas muy bonitas en sus procesos de cortejo, pero cuando ves las ofertas de empleo... solo han sustituido el apartado postal por una dirección de correo electrónico. Las mismas funciones, las mismas competencias, los mismos estudios, el mismo nivel de inglés... Solo han cambiado el nombre del puesto.

DIÁLOGO FINAL: SÚPER @JEFES SIN ESTUDIOS

—@SeñoritaMaryPoppins: Tenemos grandes referentes de personas y personajes que no han estudiado de forma reglada, que no han sido atrapados por montañas de información y que han triunfado. Muchos de ellos pertenecen a la especie @ENCHUFADOS y @APELLIDOSCONABOLENGO o simplemente @JEFES.

—@señorM: Entonces, ¿qué recomiendas?

—@SeñoritaMaryPoppins: Vas a trabajar con conocimientos y metodologías que hoy no existen y eso va a modificar de forma sustancial el SER y ESTAR de #TUTRABAJO.

—@señorM: No me has respondido, te has ido, como siempre. Entonces ¿qué recomiendas?

—@SeñoritaMaryPoppins: #pensamientosde20sg:

- A ver qué le digo al @señorM.
- A ver si con el @tioVUCA me invento una respuesta sobre la incertidumbre y la complejidad de los mercados de trabajo.

—@cuñadaMAGIA: Y me necesitarás, porque tendrán que ser capaces de crear efectos sorprendentes.

—@SeñoritaMaryPoppins: Que estudien lo que les dé la gana, pero que no abandonen nunca al @señorAPRENDIZAJE ni #GENPASIÓN.

—@señorM: ¡Ay dios! Me estas empezando a hacer dudar de todo lo que pensaba...

—@SeñoritaMaryPoppins: Os lo prevengo: ¡al final vais a ser tocados! (al finalizar... #tevanaDESPEDIRylosabes y por eso tienes que estar avisado y preparado)

6. #TUTRABAJO VA A SER PRECARIO…
O NO, Y CAMBIANTE, SEGURO

@ESTUDIANTES

¿Cómo te imaginas la #galaxiaEMPLEO? ¿Sigues sospechando que tiene muchas #cavernasempresariales? Vas a buscar #TUTRABAJO para toda la vida y quizás te cambies dos veces, o veinte. O no vas a buscar #TUTRABAJO porque vas a crearlo tú y montarás una startup. O no te apetece dejar tu pueblo o tu ciudad y gracias a las plataformas digitales vas a poder trabajar aportando tu @INNOMBRABLETALENTO y no tu presencia. Aquí ten cuidado, que muchos @PADRES y alguna otra especie te dirán que eso no es un trabajo, que busques un buen *patrón* que cuide por tus derechos. Que eso no son más que falsedades encubiertas. Qué #estosiempresehahechoasí y probablemente te saquen a Karl Marx y a su capitalismo (libro publicado en 1867, ¡¡¡solo han pasado ciento cincuenta y dos años!!!)

#TUTRABAJO va a ser diferente de cómo lo conoció el @abueloELADIO. #meteoritoDIGITAL y el @tioVUCA están cambiando el centro de gravedad de las relaciones laborales y esto afecta a todas las especies de la #cavernaempresarial y a los nuevos que quieren entrar. La #galaxiaEMPLEO tiene una nueva corriente de temporalidad por culpa del @tioVUCA. Y está asociada a una reciente tipología de relaciones laborales que tienen las especies en las #cavernasempresariales y a esos platillos volantes, todavía muy desconocidos y criticados, que son las plataformas digitales.

—@señorM: ¿Acaso me estás diciendo que ya no me van a hacer un contrato indefinido para estar en la #cavernaempresarial?

—@SeñoritaMaryPoppins: El mundo avanza a #3VELOCIDADES y con el @tioVUCA no sé qué decirte...

—@señorM: ¡¡Pues vaya plan!!

—@LASEÑORADELALIMPIEZA: Yo lo necesito, estoy harta de empleos precarios y mal pagados.

—@ITMILLENIAL: A mí me da igual, #mevoyalRylo-saben pronto.

—@BECARIOS: Yo ni me lo esperaba.

—@50PLUS: A mí con que me den algo, ya me conformo.

—@ITROBOT: No entiendo la pregunta.

—@HEMPRENDEDORES: Yo solo quiero estar contigo a ratos.

—@JEFES: Yo, contrato de alta dirección, que así no ficho.

—@POLÍTICUS: Estad tranquilos, no os preocupéis, lo vamos a simplificar. Café para todos, que es lo más fácil.

—@RECURSOSHUMANOS: ¡¡Menos mal!!

—@FILÓSOFUS: El propio concepto de trabajo en el siglo XXI, si nos remitimos a «El capital» de Karl Marx...

—@SeñoritaMaryPoppins: Vamos, salgamos despacio.

Es necesario diferenciar la corriente de volatilidad e incertidumbre con la precariedad laboral. Con el fenómeno climático extraordinario del #meteoritoDIGITAL y el @tioVUCA, se ha cambiado la normalidad de un contrato indefinido. La llegada de la corriente de volatilidad e incertidumbre en el trabajo es considerada beneficiosa porque anuncia la temporada de una nueva tipología de trabajos, que permiten una mayor flexibilidad y desubicación. Volatilidad frente a precariedad. Al @abueloELADIO no le digas eso, ni a tus @PADRES, que han trabajado mucho para que tuvieras un empleo para toda la vida y en buenas condiciones. No entienden que tú a lo mejor no quieres ya ese tipo de relación laboral y eso de las buenas condiciones te lo dicen porque son de la #generacióndelosresignados.

Necesitas estar preparado para algo diferente.

Si tienes un #TUTRABAJO de toda la vida, para que puedas pasar a esta corriente de volatilidad, vas a tener que seleccionar tus #PUNTOSCARDINALES y ponerte doble ración de conocimientos digitales. Y me da igual como lo llames, si competencias o conocimientos. Solo espero que te enamores del @señorAPRENDIZAJE y te olvides de la estricta @señoraFORMACIÓN.

- Cuesta quererlo, pero una vez que te enamoras, ya no hay vuelta atrás.
- Porque va a ser para toda la vida.
- Porque cuando crees que ya no la vas a necesitar es cuando más la vas a echar de menos.
- La excusa más frecuente que les ponen a estos señores es: «y esto, ¿para qué me sirve?»
- Y, además, «no tengo tiempo».

DIÁLOGO FINAL:
LA GUERRA POR EL @INNOMBRABLETALENTO

—@SeñoritaMaryPoppins: ¿A ver en qué quedamos, @señorM? Me dices que hay una guerra por el @INNOMBRABLETALENTO, que los @ITMILLENIALS tienen una alta rotación en las #cavernasempresariales y de que no hay forma de engancharles, que no tienen compromiso con nada ni con nadie. Y a la vez no hago más que oír en la prensa hablar de la precariedad laboral.

—@LASEÑORADELALIMPIEZA: A mí esto no me hace ninguna gracia, nadie se pelea por mí, pero de la precariedad esa tengo un rato.

—@HEMPRENDEDOR: Y a mí solo me quieren en las #cavernasempresariales para un rato y no pagan tan bien como antes.

—@señorM: El mundo con el efecto de las #3VELOCIDADES.

—@SeñoritaMaryPoppins: Os lo prevengo: ¡al final vais a ser tocados! (al finalizar... #tevanaDESPEDIRylosabes y por eso tienes que estar avisado y preparado)

7. NO ENCUENTRAS LA SALIDA A LA #GALAXIAEMPLEO

Si estás estudiando, ¿cómo vas a encontrar la salida a la #galaxiaEMPLEO, si vienes con unos moldes del siglo XIX y la mentalidad del @abueloELADIO?

Si has perdido #TUTRABAJO y has vuelto al #planetaEDUCACIÓN, ¿cómo vas a encontrar la salida a la #galaxiaEMPLEO? Quien te tiene que enseñar las entradas, los @PROFESORES, no han pisado nunca una #cavernaempresarial.

La excelencia educativa no es la excelencia de la #cavernaempresarial, y ahí cada vez hay más brecha. Y, además, la excelencia va a ser la competencia más destacada de @ITROBOTS. Sí, lo siento, son bastantes más perfectos que tú en la ejecución de tareas repetitivas y saben manejar muchísimos más datos que tú y hacer predicciones con más objetividad y rapidez.

De los #estudiosconSALIDAS, #NOLVIDES que con el @tioVUCA y el #meteoritoDIGITAL, las salidas han cambiado y no están en el mismo sitio. Con el #efectocircodelSOL los perfiles más demandados hoy, pronto se pasan de moda o los va a realizar @ITROBOTS: YouTubers, Community Manager, Big Data... Perseguir la pelota es hacer #estudiosconSALIDAS, pero las salidas ya cambiaron. A pesar de lo que te cuente todo el mundo y de lo que digan las estadísticas, no hay carreras con más salidas que otras. Lo que sí que hay es más carreras... Espera, que ahora ya no se llaman así: hay titulos de grados que aparecen en más ofertas de trabajo que otros.

#NOLVIDES que lo que estudias en la mayoría de los casos no lo eliges tú, ni tus @PADRES por mucho que piensen que sí lo hacen, ni tus amigos. Lo hacen los @PROFESORES, son los que provocan que te decantes por las letras o las ciencias.

QUÉ SIRVE Y QUÉ NO SIRVE PARA MEJORAR LA TRAVESÍA A LA #GALAXIAEMPLEO

—@suegraCOHERENCIA: Dijiste al comienzo de la travesía que no ibas a dar recetas y aquí estás ya de nuevo con tus listas de ingredientes. Pues anda que se te da mal cocinar; si te han despedido tres veces.

—@SeñoritaMaryPoppins: ¡Pero bueno con esta señora! De todas formas, tienes razón. Pero esos trabajos ocasionales como camarero, monitor de tiempo libre, dependiente de tienda que hacen algunos @ESTUDIANTES antes de entrar en la #galaxiaEMPLEO, son los que les van a proporcionar las verdaderas competencias tan aclamadas en la #cavernaempresarial.

—@señorM: ¿Me estás diciendo que la experiencia como dependiente en unos grandes almacenes o ayudando en el bar de un amigo es lo que más sirve?

—@SeñoritaMaryPoppins: A ver, saca algún folleto de esos que tengas de viajes a la #galaxiaEMPLEO y mira que requisitos piden.

—@señorM: Funciones...

—@SeñoritaMaryPoppins: No, llega a la parte de competencias: proactividad, trabajo en equipo, toma de decisiones. Esas, en un bar, como camarero, las aprendes en diez minutos y sin gamificación.

El #continenteUNIVERSIDAD te prepara con un bloque de conocimientos y en la #cavernaempresarial se necesitan conocimientos, pero sobre todo competencias. Es decir, saber cómo hacer las cosas y aprender cada día. Más conocimientos y más capacidad analítica y resolutiva que tú va a tener @ITROBOTS. Además, no se cansan ni se quejan, aunque también se pueden programar para que lo hagan. El bloque de conocimientos del #continenteUNIVERSIDAD es rectangular, con pocas aristas, y el mundo de la #cavernaempresarial es redondo y ligeramente achatado por los polos.

¿NECESITAS UN CURRICULUM PARA ACCEDER A LA #GALAXIAEMPLEO?

Uno de los momentos más importantes de tu vida es cuando te acercas por primera vez a la #galaxiaEMPLEO.

El currículum, tal y como lo define @LARAE, es la relación de los titulos, honores, cargos, trabajos realizados, datos biográficos, etc., que califican a una persona. Y además te piden, como se ha hecho siempre, que ocupe un folio. Te dicen que prepares un *currículum vitae*, hoja de vida. Y, si es la primera vez que viajas a la #galaxiaEMPLEO, te preguntas cómo vas a rellenar una página con tus logros, si te caben en los 140 caracteres que te ofrecía Twitter antes.

Pero creo que es peor para los @50PLUS, porque muchos de ellos no tuvieron que utilizar nunca este instrumento. ¿Cómo vamos a resumir nuestra vida en una cuartilla? El *mito del currículum* en una sola página (página, cuartilla, esto un @ITMILLENIAL no lo va a entender) viene porque antes se almacenaban en papel. Si tenían más de dos páginas, ya abultaban mucho y no cabían en el archivador, y menos con grapas. ¡Cuánto daño ha hecho! Millones de curriculum iguales, en una sola hoja y todos, más o menos, con el mismo contenido; si no mira las competencias que pones: gran capacidad de liderazgo, proactivo, me gusta trabajar en equipo… Antes, de papel verjurado y de la marca Galgo.

> —@CANDIDATOS: Soy una persona analítica y organizada, me encanta trabajar bajo presión.
> —@SeñoritaMaryPoppins: Todos igual… En la última travesía hacemos un resumen de los puntos fuertes y débiles y siempre son los mismos. ¡Que poca originalidad y sinceridad!

Después de tu paso por el #planetaEDUCACIÓN con tu formación, tu máster y probablemente cero experiencia y un Erasmus, te pones a hacer el currículum, porque te lo dice tu madre, porque te insiste tu padre, a ver si *mueve* algún contacto y te acaban *colocando* y con suerte te quedas allí para toda la vida. Es la cultura del @abueloELADIO. Y además pon los *hobbies* (actividad que, como afición o pasatiempo favorito, se practica habitualmente en los ratos de ocio)

@ITMILLENIAL se queda mirando a sus @PADRES, que ya no comprenden nada. ¿Qué son los *hobbies*? Sus @PADRES no tienen redes sociales, o solo las tienen para espiarles. No entienden que son las nuevas plazas donde se juega, se ríe, se habla, se liga. Todos tienen los mismos *hobbies* y ahora la @suegraCOHERENCIA les pone en evidencia constantemente:

- Me gusta leer (no está siguiendo a ningún escritor en Twitter ni habla nunca de ningún libro que haya leído)
- Me gusta hacer deportes de aventura (no veo ninguna foto publicada en Instagram)
- Ahora, es fácil pillarte, es fácil comprobar la incoherencia en tú #PISADADIGITAL...

DIÁLOGO FINAL: DEL ROMANCE ENTRE EL @SEÑORAPRENDIZAJE Y LA @SEÑORAFORMACIÓN

—@señorAPRENDIZAJE: Notas de corte, esa es la raíz de todos los problemas.

—@señoraFORMACIÓN: ¿Y entonces cómo quieres que les clasifiquemos? A ver si piensas que todo el mundo puede estudiar lo que le dé la gana. Cuanto más difícil y más suspendan, mejores profesores serán. El nivel de exigencia se mide por el nivel de suspensos.

—@señorAPRENDIZAJE: ¡No puedo creer que sigas pensando así!

—@señoraFORMACIÓN: Es lo que hay. Las notas de corte[7] las convierten en carreras solo accesibles para los estudiantes más brillantes.

—@señorAPRENDIZAJE: Ahí te quería llevar, ¿qué es para ti un estudiante brillante? ¿Está vinculado el número de plazas que se ofertan a la demanda laboral? ¿Por qué no se ofrecen más plazas para esas titulaciones tan demandadas?

---

7   Las notas de corte son la calificación con la que entra en la universidad el último de la lista. Las distintas facultades ofrecen un determinado número de plazas. Si, por ejemplo, hay doscientas plazas, el primero que entra es el de la nota más alta y así van bajando en función de los resultados obtenidos en las pruebas. Si el último que logra entrar tiene, por ejemplo, un 11, esa será la denominada «nota de corte».

—@señoraFORMACIÓN: Obviamente por una cuestión económica. Muchas veces, aunque queramos aumentar el número de plazas, todo está vinculado al presupuesto. No tenemos más aulas, no tenemos más profesores... Y al final se trata de más dinero.

—@POLÍTICUS: Si acaso, en la próxima legislatura abordamos el tema de la educación...

—@señorAPRENDIZAJE: Entonces, estamos obligando a muchos a estudiar lo que no quieren, no por un tema de excelencia o brillantez, sino por una cuestión de presupuesto...

—@señoraFORMACIÓN: Siempre ha habido algunas carreras que resultaban muy complicadas y también siempre ha habido modas a la hora de elegir estudios. Si todo el mundo quiere ser ingeniero es difícil entrar. Es el juego de la oferta y la demanda.

—@SeñoritaMaryPoppins: Este tema me parece muy grave. Yo lo entiendo al revés. Luego en la #cavernaempresarial nos quejamos de la escasez del @INNOMBRABLETALENTO.

—@señoraFORMACIÓN: Cuando ingresaba todo el mundo en el #continenteUNIVERSIDAD pero la mitad no aprobaba nada en el primer año y tenía que dejar la carrera, no había esas notas de corte, pero la selección el primer año era brutal.

—@señorM: Mira, igual que los @JEFES, esta señora lleva el mismo tatuaje de #estosiempresehahechoasí.

—@SeñoritaMaryPoppins: ¿Quieres decir que el primer año suspendían más de la mitad?

—@señoraFORMACIÓN: (Toda orgullosa) ¡Y más de la mitad! El nivel de los alumnos ahora es pésimo, el hecho de que se produzca una selección previa a la entrada en la universidad hace que los que consiguen entrar, focalicen su esfuerzo y aprecien más lo que están estudiando.

—@SeñoritaMaryPoppins: Vamos, que seguimos pensado en la caja de Skinner en la que un animal encerrado recibía, al pulsar una palanca, un estímulo de refuerzo (comida o agua) o un estímulo de castigo (una descarga dolorosa en los pies). O del clásico palo y zanahoria.

—@señorAPRENDIZAJE: Bueno, yo con esos niveles de suspensos de los que estás tan orgullosa, no sé si el problema será de todos los alumnos, que son tontos, o del nivel de los profesores. Si un profesor suspende por sistema, es que no sabe enseñar.

—@SeñoritaMaryPoppins: Me he quedado con la intriga, ¿qué es un estudiante brillante? Porque tú, @señorM, no has sido un estudiante brillante y en cambio sí un @JEFE con visión y gran éxito en la #caverna-empresarial, aunque ahora #tevanaDESPEDIRylosabes.

—@señorAPRENDIZAJE: Lo que sé es que el concepto de lo que es brillante ha cambiado. Es más el CÓMO que el QUÉ.

—@LAESTEBAN: Yo sí que se de *brilli brilli* y anda que no me va bien, sin muchos estudios y mira que curro bastante.

—@señoraFORMACIÓN: ¿Estás despreciando el esfuerzo y la disciplina?

—@señorAPRENDIZAJE: Nunca jamás, pero tienen que ir con #GENPASIÓN y con el barniz del #meteoritoDIGITAL.

—@señoraFORMACIÓN: Déjate de pasiones y a la nota de corte. Tampoco es tan grave si alguien no puede estudiar Medicina o Matemáticas... puede hacer Química por ejemplo o ciencias de salud, seguro que habrá que curar también a @ITROBOTS.

—@señorM: ¿Vamos de una vez a la #galaxiaEMPLEO? Este planeta más que calambres, me está deprimiendo.

—@SeñoritaMaryPoppins: Os lo prevengo: ¡al final vais a ser tocados! (al finalizar... #tevanaDESPEDIRylosabes y por eso tienes que estar avisado y preparado)

TERCERA TRAVESÍA:

EL MUNDO DE LA #CAVERNAEMPRESARIAL Y LOS DIÁLOGOS CON SUS ESPECIES: SI TE DESPIDEN MAÑANA, ¿QUÉ VAS A HACER?

En mis #travesíasdesvergonzadasporlasempresas he entrado, habitado y salido muchas veces de la #galaxiaEMPLEO. Acompañada de la @tiaILUSIÓN, la @primaIRA y muchos personajes. Llegar a esta galaxia a veces es una odisea y volver a entrar en ella, si ya has estado, ni te cuento, peor que la que narraba Homero. Y TÚ no eres Ulises.

En esta tercera travesía vas a ver cómo reaccionan las especies cuando perciben la alerta de la nueva #galaxiaFINDELTRA-BAJO, que se ha formado por el efecto del #meteoritoDIGITAL y el @tioVUCA. Amenaza con acabar con su bien más preciado: #TUTRABAJO. Y solo las especies que estén preparadas y tengan la capacidad de evolucionar van a sobrevivir, así de simple. Sin más historias ni retóricas, del estilo «tú vales mucho y no te has dado cuenta, y puedes hacerlo». Tú ya lo sabes, te tienen que dar calambres en cada una de las travesías para luego poder moverte. Las especies, como estaban distraídas y muy ocupadas con su rutina diaria, no percibían los síntomas de los cambios. Otras no los querían ver y empiezan a echar la culpa al resto de las especies, sobre todo a los @JEFES, porque ahora saben que pueden salir despedidos de la #cavernaempresarial.

En los últimos diez años ha cambiado, sobre todo, el decorado de las #cavernasempresariales y muchas se han llenado de cacharrería digital. Sin embargo, el modo de SER y ESTAR de #TUTRABAJO (a pesar de que digan que ahora es más *ágil*) y el estilo de liderazgo de los @JEFES no han evolucionado tan deprisa. Todas las generaciones llegan siempre cargadas de nuevas formas de hacer las cosas y al mundo de las #cavernasempresariales no les gustan los cambios, ni a los @JEFES tampoco, si no, no les darían tantos cursos de «Gestión del Cambio» ni sería esta la competencia más demandada.

En esta tercera travesía, vamos a tener unas conversaciones, diálogos y encontronazos con alguna de las especies que habitan en las #cavernasempresariales para preguntarles: si te despiden mañana, ¿qué vas a hacer? En mis #travesíasdesvergonzadasporlasempresas he visto las características que las hacen más vulnerables a un despido.

8. EL MUNDO DE LA #CAVERNAEMPRESARIAL: ¿NO TIENES TODAVÍA UN FUTBOLÍN? NUEVAS DECORACIONES Y VESTIMENTAS DE LAS ESPECIES

Antes de entrar en las #cavernasempresariales para tener los diálogos con las especies, es muy importante observar cómo ha cambiado su entorno. Tanto si estás buscando tu #PRIMERTRABAJO o si vas al encuentro de #TUTRABAJO que has perdido o se ha desgastado.

Cuando llegas a la #galaxiaEMPLEO, según cada especie, te encuentras algo distinto. Y también cambia si es tu #PRIMERTRABAJO o estás buscando una vez más #TUTRABAJO. Todas las especies están nerviosas en el acceso a la #galaxiaEMPLEO. Para los @BECARIOS es su primer viaje, para los @50PLUS quizás sea la última oportunidad de visitarla, @ITROBOT impasible, @ITMILLENIAL escéptico.

La #galaxiaEMPLEO está llena de #cavernasempresariales con especies variadas y es importante tener conversaciones con ellas pero, como yo no te voy a dar recetas, lo mismo sacas alguna lista que te sirva. Algunas han evolucionado con el #meteoritoDIGITAL y otras no. Hay #cavernasempresariales que se han convertido en conservatorios de algunas especies, lugares que contienen y preservan las que están en extinción. Si me paro a pensar qué es una #cavernaempresarial, y después de pasar por tantas, me resulta difícil hacerlo sin detenerme en los @JEFES que me han tratado bien y en los que me hicieron tanto daño. Pasa igual que con los @PROFESORES.

- ¿La #cavernaempresarial son los recursos?
- ¿La #cavernaempresarial son los clientes?
- ¿La #cavernaempresarial son los accionistas?
- ¿Las #cavernasempresariales son las personas?
- ¿Las #cavernasempresariales son las instalaciones?

Aunque ahora tengan menos tabiques y menos techos de cristal y te puedas encontrar futbolines y comida sana por todos los sitios, el centro son los clientes. Bueno, y también algo las especies, por lo menos en todos los titulares de cortejo que sacan.

Las #cavernasempresariales son también los @JEFES, y casi todas tienen techos altos y de metacrilato para @ELLAS, y muchas rocas que tardan años en disolverse, por las que no puedes ascender y en las que no se producen muchas aberturas. Por eso a las especies les cuesta escalar a la superficie (esta definición de empresa mejor no la pongas en ningún trabajo serio porque seguro que te suspenden). Por lo general son oscuras y presentan un elevado nivel de humedad que provoca el #GENTEDIO, ya que la luz solar solo logra ingresar en las zonas más elevadas.

Antes de empezar la tercera #travesíadesvergonzadaporlasempresas, se hace necesario proceder al conocimiento del origen etimológico del término caverna. Se trata de una palabra que deriva del latín «caverna», que a su vez procede de «cavus», que puede traducirse como «hueco». En este caso, huecos laborales donde caben las especies que salen del #planetaEDUCACIÓN y algunas que no lo han pisado. Ya hemos visto que hay nuevas plataformas digitales donde puedes subirte.

El mundo de la #cavernaempresarial se ha modificado profundamente por la llegada del @tioVUCA, por el impacto del #meteoritoDIGITAL y la aparición de la nueva especie @ITMILLENIAL, y es necesario que lo conozcas cuanto antes si has notado YA los primeros síntomas.

Las #cavernasempresariales quieren ser *modernas*, no solo en su nueva decoración y con los clientes, sino también con todas las especies que viven dentro, cambian sus exteriores y su vestimenta. Han tirado los gruesos muros y ahora exhiben grandes cristaleras, aunque se percibe desde dentro que el nivel de opacidad es el mismo o incluso peor.

Uno de los efectos del #meteoritoDIGITAL ha sido la redecoración de las #cavernasempresariales. De ser oquedades oscuras, el impacto ha provocado grandes cráteres que han dejado a muchas especies al descubierto, en especial a los @JEFES. ¿Hay más transparencia en las cavernas aunque se hayan tirado los tabiques o estos sean de cristal?

—@SeñoritaMaryPoppins: En cuanto a la decoración, los futbolines y las paredes llenas de pósit de colores han pasado a ser el referente de la felicidad en el trabajo.

—@señorM: Como si en el trabajo se pudiera ser feliz.

—@SeñoritaMaryPoppins: Las redes sociales y los premios provocan que el contagio del virus felicidad=futbolín se haya extendido de forma exponencial.

—@ITMILLENIAL: Si se creen que me van a atraer o a retener por tener un futbolín, lo llevan claro. Ya aburre y está pasado de moda y, además, no he jugado nunca.

—@RECURSOSHUMANOS: Maldito #efectocircodelSOL, ya había encargado diez. De todas formas, ten cuidado. Si te ven mucho en la zona de relax, van a creer que no trabajas.

—@ITMILLENIAL: ¿Pero no valoran mi creatividad? ¿Cómo puedo ser creativo sentado delante de una mesa?

—@SeñoritaMaryPoppins: ¡¡Ten cuidado!! #tevanaDESPEDIRylosabes.

—@ ITMILLENIAL: Que tengan cuidado ellos, porque #mevoyalRylosaben.

—@tioJOSETE: Ni en mi taller, ni en la fábrica, ni en la obra hay futbolines ni se les espera. Y a mí, si me gustan.

El impacto del #meteoritoDIGITAL no ha llegado a todas las #cavernasempresariales de forma homogénea, todavía hay muchas oscuras, sin ventanas y sin futbolines. Todo por el efecto de las #3VELOCIDADES.

—@señorM: ¿Recuerdas cuando todavía se fumaba en los despachos?

—@SeñoritaMaryPoppins: ¡Cómo no recordarlo! En mi primera #cavernaempresarial tenía una compañera de despacho que fumaba Ducados y en otra el presidente fumaba puritos. Y había moqueta.

Lo que sé es que, cuando te despiden, te va a dar un poco igual la decoración de la #cavernaempresarial, porque lo que quieres es recuperar #TUTRABAJO. Da igual si tenías un despacho grande, o simplemente una mesa, o una taquilla. Por lo menos tenías algo.

VESTIMENTA DE LAS ESPECIES: DE LO FORMAL A LO INFORMAL, DE LAS CORBATAS Y TACONES AL *CASUAL*

Vestimenta de las especies, aquí si hay #3VELOCIDADES.

La corbata y los tacones han sido durante muchos años un signo identificativo de muchas especies de las cavernas. La vestimenta es un símbolo de prestigio y seriedad. El @abueloELADIO no entendería a los que van con zapatillas y barba hípster, y probablemente tus @PADRES tampoco. Los uniformes de las #cavernasempresariales han cambiado. Lo informal y el #meteoritoDIGITAL, las zapatillas frente a los zapatos de cordones y de tacón. Aunque por el #efectocircodelSOL esta vestimenta está pasando de moda. Lo mismo vuelven los trajes de chaqueta y te va a tocar tener que sacarlos del armario.

—@LGTBI: Ahora que hablas de salir del armario, ¿es verdad que en alguna #cavernaempresarial ya tienen iniciativas para mi colectivo? A mí me gustaría trabajar allí sin tener que esconderme.

—@suegraCOHERENCIA: Eso dicen... De todas formas, en las vestimentas y transparencias, sí que observo muchas incoherencias, como llegar a cualquier evento de Transformación Digital y ves a muchos con vestimentas del siglo pasado o que van y te dan una tarjeta de visita, como si no te hubieran ya localizado con tu #PISADADIGITAL.

—@BECARIOS: En la búsqueda de tu #PRIMERTRA-BAJO te dicen que para entrar en muchas #caverna-sempresariales la vestimenta es muy importante, y te pones un disfraz que no te queda muy bien ajustado, para parecer serio y formal...

—@señorM: Creo que cada uno puede ir como quiera, no se trata de criticarlo todo, pero la apariencia dice mucho.

—@SeñoritaMaryPoppins: ¡¡Ahí me has dado!! Lo que solo te quería decir es que la seriedad y el compromiso van más allá de la vestimenta. Algunas especies, a lo largo de su estancia en las #cavernasempresaria-les se han mimetizado con las zapatillas y otras siguen con ropajes de otra época.

LAS #CAVERNASEMPRESARIALES SE ORGANIZAN EN DEPARTAMENTOS, CAJAS, SILOS, CON VENTANAS O SIN VENTANAS

Para entrar, tienes que pensar en qué caja lo vas a hacer. Y eso es uno de los problemas principales de los #PURALETRAS. ¿A qué caja o departamento van los de geografía e historia?

—@FILÓSOFUS: Por eso nosotros no entramos nunca.

—@SeñoritaMaryPoppins: Bueno, por eso y porque tampoco os habéis preocupado mucho. De todas formas, ahora deberíais tener máxima empleabilidad porque tengo entendido que os dedicáis a pensar.

—@RECURSOSHUMANOS: No tengo vacantes de Pensadores, de momento.

Dos grandes efectos del #meteoritoDIGITAL en la forma de trabajar en las empresas han sido la llegada del móvil y que los datos estén en la nube, accesibles desde cualquier sitio y a cualquier hora. Si Nietzsche hubiera tenido un móvil, en lugar de anunciar que Dios había muerto, diría que el *mundo off* ha muerto. Vivimos conectados veinticuatro horas, trescientas sesenta y cinco días, y nuestra forma de SER y ESTAR en las #cavernasempresariales no hay cambiado tanto. Sigue encorsetada a las ocho horas, o más o menos. La tecnología ha tirado algún tabique y colocados futbolines para meter un gol al #GENTEDIO, pero todavía no ha impactado mucho en el *Estado de Liderazgo*. El *presencialismo* es como esa pequeña mancha de la pared, que sabes que tienes que quitar pero que te has acostumbrado a ella.

La introducción de cambios en las #cavernasempresariales cuesta mucho, más allá de los cursos de «Gestión del Cambio». Y es muy necesario porque #TUTRABAJO ya se ha *trans-formado*.

—@SeñoritaMaryPoppins: ¿Por qué seguís dando tantos cursos de «Gestión del Cambio» en lugar de aplicarlos?

—@RECURSOSHUMANOS: No dejas de repetirlo, y encima ahora me riñes otra vez. Por el @tioVUCA ese y el #meteoritoDIGITAL.

—@SeñoritaMaryPoppins: Y las especies, ¿aprenden, se forman, de-forman o trans-forman?

—@RECURSOSHUMANOS: Me los deduzco por la formación tripartita.

—@SeñoritaMaryPoppins: ¡¡Menos mal!!

—@suegraCOHERENCIA: Y además seguro que siguen firmando la asistencia a los cursos como «Dios manda», en papel.

—@SeñoritaMaryPoppins: ¿Y en los cursos de transformación digital, también la firma es en papel?

—@RECURSOSHUMANOS: Pues claro.

Las #cavernasempresariales se dividen por departamentos, muy bien custodiados por los @JEFES. Un trabajador es contratado para trabajar en un departamento. Con un @JEFE de ese departamento. Con unas especies que saben de lo mismo que tú. Entre departamentos suele existir alguna rivalidad, fomentada por los propios @JEFES. Y ahora va y se pone de moda el trabajo colaborativo, los equipos transversales, y las metodologías ágiles. Vamos, que ya no valen los departamentos, ni los @JEFES, y que vamos a trabajar por proyectos y va a liderar no el más jerárquico, sino el que más sabe. Y *agile* también significa «rapidito» (recuerda que el efecto de #3VELOCIDADES hace que ni sepas de qué te estoy hablando y que en tu #cavernaempresarial, probablemente siga funcionando todo de la misma manera que antes).

Pero te deberías empezar a hacer preguntas que van a impactar en #TUTRABAJO (ya sé que deberían hacérselas los @JEFES, pero cómo #tevanDESPEDIRylosabes, mejor te las haces tú directamente):

- ¿Por qué #TUTRABAJO tiene que estar en un departamento o caja?
- ¿Por qué tiene que existir un departamento de Comunicación y Marketing si todas las especies deberían saber cómo comunicar y vender la empresa?
- ¿Por qué tiene que existir un departamento de finanzas, si todas las especies deberían estar atentas a la salud financiera de su caverna?
- Si el centro es el cliente, ¿por qué hay un departamento comercial? Customer Experience o Experiencia Cliente tendría que ser una función de todos los puestos. (Ahora los clientes, no solamente compran si no que además, tienen experiencias inolvidables. Para lo bueno y para lo malo) Comunicación, impacto y reputación, lo mismo. Desarrollo profesional, atracción de todas las especies, igual.
- ¿Por qué tiene alguien que validarte las vacaciones y controlarte el acceso? ¿No confían en las especies? ¿El centro no es la persona?

DIÁLOGO FINAL: VIEJAS CAJAS PARA LOS MISMOS MOLDES

—@RECURSOSHUMANOS: Vamos a ver, no me desmontes ahora todo mi territorio que ya bastante tengo con la cacharrería digital e @ITMILLENIALS.

- Estudias algo de economía y empresa, al departamento de finanzas.
- Estudias marketing, al departamento de marketing.

- Estudias psicología, al departamento de recursos humanos.
- Estudias derecho, al departamento de administración de personal o legal.
- Estudias ingeniería, al departamento de ingeniería.

—@suegraCOHERENCIA: Como sigas así nadie va a querer trabajar en las #cavernasempresariales.

—@señorM: Tanto que dices pero no paras de criticar y criticar. Hacemos lo que podemos con todo lo que tenemos encima. Tengo que vender, facturar y cobrar y además, con el @tioVUCA detrás, el #meteoritoDIGITAL encima y los @ITMILLENIALS sobre todas las cosas, ¡¡que no hacen más que pedirme constantemente feedback!! De todos los efectos, yo vivo permanentemente el de las #3VELOCIDADES, pasado, presente y futuro al mismo tiempo.

—@SeñoritaMaryPoppins: Os lo prevengo: ¡al final vais a ser tocados! (al finalizar... #tevanaDESPEDIRylosabes y por eso tienes que estar avisado y preparado)

9. TÁCTICAS DE LAS #CAVERNASEMPRESARIALES PARA CONQUISTARTE O AHUYENTARTE

Tienes que conocer las técnicas de cortejo si quieres volver a recuperar #TUTRABAJO o a encontrarlo por primera vez.

¿Qué tipo de cortejo utilizan para atraerte a las #cavernasempresariales? Muchas especies, en especial @RECURSOSHUMANOS, cantan de manera más fuerte y los colores de su pelaje o plumas se tornan con mayor intensidad. Esto ocurre para ser más vistos u oídos por otros que quieren atraer, sobre todo @ITMILLENIALS. Ahora les ha dado a los de las #cavernasempresariales por el cortejo de esta especie relegando a todas las demás. Los de @RECURSOSHUMANOS utilizan diferentes ardides para intentar atraparte. Son trampas para cazar y diseñan «complejas» estrategias (webs atractivas, mensajes no tanto, juegos…) que tienen como objetivo aprisionar a algunas especies.

—@LASEÑORADELALIMPIEZA: Yo, si no es por la ETT esa, no entro en la caverna.

—@50PLUS: ¡Ya me gustaría a mí que me pusieran alguna trampa!

—@SeñoritaMaryPoppins: Y a todas las especies que despiden. Pero la tuya, concretamente, más. Ahora estáis en veda en las #cavernasempresariales, por eso tenéis que buscar nuevas aberturas y otras plataformas.

Las especies que quieren cazar en las #cavernasempresariales sufren el efecto del #efectocircodelSOL en las nuevas profesiones.

—@señorM: Pues yo tengo a mi hija estudiando algo de Big data. A ver qué le digo yo ahora. Además del #GENPASIÓN ese del que hablas. ¿Le hará falta algún máster no?

—@SeñoritaMaryPoppins: Te recuerdo que todas las profesiones quedan impactadas. Creo que el efecto coctelera funciona: mezclar dos cosas que no tengan nada que ver, Big Data y Geografía, tus aficiones, etc.

—@señorM: Y un poquito de rock and roll.

—@SeñoritaMaryPoppins: Ja, ja, veo que estás aprendiendo rápido. En mi época de Headhunter, estaban de moda los «Jefes de Obra» y no había quien les encontrara o quien les hiciera cambiar de #cavernaempresarial.

—@RECURSOSHUMANOS: Yo también me acuerdo de esa época, y luego llegó la crisis del ladrillo y todos a la calle. Los lunes y los martes y los miércoles al sol y muchos a la sombra.

—@señorM: Habláis como si fuera del siglo XIX y eso fue hace dos días. Antes de la gran crisis financiera del 2008 que destruyó muchas #cavernasempresariales y desterró a muchas especies a los confines de la #galaxiaFINDELTRABAJO.

—@SeñoritaMaryPoppins: En el 2008. Ya han pasado más de diez años. Fue la quiebra de Lehman Brothers, pero sobre todo de la @tiaILUSIÓN. De que #TUTRABAJO era para toda la vida.

—@tioVUCA: Mira todas las oficinas de bancos que han cerrado.

—@SeñoritaMaryPoppins: En 2018 se cerraron en España 1.314 sucursales bancarias, y las que quedan. Y lo peor es todas las especies que salieron despedidas y muchas al estado #SOYPREJUBILADO.

—@señorM: Las iban a despedir y lo sabían. Me dan calambres, ¡¡ya hablo como tú!!

—@SeñoritaMaryPoppins: Pocas aberturas quedan en las #cavernasempresariales financieras y de otros sectores industriales para perfiles tradicionales. Y lo asombroso es que todavía hay muchas especies agazapadas y pensando que no les va a tocar, sin preparar una buena salida.

—@señorM: Muchas hacen maratones.
—@SeñoritaMaryPoppins: Pero sin definir tus #PUN-TOSCARDINALES, no vas a ningún sitio.

PARTES DEL CORTEJO

La gran mayoría de los cortejos de las #cavernasempresariales constan de partes bien estructuradas:

- El ataque de @RECURSOSHUMANOS.
- La huida de algunas especies.
- Danzas nupciales (#NOLVIDES que en las #cavernasempresariales, por muy modernas que digan que son, no admiten, de momento, otro tipo de relación que la del compromiso para toda la vida)

El cortejo ha cambiado mucho. Este *espectáculo* por parte de @RECURSOSHUMANOS y del @CANDIDATO, ya no tiene mucho sentido en un mundo con alto grado de transparencia. Cualquier empresa puede revisar toda la información disponible en Internet acerca de una especie y cualquier especie puede revisar en Internet toda la información relativa a la caverna. Y lo que es más importante: no solo revisan los datos, sino que pueden acceder a otras especies que trabajan o han trabajado allí.

Antes era más complicado y ahora solo necesitas un *clic* y sin excusas. Los de @RECURSOSHUMANOS tienen un problema con las #EX-pecies que hablan de sus experiencias reales en las cavernas con luces de colores. Y esos comentarios pueden tener muchos seguidores y cientos de *likes*. Más que los que tienen los de @RECURSOSHUMANOS o los @JEFES cuando hablan de las *maravillas* de habitar en su #cavernaempresarial.

Las #EX-pecies utilizan la técnica del hipopótamo. Tiene un cortejo también peculiar. El *macho*, al entrar en el cortejo, se sube a una montaña de estiércol y luego se encarga de esparcirlo por la *red*. Si quieres consejo de cómo hacerlo, @POLÍTICUS domina muy bien esta técnica.

Muchas de las especies me dicen que nunca las han cortejado. @NOSALGODELACAVERNA tampoco. Pero ¿cómo te van a pretender si nunca sales de la caverna? Si no te muestras, si no te paseas, ¿cómo te van a enamorar? Aquí te cuento algunas con las que me encandilaron:

- Técnica del cangrejo violinista. Una de las más utilizadas. Tiene grandes y potentes pinzas que usa para atraer a los @CANDIDATOS y, a su vez, ahuyentar a otros.
- Técnica del pez pescador. Cuando halla a un @CANDIDATO estrella, le muerde. En ese momento libera enzimas (salario, beneficios sociales, todo lo que quiera y más) que facilitan que ambos cuerpos se unan.
- Técnica del delfín. Utilizada frecuentemente en grandes #cavernasempresariales bajo el nombre de *Big Four*[8]. @RECURSOS-HUMANOS, cuando encuentra a un @CANDIDATO que es de su interés, le aísla de otros. A continuación, danza y realiza piruetas a su alrededor incluso durante días. Finalmente será el @CANDIDATO el que escoja, pues normalmente le cortejan varios a la vez.
- Técnica del lagarto cola de látigo. Utilizada por @HEMPRENDEDORES. Son especies que no necesitan de una #cavernaempresarial, aunque te parezca extraño. Literalmente se clonan unas a otras.
- Técnica del pavo real y del pájaro glorieta. La #cavernaempresarial abre sus bellas plumas y realiza un cortejo de colores frente al @CANDIDATO, con objeto de seducirle. Este podrá escoger entre varios que también le estén cortejando. @RECURSOSHUMANOS construye una choza o galería con ramas, como una maqueta de cómo será la #cavernaempresarial. Además puede utilizar jugos de frutas para ofrecerte.

---

8 Big Four (los cuatro grandes), es el término inglés utilizado para referirse a las firmas más importantes del mundo en el sector de la consultoría y auditoría.

DIÁLOGO FINAL: DE LO QUE TE DIGAN ANTES DE ENTRAR EN UNA #CAVERNAEMPRESARIAL, NO TE CREAS NI LA MITAD

—@RECURSOSHUMANOS: Acabamos de lanzar una política de *Employer Branding* que te va a encantar.

—@SeñorwitaMaryPoppins: ¿De qué?

—@señorM: No te hagas la tonta. Pues eso, para atraer al @INNOMBRABLETALENTO. Y además vamos a usar las redes sociales, con lo que a ti te gustan, y hemos diseñado una página web bien moderna y muy usable. Van a querer todos venir a trabajar con nosotros.

—@50PLUS: Yo sí quiero.

—@RECURSOSHUMANOS: Mándame un correo electrónico a: notevoyaresponder@nuncalohehecho.com

—@SeñoritaMaryPoppins: Yo a eso lo llamo el proceso de cortejo de toda la vida. Plumas, colores, alaridos, saltos... todo con el fin de atraparte, captarte y luego...

—@ITMILLENIAL: Los viejos trucos de siempre.

—@suegraCOHERENCIA: Oasis y desiertos.

—@SeñoritaMaryPoppins: Os lo prevengo: ¡al final vais a ser tocados! (al finalizar... #tevanaDESPEDIRylosabes y por eso tienes que estar avisado y preparado)

10. LA CULTURA DE LAS #CAVERNASEMPRESARIALES: DE LA PRODUCTIVIDAD A LA FELICIDAD SIN BOLLERÍA INDUSTRIAL

—@RECURSOSHUMANOS: Me sorprende que en lo que llevamos de travesía no me hayas todavía hablado de la cultura de la #cavernaempresarial, para nosotros es el centro de todo.

—@YOVENDO: Los clientes están en el centro.

—@SeñoritaMaryPoppins: Las especies son las que tienen que ESTAR en el centro. #pensamientosde20g:

- Menos mal que ya han empezado a poner a los clientes en el centro.
- A ver si se enteran el resto de las especies, @YOVENDO lo ha tenido siempre claro.
- Todas las especies pierden mucho tiempo discutiendo, en lugar de poner el foco en el cliente.
- Últimamente la frase «Las personas en el centro» es la favorita de los @JEFES y los de @RECURSOSHUMANOS.
- Espero que además de mostrarlo en los eventos, lo demuestren en las cavernas.
- Esa frase para muchos significa pagarte la nómina.

La idea de cultura de las #cavernasempresariales es un término relativamente reciente. Hace referencia a un conjunto de comportamientos no normativos. Algunas de las expresiones más utilizadas para la cultura corporativa son: cultura organizacional, cultura institucional, cultura administrativa, cultura empresarial, o cultura de negocios.

Qué seria me pongo cuando te hablo de cultura. Da igual como la llames. En mis #travesíasdesvergonzadasporlasempresas la cultura está escrita y descrita en muchos titulares, pero no la tocas ni la hueles. Y la lees, pero no la ves. Y ahí soy como Santo Tomás: «Si no veo en sus manos la señal de los clavos, si no meto el dedo en el agujero de los clavos y no meto la mano en su costado, no lo creo». ¿Por qué se habla tanto de la cultura de las #cavernasempresariales? ¿Qué importancia tiene si #tevanDESPEDIRylosabes?

Porque vas a buscar #TUTRABAJO donde haya una cultura en la que pongan en el centro a las personas, además de tener hábitos saludables. Vas a buscar una cultura que, más allá de sus proyectos de Responsabilidad Social Corporativa en países en vías de desarrollo, (que también, por supuesto), te interesa sobre todo que te cuiden. No hace falta que sea mucho, tan solo un poquito.

Porque vas a buscar #TUTRABAJO donde haya una cultura en la que crezcan y se reproduzcan @JEFES que te miren. No necesitas más. Ni todas las palabrejas de empatía, ni ser *coach*… No compliques el lenguaje: lo que quieres como especie en las #cavernasempresariales es muy simple.

Porque ahora, después del #meteoritoDIGITAL, la cultura de las empresas parece que solo son saludables las carreras de *runner* y luego te tienen llena la cantina de bollería industrial, patatas fritas, y te hacen estar sentado todo el día, que sino no eres *productivo*. La @suegraCOHERENCIA se ríe mucho cuando le cuento estas cosas.

La felicidad es el nuevo requisito de la cultura de algunas #cavernasempresariales. Ahora quieren que las especies sean felices. Hasta hay nuevos puestos de trabajos dedicados a esto.

—@SeñoritaMaryPoppins: Luego dices que la tecnología destruye empleo. En una búsqueda sencilla en LinkedIn si en el apartado de «cargo» escribes «Felicidad» mira todo lo que te sale. Aristóteles, que fue el primero y el mejor en hablar sobre esto, sí que le daría un calambre. Hay hasta Gestores de la Felicidad:
- Director de Personas, Cultura y Felicidad.
- Chief Happiness Officer, Felicidad Organizacional, Consultor Mindfulness.
- Gerente de la Felicidad y Bienestar Organizacional.

- Gestor de la Felicidad.
- Coach, formador y experto en Felicidad.
- Speaker o conferenciantes de la Felicidad.
- Ingeniero de la Felicidad.
- Creador de Felicidad.
- Embajador de la Felicidad.
- Albañiles de Felicidad.
- Consultor de Felicidad.
- Agente de expansión de Felicidad.
- Supervisor de operaciones y Felicidad.
- Propagador de Felicidad.
- Líder de Felicidad.

—@señorM: Es lo último que me esperaba, que también tú me hablaras de la Felicidad en las #cavernas-empresariales. Y ¿qué es lo que hace toda esta gente? Lo mismo me puedo reciclar. De todas formas, creo que me estás tomando el pelo.

—@SeñoritaMaryPoppins: Solo he colado uno de pega, a ver si lo encuentras...

—@tioJOSETE: A mí, como si me estuvieras hablando de otra galaxia. En mi caverna está el de Administración de Personal, que es el que me paga la nómina y, por su cara, muy contento no está.

—@FILÓSOFUS: Permitid que os interrumpa...

—@SeñoritaMaryPoppins: Solo en los últimos dos años han salido más de cincuenta libros sobre la Felicidad y qué hacer para ser feliz.

—@FILÓSOFUS: Aristóteles, en su «Ética a Nicómaco», no tiene anécdotas ni recetas ni consejos, pero de Felicidad es el que más sabe. ¿Se lo habrán leído? «El recorrido de la flecha traza también el sentido de una trayectoria». El objetivo no es solo atinar en el blanco, sino recorrer acertadamente el espacio que los separa[9].

—@SeñoritaMaryPoppins: Bueno ya sabes que se cita mucho a filósofos y que queda muy culto, pero leer, leer a fondo de principio a fin...

---

9   Aristóteles (Ética a Nicómaco., I, 2, 1049 a 18-24).

—@señorM: Bueno, ¿crees que va a ser una moda? ¿Como lo del #efectocircodelSOL?

—@NOSALGODELACAVERNA: Me pide productividad y además que sea feliz, ¿y qué más?

—@RECURSOSHUMANOS: Luego me criticas porque no innovo.

—@JEFES: A ver cuándo se pasa pronto la moda, porque entre tanta tontería, la salud, la Felicidad y tanto curso... ¡¡a ver cuándo vamos a trabajar!!

—@SeñoritaMaryPoppins: Me da igual la cultura que tengas, como si no la llamas «cultura» o no tienes descritos los valores en un bonito PDF, o en el tipico video que solo sale la gente guapa. Yo solo te pido que me la demuestres día a día, palabra a palabra, bofetada a bofetada.

MONÓLOGO DE @FILÓSOFUS CON INTERRUPCIONES

Si repasamos las virtudes éticas de Aristóteles, poca evolución ha habido respecto a las virtudes de los líderes del siglo XXI.

—@RECURSOSHUMANOS: Parece interesante... Me quedo.

El fin último de toda acción ética sigue siendo el mismo después de tantos siglos: la Felicidad. Incluso ya se establecen indicadores para medirla, cuando es el único bien que se busca por sí mismo.

—@ITROBOTS: ¿Ser feliz es estar contento? ¿Hacer las tareas a tiempo? ¿Contemplar un atardecer en la compañía correcta? O ¿no hacer nada? Estas son las respuestas más habituales, pero me cuesta pillar este concepto.

Las virtudes éticas, según Aristóteles, son adquiridas a través de la costumbre o el hábito y consisten, fundamentalmente, en el dominio de la parte irracional del alma (sensitiva) y regulan las relaciones entre los hombres.

> —@POLÍTICUS: Y las mujeres, anda, que ¡¡¡vaya sesgos!!!
> —@señorM: Lo que he dicho yo siempre: las emociones fuera, en la #cavernaempresarial estorban. Aquí se viene *llorao*.

Las virtudes éticas más importantes son: la fortaleza, la templanza y la justicia.

> —@SeñoritaMaryPoppins: Me recuerdan a los valores corporativos de un banco de logotipo rojo: justo, sencillo y personal.
> —@RECURSOSHUMANOS: ¡¡Qué bien!! Esas tres las tengo en mi diccionario de competencias junto a veinticinco más.

La felicidad no es un bien que esté supeditado a las circunstancias.

La felicidad no tiene excusas.

La felicidad se define como un fin en sí mismo, como fin que une las acciones del conjunto de individuos que forman parte de la #cavernaempresarial y nos dirige hacia un bien común.

La felicidad está en tu trayectoria, no en la meta y no te diste ni cuenta.

La felicidad, era esto:

«La felicidad, pues la elegimos por ella misma, y nunca por otra cosa, mientras que los honores, el placer, la inteligencia y toda virtud, los deseamos en verdad, por si mismos (puesto que desearíamos todas estas cosas, aunque ninguna ventaja resultara de ellas), pero también los deseamos a causa de la felicidad, pues pensamos que gracias a ellos seremos felices»[10].

> —@SeñoritaMaryPoppins: No ha estado muy mal @FILÓSOFUS, si haces un vídeo, lo subes a YouTube con música, vas a monetizar tu sabiduría.
> —@señorM: Pues a mí me recuerda a una canción,

---

10 (Ética Nicomáquea, Aristóteles, Libro I, 7 1097 b 1-10).

¿no decías que la innovación necesita un poquito de rock and roll?.
«La felicidad, ah, ah, ah, ah,
de sentir amor, oh, oh, oh, oh,
hoy hacen cantar, ah, ah, ah, ah,
a mi corazón, oh, oh, oh, oh.»

—@SeñoritaMaryPoppins: Esto es pachanga...

Uno de los problemas más habituales que me he encontrado en mis #travesíasdesvergonzadasporlasempresas es que lo que determina que una especie sea feliz o no, en el plano de las motivaciones externas, no es la marca, las instalaciones, el plan de negocio, las funciones, los proyectos... El factor que determina la felicidad en #TUTRABAJO es tu @JEFE y las otras especies con quien más te relacionas. El resto no es suficiente para mantener a la @tiaILUSIÓN a tu lado, al menos una temporada.

—@JEFES: Siempre tengo la culpa de todo.
—@RECURSOSHUMANOS: O yo.
—@JEFES: Eres como uno de esos @ITMILLENIALS con cero compromiso, con nada ni con nadie.
—@RECURSOSHUMANOS: Te has cambiado más de cinco veces de trabajo.
—@SeñoritaMaryPoppins: Bueno, ¿preguntamos al resto de las especies de la #cavernaempresarial por qué se van?
—@JEFES: Que lo dejen en el buzón de sugerencias.
—@RECURSOSHUMANOS: Ya si eso, pasamos la encuesta a final de año.

MONÓLOGO FINAL DEL @SEÑORM A
LAS PUERTAS DEL AVERNO

He llegado hasta aquí.
Tenía todavía embalado el futbolín.

Y ahora llevo trajes de chaqueta más estrechos.
Lo de la corbata me cuesta más.
La seriedad y la barba o los vaqueros no pueden ir juntos.
Esta travesía me la conozco bien, se moverme por ella.
Conozco los trucos y varios efectos.
Pero fuera de la #galaxiaEMPLEO, no se navegar.
Me he asomado un momento, a la puerta,
para ver la entrada al inframundo.
No quiero ni SER ni #ESTARPARADO.
Me han dado ya calambres.
Pero también muchas ganas de llorar.
Y no quiero que me vea llorando la @SeñoritaMaryPoppins.
¿Será tan difícil volver a encontrar #TUTRABAJO de nuevo?
@JEFES siempre hacen faltan, ¿o no?
Bueno, basta ya de sentimentalismos
que no es mi estilo,
ni me estado
seguiremos la travesía, a ver que cuentan las otras especies.

11. DIÁLOGOS Y ENCONTRONAZOS CON LAS ESPECIES

> **ADVERTENCIA**
> Las características de las especies no son susceptibles de ser generalizadas.
> Se aconseja mezclarse con otras especies.
> Puede resultar altamente disruptivo y enfada cuando no te ves reflejado.
> Pasados los primeros efectos, se aconseja no parar de moverse.

Te van a #tevanDESPEDIRylosabes aunque la mayoría de las veces te haces el despistado.

Tienes que pensar desde YA cómo vas a volver a entrar en la #galaxiaEMPLEO en cualquiera de sus formas. Las #cavernasempresariales, aunque hayan cambiado su decorado, siguen siendo bastante reconocibles. Sin embargo, las puertas de entrada ya no están en el mismo sitio que antes. Para acceder no te valen las mismas recetas de siempre, y si quieres probar la aventura de las plataformas digitales o tener un romance con @HEMPRENDEDOR, entonces tienes que entrenar bastante duro.

Como #TUTRABAJO no va a ser igual después del impacto del #meteoritoDIGITAL y la llegada del @tioVUCA, tienes que pensar qué vas a hacer y qué opciones tienes.

1. ¿Vas a volver a otra #cavernaempresarial? ¿A #TUTRABAJO como lo tenías antes?
2. ¿Vas a tener un romance con @HEMPRENDEDOR?
3. ¿Vas a probar las plataformas digitales?

—@HEMPRENDEDOR: Yo no quiero volver a una #cavernaempresarial, son oscuras y no les gustan los romances, son más de compromiso para toda la vida, hasta que deciden despedirte sin más explicaciones. Voy a probar las plataformas digitales.

—@LAESTEBAN: ¿A una #cavernaempresarial? ¡Ni de coña! Me aburre, ¿cuánto voy a ganar?, ¿voy a tener que trabajar mucho?

—@ITMILLENIAL: Probaré unas semanas y si no me gusta me voy a otra #cavernaempresarial. También puedo tener un romance con @HEMPRENDEDOR.

—@RECURSOSHUMANOS: Ya estamos, ¡¡¡la generación sin compromiso!!! ¿Dónde están los valores de antes? Ya no aguantan nada. Yo si eso me hago Coach.

—@abueloELADIO: Eso de no tener compromiso ya lo decían antes de mi generación.

—@BECARIO: Yo entro con un convenio. Seguro que me ponen a hacer fotocopias o a llevar cafés o hacer el trabajo de los @JEFES.

—@ITROBOTS: Eso ya lo hago yo, las fotocopias, y se mandar también.

—@ITMILLENIAL: No sé qué es una fotocopia, pero me suena que no va bien con el medio ambiente.

—@LASEÑORADELALIMPIEZA: Yo, lo que me manden, que ya bastante me ha costado llegar aquí y espero estar mucho tiempo, que el trabajo está muy precario y tengo que pagar la hipoteca.

—@JEFES: A mi seguro que me coloca un Headhunter y si no, llamo a mis contactos.

—@NOSALGODELACAVERNA: Yo, a otra caverna, claro, ¿dónde iba a ir? ¿Me ayudas con el #CVqueyanosirve? ¡No sé ni dónde lo tengo guardado!

—@YOVENDO: No sé... He salido y entrado muchas veces, no sé qué opción probar.

—@ELLAS: A mí no me van a despedir. Entonces se

quedarían sin ninguna mujer en el departamento y ya no cumplirían el Plan de Igualdad.

—@LGTBI: A mí no me van a despedir. Entonces se quedan sin representación en el Plan de Inclusión y Diversidad.

—@señorM: Perdonad que intervenga... ¿Esto no es discriminatorio?

Silencio de las especies

—@50PLUS: Todas tenéis claras las opciones, salvo yo.

—@SeñoritaMaryPoppins: ¿No te animas con las plataformas digitales?

—@50PLUS: Pues para montar en Glovo estoy yo a mis años y con toda mi experiencia... Además, los trabajos de las plataformas que me has mostrado antes no son como el trabajo que yo tenía, mi despacho, mi mesa, mi taquilla...

—@señorM: Porque los tiempos están cambiando... ¡¡sin remisión!! Toma un poquito de rock and roll.

«Los tiempos están cambiando».
—Loquillo y Los Trogloditas—
«Las aguas han crecido sin vuestro control,
así que mejor que aprendáis a nadar
u os hundiréis sin salvación.
Porque los tiempos están cambiando.
Sin remisión.
El combate ha comenzado y pronto no quedará
ni rastros ni señales para comenzar.
Porque los tiempos están cambiando,
sin remisión.»

En el fondo no quieres perder #TUTRABAJO tal y como lo tienes, aunque te estés todo el día quejando y criticando a tu @JEFE y al resto de las especies que llamas compañeros y ahora compañeras. A ninguna especie le gustan los cambios, pero hay veces que no te queda más remedio, ni te dan más opciones. Cuándo y cómo te vayan a despedir de las #cavernasempresariales varía en función de las características de cada especie, por eso voy a tener unas conversaciones. A todas solo les voy a hacer una pregunta: «Si te despiden mañana, ¿qué vas a hacer?» Y solo esta pregunta porque al final #NOLVIDES:

- De tanto usarlo, sin cambiarle las suelas ni una vez, #TUTRABAJO se desgastaba y no ponías remedio hasta que te salieron agujeros.
- Olvidaste que tenías que moverte para sobrevivir como especie.
- Dejaste de tener en cuenta algo importante: que te podían despedir en cualquier momento.
- Dejaste de formarte, *de-formarte* y *trans-formarte* por descuido, por cansancio, porque estabas tan obsesionado con #TUTRABAJO que no tenías ojos para nadie más.
- Porque el problema si te despiden, siempre es de otros, nunca es tuyo.

—@señorM: ¿Voy a poder estar yo en las conversaciones? ¿O lo vas a hacer en plan privado, como un *vis á vis*?

—@SeñoritaMaryPoppins: Claro que puedes estar. De hecho, las conversaciones, las hago para ti, que #tevanDESPEDIRylosabes:

Según su ubicación:
- Diálogo con @NOSALGODELACAVERNA.
- Diálogo con @YOVENDO.
- Un encontronazo rápido con @BECARIOS.

Según su género:
- Una conversación muy seria con @ELLAS.

Según su edad:
- Una story con un @ITMILLENIAL.
- Un encontronazo a la salida de la #cavernaempresarial con un @50PLUS.

Sin clasificación:
- Diálogo con @HEMPRENDEDORES.
- Un encontronazo en las escaleras con @LASEÑORADELALIMPIEZA.
- Un chat con @ITROBOTS

Y por último con @JEFES: Algo más que palabras.

—@señorM: Umm, no sé si voy a poder estar en todas. ¡¡¡Con el trabajo que tengo!!!

—@SeñoritaMaryPoppins: Hay veces que me da la impresión de que no te sirve de nada lo que te estoy contando. #tevanDESPEDIRylosabes, y para eso tienes que prepararte. Tienes que saber colocar tu tiempo en la cesta correcta. Deja ya tanta reunión innecesaria, tanto estar delante de tu ordenador. Que viene tu @JEFE, ¿y qué?, ¿cuántas veces te ha dejado plantado o esperando dos horas, porque siempre hay alguien o algo más importante que tú?

—@señorM: Y, ¿para qué me va a servir a mí escuchar tus conversaciones, diálogos o encontronazos con otras especies?

—@SeñoritaMaryPoppins: A todas les voy a hacer la misma pregunta: «Si te despiden mañana, ¿qué vas a hacer?» Como a ti #tevanaDESPEDIRylosabes, seguro que aprendes algo. Todas las especies tienen características que les hacen más vulnerables a un despido y muchas características comunes con otras especies.

—@FILÓSOFUS: Vas a hacer una simulación de lo que hizo Sócrates, que daba charlas en las plazas a cuantos quisieran buscarse a sí mismos y encontrar la entrada a la #galaxiaEMPLEO. ¿Les vas a aconsejar que salgan o no de la #cavernaempresarial?

—@SeñoritaMaryPoppins: Eso se lo dejo a los *coach*, yo simplemente les digo que #tevanaDESPEDIRylosabes.

—@JEFES: ¿Y conmigo no vas a hablar?

—@SeñoritaMaryPoppins: Te dejo para el final, eres mi especie favorita.

El tipo de trabajo al que vas a optar probablemente todavía no existe. ¿Cómo vas a encontrar #TUTRABAJO si ya no va a estar ni en el mismo sitio ni de la misma forma? El molde laboral del #planetaEDUCACIÓN ha dejado de encajar en la #galaxia-EMPLEO. A ver ahora cómo lo ajustas. Si eres @ITMILLENIAL es más fácil, pero @50PLUS lo tiene más complicado. Es una de las especies en peligro de extinción en las cavernas. Tendrán que buscar condiciones de habitabilidad en las plataformas digitales. No se vive tan mal, hay mucha mala prensa interesada.

—@50PLUS: ¡¡Yo no quiero irme de la #galaxiaEMPLEO!! No sé si la nueva que busco tendrá condiciones de habitabilidad para mi especie. Necesito el oxígeno de mi salario mensual y mi seguridad laboral.

—@SeñoritaMaryPoppins: Si no encuentras #TUTRA-BAJO, tendrás que crearlo.

—@50PLUS: Pues me asusta.

—@HEMPRENDEDOR: Yo ya lo hice. No es fácil, ni divertido. Y esto no va de garajes ni de ideas brillantes, sino de cómo narices te van a pagar la primera factura.

—@SeñoritaMaryPoppins: Ya has visto todos los trabajos que se van a *trans-formar* y los nuevos que se van a crear.

—@señoraFORMACIÓN: Creo que vas a tener que pedir cita conmigo ya.

Aunque el mundo avance a #3VELOCIDADES y todavía creas que a tu especie no le va a afectar, hay que estar avisado y preparado.

Por eso te has enrolado en mis #travesíasdesvergonzadasporlasempresas.

Cuando habitamos dentro de una #cavernaempresarial, perdemos el sentido de alerta a los meteoritos y satélites. Y es mejor que estés acostumbrado a que te den calambres por si tienes que saltar a otra #cavernaempresarial, a una plataforma digital o volver al #planetaEDUCACIÓN.

Todas las especies oyen hablar casi a diario del #satéliteDESEMPLEO. Algunas lo ven más cerca, otras más lejos. Todas saben que está ahí, cerca de la #galaxiaEMPLEO, y muchas no hacen nada. Esperan agazapadas a que pase la lluvia de meteoritos. En la época del @abueloELADIO este satélite no se observaba a simple vista. Ahora, algunas especies y cavernas enteras lo tienen muy cerca y amenaza con una transformación total y radical. Por eso es muy importante no solo que te prepares. Tendrás que volver al #planetaEDUCACIÓN, pedir cita ya con la @señoraFORMACIÓN, y ser muy consciente de que cualquier momento #tevanaDESPEDIRylosabes.

La #atmósferaMIEDO, esa capa que no siempre es gaseosa, se está volviendo muy densa por la aparición de una nueva especie, @ITROBOT y de la #galaxiaFINDELTRABAJO. Esta última está llena de agujeros negros, en una concentración tan alta de desempleo permanente como para generar un campo gravitatorio tal, que ninguna especie, ni siquiera los @JEFES, puede escapar de ella. En esta galaxia el #meteoritoDIGITAL y el @tioVUCA han roto las descripciones de puestos y ha deformado los conocimientos y competencias que necesitas para desarrollar #TUTRABAJO.

Y cada vez está más cerca o, por lo menos, esta galaxia, se ve más grande.

Y piensas que no es justo que te vayan a despedir. Tú siempre pensado en la @JUSTICIAdivina, que hará ver que #TUTRABAJO es imprescindible y que ¡cómo te van a despedir a ti!, después de todas las horas y compromiso que has tenido allí dentro. Piensas también que las #cavernasempresariales y @POLÍTICUS deberían mantener #TUTRABAJO con las mismas condiciones, funciones y características porque #estosiempresehahechoasí. Creías que «lo digital» sería una moda, como el #efectocircodelSOL y que #TUTRABAJO, con ese componente humano y de dedicación que le dabas, no se iba a desgastar ni transformar. Pero vinieron situaciones nuevas, el @tioVUCA, el #meteoritoDIGITAL, y ahora también el medio ambiente que hace que #TUTRABAJO de siempre, ya ni sea rentable ni sostenible.

Hay especies, como los @50PLUS, en claro peligro de extinción en las #cavernasempresariales. Y podemos pensar que no es justo, que tienen mucha experiencia y todo lo que quieras. Pero es una realidad evolutiva nueva. Y es la especie que más necesita preparase para su salida, porque la mayoría tienden a quedarse agazapados esperando al estado #SOYPREJUBILADO. Vienen de la cultura del @abueloELADIO. @POLÍTICUS no habla de ello.

> —@FILÓSOFUS: «La vida solo puede ser comprendida hacia atrás, pero únicamente puede ser vivida hacia delante» (Søren Kierkegaard)
> —@50PLUS: Mucha frasecita de conferenciante-gurú, pero ahora qué voy a hacer yo con todo esto.
> —@FILÓSOFUS: El SER y la nada...

Casi todas las especies que he conocido en las #cavernasempresariales son más distintas de lo que parece a simple vista, además evolucionan a lo largo del tiempo, sea por factores externos o internos y la mayoría de las veces, a su pesar. Y #TUTRABAJO tradicional, sin el apellido digital, ha llegado a su fin, y encima vienen ellos @ITROBOTS, más productivos, más excelentes, sin apenas fallos, más resolutivos, sin quejas, sin dolores, sin días malos, ni buenos. Y todavía crees que no te podrán sustituir porque te queda la parte de trato humano, de emociones, de empatía... (Esas competencias tan «humanas» se van a poder programar y se aprenden rápido)

Como no estés avisado y preparado no vas a encontrar #TUTRABAJO, un trabajo, o simplemente, trabajo. Y esto no va de cuando ves que van a despedir a varios, de repente te acuerdas de que tienes un #CVqueyanosirve y que está sin actualizar desde hace tiempo.

—@señorM: Yo creo que nunca he tenido que hacer un currículum. A lo mejor hace veinte años. Seguro que ha cambiado mucho.

—@SeñoritaMaryPoppins: ¿Ves? Esto es lo que me dicen muchas especies cuando ven cerca el #satéliteDESEMPLEO y encima me lo dicen casi orgullosos, como tú. Creo que @POLÍTICUS tendría que sacar un real decreto de obligado cumplimiento para todas las especies: actualizar de forma mensual el curriculum, y semanalmente la #PISADADIGITAL.

—@POLÍTICUS: ¿No sería mejor endurecer las condiciones de despido?

—@SeñoritaMaryPoppins: Eso me parece como poner una red para que no pasen los meteoritos. De todas formas, mientras os ponéis de acuerdo, creo que es mejor impulsar a las especies para que puedan evolucionar y *trans-formarse*.

A menudo te vas a preguntar: ¿dónde está #TUTRABAJO?, ¿por qué se lo han llevado? Es verdad que te quejabas mucho, pero al menos tenías uno. Y si no tuviéramos suficiente con todos los cuerpos celestes, ahora va y me dice José Luis Cordeiro, en su libro «*La muerte de la muerte: La posibilidad científica de la inmortalidad física y su defensa moral*», que esta será opcional hacia el año 2045 gracias a los avances exponenciales en inteligencia artificial, regeneración de tejidos, tratamientos con células madre, impresión de órganos, criopreservación, terapias genéticas o inmunológicas que resolverán el problema del envejecimiento del cuerpo humano.

—@ITMILLENIAL: ¿Me llegará la pensión?

—@POLÍTICUS: Difícil, vamos a ver.

—@LASEÑORADELALIMPIEZA: ¡Que ya no estamos en época de elecciones!

—@POLÍTICUS: Pues entonces, seguro que no.

El #meteoritoDIGITAL y el @tioVUCA han cambiado la forma en la que se entra en las #cavernasempresariales. Tienes que saberlo, porque cuando ya estás fuera se ve todo muy borroso y bastante negro.

Cuándo y cómo te vayan a despedir depende mucho de la especie a la que pertenezcas, tu ubicación, tu género y tu edad y las características que te hacen más vulnerable.

Ven, me están esperando.

COPLAS A LA MUERTE DE #TUTRABAJO

Ha *llegao* el momento de hablar cara a cara
con las especies de la #cavernaempresarial.
Para decirles que #tevanaDESPEDIRylosabes.
Si te despiden mañana, ¿qué vas a hacer?
Todas piensan que no les va a tocar,
que no las van a despedir.
Pero están un poco asustadas por el #satéliteDESEMPLEO.
Cada especie tiene unas características que les hace vulnerables.
Tienen que saber cómo evolucionar,
cómo *trans-formarse*.
No te han preparado para estar fuera de la #cavernaempresarial y
tienes miedo.
Después del #meteoritoDIGITAL y la llegada del @tioVUCA…
#TUTRABAJO,
¿dónde está?,
¿tiene la misma forma de siempre?
La aparición de nuevas especies te preocupa,
especialmente @ITROBOTS y @ITMILLENIALS.
¿Vas a buscar en otra #cavernaempresarial #TUTRABAJO?
¿Vas a tener una aventura con @HEMPRENDEDOR?
¿Está ya disponible #TUTRABAJO en las plataformas digitales?
¿O tienes que inventarlo?
Por el efecto #3VELOCIDADES piensas que #TUTRABAJO,
dentro del caparazón de tu sector, no va a ser tocado,

o que vas a pasar al estado #SOYPREJUBILADO.
Y ahora te van a dar muchos calambres.
Acabaré los diálogos con los @JEFES,
que mucha RSC[11], mucho premio y mucho medio ambiente,
y son los primeros en despedirte con excusas o de malas maneras.
Van a tener una nueva función en su descripción de puesto:
advertir al resto de especies que,
por el impacto del #meteoritoDIGITAL,
por la llegada del @tioVUCA,
por la inestabilidad de la #GALAXIAEMPLEO,
por la aparición de nuevas especies,
necesitan un tratamiento de choque con la @señoraFORMACIÓN.
Como no me fío de que los @JEFES,
vayan a cumplir esta nueva misión,
me reuniré las especies.
Y…os lo prevengo: ¡al final vais a ser tocados!
(al finalizar… #tevanaDESPEDIRylosabes y por eso tienes que
estar avisado y preparado)

---

11   Responsabilidad Social Corporativa.

12. DIÁLOGO CON
@NOSALGODELACAVERNA

Los tipos de especies por ubicación es una de las clasificaciones más habituales en las #cavernasempresariales. Así como las casas tienen habitaciones, las #cavernasempresariales tienen departamentos, algunos les llaman silos. Desde el #continenteUNIVERSIDAD te preparan para trabajar en estos silos, por ese motivo tienes que elegir, un grado, carrera o como se llame, que tenga salidas para uno de los silos, o perdón, departamentos: marketing, recursos humanos, financiero, comercial, logística y operaciones, innovación, compras, informática...

—@señorM: Se te olvida el más importante, Dirección General.

—@SeñoritaMaryPoppins: Eso para mí no es un departamento, es un estado.

—@señorM: Pues yo tengo una caja en el organigrama en la parte más alta. Luego dices que no soy digital pero acabo de buscar en Wikipedia sobre la organización de las cavernas por departamentos y coincide con las ideas que tengo: una estructura organizativa vertical, con una cadena de mando y tramos de control corto para el trabajo en equipo y la obtención de resultados.

—@SeñoritaMaryPoppins: Y, después de las travesías que llevamos, ¿crees que es la organización más adecuada tras el impacto del #meteoritoDIGITAL?

—@señorM: No sé, #estosiempresehahechoasí, pero ya me haces dudar de todo.

«Es una lata el trabajar,
todos los días te tienes que levantar,
aparte de esto gracias a Dios
la vida pasa felizmente si hay amor»

—@SeñoritaMaryPoppins: Hola, ¿crees que te van a despedir mañana?

—@NOSALGODELACAVERNA: Buenos días, vaya forma de empezar una conversación, si lo sé me quedo sentado en la silla. ¿Has oído algo? La #atmósferaMIEDO no te la quitas nunca de encima, siempre hay muchos rumores. A mí me ha ido muy bien no destacando mucho, cumpliendo mis horas y algunas más. Agazapado en la caverna y saliendo poco.

—@SeñoritaMaryPoppins: No me has respondido, ¿crees que te van a despedir?

—@NOSALGODELACAVERNA: No lo sé, supongo que no. Creo que soy bastante imprescindible, nunca he dado problemas. De todas formas, viendo la lista de los puestos más demandados voy a pedir cita ahora mismo con la @señoraFORMACIÓN. Necesito un tratamiento intensivo cosmético–digital. Son caros, pero por lo que cuentan, después aparentas que sabes de digital, cambian tus vestimentas y te ponen diez años menos.

—@SeñoritaMaryPoppins: ¿En qué consiste tu trabajo?

—@NOSALGODELACAVERNA: Trabajar ocho horas al día. Y sin levantarme mucho, o que no me vean que me levanto mucho. #pensamientosde20g:
- 8 horas al día, o más, o menos.
- 40 horas a la semana, o más, o menos.
- 160 horas al mes, o más, o menos.
- 1.600 horas al año de mi vida, o más, o menos.

—@SeñoritaMaryPoppins: ¿Te gusta trabajar?

—@NOSALGODELACAVERNA: ¡Claro que no! ¿A quién le gusta trabajar, madrugar o aguantar al @JEFE?

—@SeñoritaMaryPoppins ¿Qué impacto tienes dentro y fuera de la #cavernaempresarial?

—@NOSALGODELACAVERNA: Verás, y no te enfades, creo que no sabes mucho de mi trabajo y de las funciones de mi especie en particular. Nuestro trabajo consiste en resolver una serie de funciones y tareas más o menos complejas en un espacio de tiempo.

—@SeñoritaMaryPoppins: Claro que conozco a tu especie, he formado parte de ella muchos años, hasta que sufrí la *trans-formación* después de mi último despido.

Si miras alrededor en tu #cavernaempresarial, también vas a ver a muchos de esta especie, o lo más probable es que seas uno de ellos. @ELLOS y cada vez más @ELLAS, que se enorgullecen de salir tarde de la oficina, de salir incluso los últimos, demostrando así, la cantidad de trabajo y responsabilidad que tienen. Creo que quieren ser @JEFES, porque el salir tarde es una de las características. Parece que, a mayor responsabilidad, más tienes que demostrar que es bueno salir tarde de la #cavernaempresarial.

A @ELLOS les digo que #tevanaDESPEDIRylosabes y además no son muy conscientes y van a sufrir mucho, porque se creían imprescindibles.

A @ELLAS, de trabajar y más que trabajar, no les tengo que decir nada. Porque yo he sido durante muchos años una de @ELLAS, pensando inútilmente que a fuerza de solo trabajar se consigue romper los techos de metacrilato. ¡Ay! Cuánto daño ha hecho ser muy fan de la @JUSTICIAdivina.

Todavía me pregunto qué haces encerrado todo el día en un despacho o sin despegarte de una silla en una sala muy grande o pequeña, con ventanas o sin ventanas, rodeado de otras especies que tampoco se levantan. Luego hablan de las emociones y la humanidad y que si vienen @ITROBOTS y que te van a quitar #TUTRABAJO. ¿Eres consciente de cuántas veces al día imitas el comportamiento de un robot, pero de los malos? Tú dices que eso es trabajar.

#NOLVIDES que ese trabajo, en mucha medida, va a ser automatizado, y entonces me pregunto qué vas a hacer.

Obligaría a todas las especies que están encerradas horas y horas en la #cavernaempresarial, día tras día, año tras año, ocupadas con un montón de tareas complejas de resolver y para las que se creen que son imprescindibles, que se paren a pensar un momento (aplausos desde lejos de @FILÓSOFUS) ¿Cuánto tiempo dedicas a pensar al día? Si te despiden mañana, ¿qué vas a hacer? ¿Tienes todo preparado? ¿Ya sabes dónde está y cuál es tu próximo trabajo? Eso es lo único que pretendo con esta conversación. Que te den calambres y por lo menos comiences a pensar qué vas a hacer con #TUTRABAJO.

CARACTERÍSTICAS DE TU ESPECIE QUE TE HACEN MÁS VULNERABLE A UN DESPIDO

Las características de tu especie no te benefician mucho, así que antes de lanzarte a pedir sesiones convulsivamente con la @señoraFORMACIÓN, convendría que te quitaras algunos tatuajes como el de #estosiempresehahechoasí.

Piensas que estar toda una vida en la misma #cavernaempresarial, como te dijo el @abueloELADIO, no es malo, aunque muchas veces estés muy mal dentro.

—@NOSALGODELACAVERNA: Yo pienso aguantar aquí hasta que me echen y así por lo menos me tienen que pagar el finiquito. #pensamientosde20g:
- ¿Dónde voy a ir yo?
- Tampoco estoy tan mal.
- Si no me levanto de la silla, es un signo de mi productividad.
- Si no voy a eventos, así no me distraigo y trabajo más.

—@SeñoritaMaryPoppins: No sueles relacionarte con otras especies distintas a la tuya, ¿verdad?

—@NOSALGODELACAVERNA: Nunca lo he hecho, ¿para qué?

—@SeñoritaMaryPoppins: En cuanto a las relaciones con otras especies, eres un poco radical. Tienes amigos o enemigos dentro de la #cavernaempresarial y cuando te despidan, tus contactos, amigos o enemigos son los que te ayudarán a moverte.

En las reuniones consideras que hablar de otro tema que no esté en la agenda, es una pérdida de tiempo. Estas muy preparado para resolver tareas propias de tu puesto y condición, según la descripción que tenga y bajo el molde del #planetaEDUCA-

CIÓN. Cuando te asignan otros proyectos diferentes no te suele gustar, te quejas bastante, nunca a tu @JEFE, claro, y al final lo acabas haciendo pero bastante cabreado y considerando que es injusto.

Eres fiel a la @JUSTICIAdivina.

Demuestras y no muestras (Mostrar, enseñar, ahora se llama postureo y no te gusta nada)

Estás quemado, y no por el sol. Pero la mayoría de las veces no haces nada, criticas y sigues, un día tras otro. Te quejas de forma constante, pero pocas veces se lo dices a la cara a tu @JEFE, la #atmósferaMIEDO te detiene.

Una vida, una caverna, cuando te despiden es muy duro.

CARACTERÍSTICAS COMPARTIDAS CON OTRAS ESPECIES

- Escamas de colores llamadas «escaqueo», son visibles para el resto de las especies, incluido tu @JEFE (que las ve y no hace nada)
- Espinas muy tóxicas que son invisibles, pero desprenden un mal ambiente que se contagia rápidamente. Y apenas te das cuenta, y te llenan la #cavernaempresarial de un hedor espantoso, difícil de eliminar.
- Los @JEFES tan ocupados en sus tareas, son incapaces de *ventilar* esas sustancias perjudiciales.

—@señorM: No sé de qué me hablas, no huelo nada.

—@RECURSOSHUMANOS: Te dejé un libro encima de la mesa el otro día de personas tóxicas en las organizaciones.

—@NOSALGODELACAVERNA: Creo que estas espinas les salen a muchas especies, no solo a la mía.

—@SeñoritaMaryPoppins: Si, son como los virus que se hacen fuertes y se reproducen con facilidad.

—@ITROBOTS: Yo no tengo.

—@SeñoritaMaryPoppins: No te preocupes, son fáciles de programar para que te salgan. Cómo ser *malo* y esparcirlo rápidamente.

—@FILÓSOFUS: ¿Te cabe en las líneas de un algoritmo la «maldad»?

—@SeñoritaMaryPoppins: No lo sé, pero cómo ahora @ITROBOT aprende rápido, tener espinas es una característica que te permite sobrevivir en muchas #cavernasempresariales, así que esta prolongación, la considerarán exitosa o buena.

—@FILÓSOFUS: Hay que llamar YA a la ética.

—@SeñoritaMaryPoppins: ¿Te acuerdas de la segunda posición que va a ser más demandada en un futuro próximo? «Experto en ética de datos y algoritmos».

—@señorM: Y de los @FUNCIONARIOS, ¿no hablamos?

—@SeñoritaMaryPoppins: Tranquilo, tendrán otros problemas, pero no les van a despedir y lo saben. Solo les congelan, y se quedan en un estado de hibernación.

Así es la vida de muchas especies @NOSALGODELACAVERNA como sombras. Y a la sombra se está mejor que al sol, y menos, si son lunes. Ha llegado el #meteoritoDIGITAL, nuevas especies como @ITROBOTS e @ITMILLENIALS que van a provocar tal socavón en la #cavernaempresarial que conviene estar preparado. Acabas de descubrir que la #galaxiaFINDELTRABAJO se acerca y el #satéliteDESEMPLEO que estaba en una órbita lejana a la tuya, se acerca cada vez más.

—@SeñoritaMaryPoppins: Si te despiden mañana, ¿qué vas a hacer? No me has contestado todavía.

1. ¿Vas a buscar otra #cavernaempresarial similar?
2. ¿Vas a tener un romance con @HEMPRENDEDOR?
3. O, ¿te vas a animar con las plataformas digitales?

—@NOSALGODELACAVERNA: La verdad es que nunca me lo había planteado así en serio. Me imagino que tendré que empezar a moverme.

—@SeñoritaMaryPoppins: Pues no te lo imagines y ponte de una vez.

—@NOSALGODELACAVERNA: No tengo tiempo... Tampoco creo que será para dejarlo ahora todo y ponerme con urgencia con este tema, ¿no?

—@señorM: Hazme caso y ponte, yo ahora creo que voy a dedicar todos los días treinta minutos, como en el gimnasio, y busca ese viejo #CVqueyanosirve.

—@SeñoritaMaryPoppins: Y tu #PISADADIGITAL. Vas a tener que actualizar o crear tu perfil de LinkedIn. Como nunca entrabas, no has aceptado a los contactos y ahora solo tienes los que están en la misma situación que TÚ. Solo aceptabas a los de tu especie y a los que conocías cara a cara, ¡para qué querías los demás! Ahora los vas a necesitar a todos.

EVOLUCIÓN DE TU ESPECIE TRAS EL IMPACTO DEL #METEORITODIGITAL Y LA LLEGADA DEL @TIOVUCA

O evolucionas o te extingues, y la culpa será solo tuya. Con la llegada del @tioVUCA y el #meteoritoDIGITAL vas a tener que salir de la caverna sí o sí.

—@SeñoritaMaryPoppins: ¿Qué te parece si añado un objetivo nuevo a todas las especies?

—@señorM: Miedo me das.

—@RECURSOSHUMANOS: Los objetivos ya están cerrados, siempre lo hacemos a final de año.

—@SeñoritaMaryPoppins: Umm, vale, sí. Pues lo abrimos. Se me ocurren varios:

1. Asistencia a eventos: dos veces a la semana y conseguir treinta contactos (porque hay veces que veo ir a eventos a @NOSALGODELACAVERNA, escuchan muy atentos al ponente y luego se van, ¡¡en lo más interesante!! La pausa del café. Aquí es donde tienes que aprovechar para cazar tus contactos. Yo antes era de las que me quedaba en un rincón con mi taza de café. Ponte en el centro, habla con otras especies, deja la vergüenza en casa. Si has mirado la #PISADADIGITAL de los que van a ir ya tienes tema de conversación asegurado)

2. Creación de contenidos de valor en redes sociales, con un impacto de al menos cincuenta likes, internos de tu @JEFE y otras especies, y externos de personas de referencia en tu sector o actividad o de alto impacto.

3. Un video formativo en YouTube al mes.

4. Leer un libro a la semana.

5. Resumen semanal de ineficiencias de #TUTRABAJO.
6. Corrección mensual de ineficiencias.
7. Resumen semanal de grado de interacción con todos los stakeholders (dentro y fuera de la #cavernaempresarial)

—@señorM: No lo veo. Pero me pondré GAFAs (JA JAJÁ)

—@SeñoritaMaryPoppins: ¡¡Qué sorpresa!! Creía que ibas a decir que era una pérdida de tiempo.

—@RECURSOSHUMANOS: Si, además eso, ese listado de objetivos tan grande no me cabe en la aplicación.

—@NOSALGODELACAVERNA: Te olvidas de que a mí casi nunca me ponen objetivos. Además, esos no me gustan. Lo que me faltaba, ¡leer un libro en horas de trabajo! ¡Ya verás cómo me vea mi jefe!

He descubierto después de veinte años de #travesíasdesvergonzadasporlasempresas que una de las estrategias de supervivencia más exitosa entre diferentes especies es *mostrar* y no solo *demostrar* que haces muy bien #TUTRABAJO. A mí todavía me cuesta, y la mayoría de las veces no mostramos por pura presunción y la @JUSTICIAdivina. Piensas que #TUTRABAJO es tan bueno, que debería brillar por si solo. Y si hay @JEFES y otras especies que no lo ven es porque son tontos, poco inteligentes o están deslumbrados por el trabajo de otros que brillan más y demuestran menos.

CINCO BÁSICOS #NOLVIDES PARA TU SUPERVIVENCIA DENTRO O FUERA DE LA CAVERNA

1. Mostrar y no solo demostrar.
2. No hay que esperar a que te pongan medallas, póntelas tú y exhíbelas.
3. A todos nos gusta brillar y brillar y a otros birlar el trabajo ajeno.
4. Impacto e influencia.

—@NOSALGODELACAVERNA: ¿Y el quinto?

—SeñoritaMaryPoppins: Pon tú el que te haya ido mejor.

—@suegraCOHERENCIA: ¡Menos mal que no ibas a dar recetas ni listas!

#NOLVIDES MOSTRAR Y NO SOLO DEMOSTRAR

- Enseña #TUTRABAJO (que mal suena esta frase en esta época en la que forzamos al lenguaje para que parezca políticamente correcto)
- Señala donde está #TUTRABAJO y la importancia que tiene, sobre todo a los @JEFES. Te empeñas en mostrarlo a otras especies y provocas más envidias que ovaciones.
- Haz ver, no solo veas. Hay muchas veces que los demás no ven la importancia de #TUTRABAJO. No por pura maldad o porque tengan algo contra ti, sino porque no se dan ni cuenta que estabas ahí, y que TÚ lo habías hecho. Y que como tantas veces, el mérito se lo había llevado otra especie que mostraba más que tú.
- Da a conocer, no solo conozcas. #TUTRABAJO no tiene un buen sistema de movilidad ni le has colocado un *GPS* adecuado. Para eso estás tú, para sacarle de paseo.
- Estate expuesto, si te quedas siempre agazapado en tu silla, siempre dentro de tu caverna, nadie te va a ver.

—@SeñoritaMaryPoppins: Si solo demuestras y no muestras, te quedas normalmente en la sombra. Hay otro tipo de especies que solo muestran y no demuestran. La culpa es siempre de un @JEFE que lo permite. Y sobre todo la culpa es tuya por no hacer nada más que llamar a la @primaIRA.

—@NOSALGODELACAVERNA: A mí me gusta estar en esa morada subterránea, en forma de caverna y salir lo justo, sin relacionarme más que lo necesario.

—@SeñoritaMaryPoppins: Tus cadenas de la dignidad, la @JUSTICIAdivina, el trabajo bien hecho, la eficiencia y la eficacia, te impiden girar la cabeza y descubrir otros espacios y nuevas especies.

—@NOSALGODELACAVERNA: Desde fueran sé que me ven como una sombra.

—@SeñoritaMaryPoppins: Y desde dentro.

#NOLVIDES QUE NO HAY QUE ESPERAR A QUE TE PONGAN MEDALLAS, PÓNTELAS TÚ Y EXHÍBELAS

- Y esto va en contra de la humildad.
- Es el #huracAMBICIÓN. Y con este fenómeno siempre tenemos problemas, sobre todo @ELLAS.
- Hemos criticado con frecuencia al que destaca y además lo dice. Al que sube al escenario, mientras te quedabas con las ganas de cantar esa canción. Y sentado desde la sombra es muy fácil criticar a los demás que salen y tienen peor voz que tú. Sin embargo, se han atrevido a mostrar delante de todos, que aunque no tengan la mejor voz del mundo, pueden salir de la #atmósferaMIEDO y perder la vergüenza.
- Deja la vergüenza en un cajón, es dónde mejor está.

#NOLVIDES QUE A TODOS NOS GUSTA BRILLAR Y BRILLAR Y A OTROS BIRLAR EL TRABAJO AJENO

Para reconocer al que dice que no le gusta brillar, es muy fácil de identificar. No para de hablar de sí mismo.

#NOLVIDES TENER IMPACTO E INFLUENCIA

Y si no te dejan tenerlo dentro de tu #cavernaempresarial, para eso están las redes sociales, que te permiten brillar, impactar y tener la influencia que quizás no te permitan dentro o no te atrevas a mostrarla.

—@ITMILLENIAL: ¡¡¡De eso de impacto e influencia sé bastante!!!

—@NOSALGODELACAVERNA: Todavía no hemos acabado...

—@YOVENDO: Tengo prisa, ¿empezamos? Voy a ver a un cliente.

—@SeñoritaMaryPoppins: La verdad es que no tengo nada más que decirte. Puedes quedarte si quieres. Saber qué van a hacer otras especies, es más interesante de lo que yo pueda contarte.

—@YOVENDO: Tengo que acabar un informe...

—@señorM: Quédate conmigo.

—@SeñoritaMaryPoppins: Os lo prevengo: ¡al final vais a ser tocados! (al finalizar... #tevanaDESPEDIRylosabes y por eso tienes que estar avisado y preparado)

Y #NOLVIDES nunca quitarte el tatuaje #estosiempresehahechoasí, hay veces que cuesta borrarlo, pero luego lo ves todo más claro.

13. DIÁLOGO CON @YOVENDO

—@YOVENDO: Antes de que me digas nada, te doy una tarjeta para que me tengas siempre localizado. Aquí tienes mi teléfono para que me llames cuando quieras.

—@SeñoritaMaryPoppins: Ya no utilizo tarjetas de visita.

—@YOVENDO: Mira que eres borde, ya me lo habían advertido.

—@SeñoritaMaryPoppins: Bueno, si te dan calambres, me da igual lo que pienses de mí. ¿Comenzamos? ¿Crees que te van a despedir mañana?

—@YOVENDO: Claro, he salido y he entrado muchas veces. Si no consigo los objetivos... pero somos los más valorados por los @JEFES y los más criticados por otras especies de la #cavernaempresarial. Me apuesto lo que quieras a que tú no has vendido nunca.

—@SeñoritaMaryPoppins: En mis #travesíasdesvergonzadasporlasempresas nunca creí que iba a tocar la arena de los gladiadores que venden y facturan...

#MISRECUERDOS DE @YOVENDO

Magnitudes, ¿de cuánto estamos hablando? Madrid y Barcelona: 275 visitas comerciales.

Yo nunca había vendido, siempre había estado en puestos que llaman *staff*, en departamentos que generan gastos y no ingresos, nada glamurosos. Los héroes en el mundo de la #cavernaempresarial son los que venden, los que traen clientes y los que generan ingresos.

Fue una de mis últimas funciones en la penúltima #caverna-empresarial de la que me despidieron. Como soy de la #generacióndelosresignados cuando me ofrecieron crear una línea de negocio nueva no supe negarme. Por la #atmósferaMIEDO o la ignorancia, acepté lo que para mí era un reto y para otros, varios ceros más de ingresos.

Quien no tenga experiencia comercial no debería estar en una #cavernaempresarial y menos si quiere ser @HEMPRENDEDOR, me da igual si el puesto es de @JEFE o @BECARIO. Pertenecer a esta especie, al menos una temporada, da la verdadera dimensión de cómo tiene que evolucionar #TUTRABAJO.

Siempre me habían gustado los finales de mes hasta que tuve un objetivo de facturación mensual. ¡Qué horror!, ningún mes los alcanzaba y era la vergüenza del resto de especies.

Con un jefe que no hacía más que decirme «vamos, vamos». Yo no necesitaba que me animarán sino que me enseñara como conseguir clientes. Que daño han hecho las teorías de motivación a los @JEFES qué se creen entrenadores deportivos arengando a los jugadores.

Uno de mis errores fue no considerar la diferencia entre objetivo y reto. Lo que para mí era un nuevo proyecto apasionante y el aprendizaje de nuevas habilidades que nunca había entrenado, para otros eran unos objetivos que se desglosaban así:

1. € mensuales de venta.
2. € mensuales de facturación.
3. Número de visitas mensuales.

De los tres, ¿cuál estaba en mi mano cumplir con cero experiencia comercial? El tercero.

Doscientas setenta y cinco visitas entre Madrid y Barcelona. Pocos de la #cavernaempresarial me quedaron por saludar y enseñar mi maravillosa solución que les iba a resolver parte de sus problemas.

De manual, me preparaba cada reunión. Adaptaba la presentación y salía tan contenta con un compromiso por parte del cliente más o menos cierto y la promesa de que mirarían mí propuesta con cariño. Cada vez que salía de una #cavernaempresarial, daba botecillos de alegría, este mes me salgo...

Y lo peor no es que me dijeran que no, es que retrasaban la aprobación de la propuesta al mes siguiente. Y así un mes y otro mes, una visita tras otra visita.

Antes de irme de vacaciones había vendido una quinta

parte de mis objetivos, de los cuales me sentía enormemente orgullosa.

Se darían cuenta que mi potencial no estaba en la venta sino en lo que estaba haciendo anteriormente y mi capacidad de hacer relaciones, que no ventas... y como le pasa a los que #tevanaDESPEDIRylosabes, no lo vi venir.

—@YOVENDO: ¡Vaya sorpresa @SeñoritaMaryPoppins! Has descrito un día a día de mi especie. Mi trabajo consiste en vender, facturar y cobrar. Ahora están con el rollo ese de que el foco es el cliente. Se enteran tarde el resto de las especies de la #cavernaempresarial. Ya tienen un nuevo entretenimiento los @NOSAL-GODELACAVERNA, que si el viaje del cliente, el foco, cuidarle, todo menos ponerse ellos a vender y salir a la calle que es lo que hace falta.

—@NOSALGODELACAVERNA: Nosotros hacemos toda la propuesta de valor y generamos todas las ideas para que tú puedas vender.

—@YOVENDO: Que sí, pero al que le ponen objetivos comerciales es a mí.

—@SeñoritaMaryPoppins: ¿Y si introducimos objetivos comerciales a todas las especies?

—@RECURSOSHUMANOS: Eso no tiene sentido, nunca se ha hecho así.

—@JEFES: Pues lo vamos a cambiar, me gusta. Llama a la @señoraFORMACIÓN y con un cursito de técnicas de ventas, ponemos a toda la plantilla a vender, que ya está bien de no hacer nada.

—@SeñoritaMaryPoppins: Creo que más que formación, van a necesitar de-formación y *trans-formación*.

CARACTERÍSTICAS DE TU ESPECIE QUE TE HACEN MÁS VULNERABLE A UN DESPIDO

—@NOSALGODELACAVERNA: Falta de ética. Con tal de conseguir un cliente, los valores de la empresa quedan relegados a un segundo puesto. Los @JEFES te permiten todo con tal de conseguir clientes.

—@YOVENDO: Que no me pongan objetivos tan altos.

—@SeñoritaMaryPoppins: Los resultados a corto plazo ya no son sostenibles, además de la ética. Por otro lado, hay otros cuerpos celestes a los que no has prestado atención.

Tras el impacto del #meteoritoDIGITAL tu cliente ha cambiado y tu competencia lleva *GAFAs*. El problema es que tu @JEFE sigue con el mismo tatuaje #estosiempresehahechoasí, como si no hubiera salido del circo romano, y te arenga, y te deja en evidencia sino consigues los objetivos.

Algunas especies @YOVENDO piensan que la trasformación digital es mandar el mismo mensaje sin personalizar ni segmentar, en lugar de por carta, por redes sociales, y siguen esta estrategia:

- Te invitan a formar parte de sus contactos.
- Aceptas.
- En los tres segundos siguientes, te envían un mensaje con un producto o servicio, que muchas veces no tiene nada que ver con lo que haces.
- No se han tomado la molestia ni de mirar tu perfil.
- Tienes que adaptar lo que vendes y personalizarlo. Me aburre ver cuando llegas con la misma propuesta que para otros, sin haber revisado mi #PISADADIGITAL. Sin saber que ya tengo lo que me ofreces. Por mucha simpatía, empatía y capacidad de negociación, no puedes seguir vendiendo de la misma manera.

—@YOVENDO: Me sigue funcionando, no sé si me convences...

—@señorM: ¡¡¡El efecto #3VELOCIDADES!!!

—@SeñoritaMaryPoppins: (Guiño al @señorM) Pasado, presente y futuro. Piensa como se va a transformar #TUTRABAJO. Lo que vendes cambia y tú también tienes que hacerlo.

—@tioJOSETE: Hasta los mensajeros llevamos ahora

aplicaciones en el móvil y nuestra relación con los clientes ha cambiado.

—@SeñoritaMaryPoppins: Si te despiden mañana, ¿qué vas a hacer? No me has contestado todavía:

1. ¿Vas a buscar otra #cavernaempresarial similar?
2. ¿Vas a tener un romance con @HEMPRENDEDOR?
3. O, ¿te vas a animar con las plataformas digitales?

—@YOVENDO: Casi siempre me echan los tejos de otras #cavernasempresariales. Me he reído mucho cuando has contado las técnicas de cortejo. Si vendes mucho y te mueves bien, sientes el aliento de los de @RECURSOSHUMANOS. Siempre se necesita alguien que venda. Mi especie está la primera en las posiciones más demandadas.

—@señorM: Yo pensaba lo mismo, que los jefes siempre iban a hacer falta. Y mira la lista de las posiciones que se van a automatizar... ¡aparezco de los primeros en el ranking!

—@ITROBOTS: El pequeño chatbot creo que va a vender más personalizado, más segmentado e incluso va a predecir qué quiere tu cliente. Tiene muchos más datos que tú y lo sabe utilizar. Aprendemos muy rápido.

—@YOVENDO: En mi caso la parte humana es insustituible, la confianza, ese tú a tú, relaciones de muchos años, muchas comidas y cenas...

—@SeñoritaMaryPoppins: Yo, si fuera tú, exploraría la opción de las plataformas. Pide ya cita con la @señoraFORMACIÓN, pero no para un curso de técnicas de ventas ni negociación.

EVOLUCIÓN DE TU ESPECIE TRAS EL IMPACTO DEL #METEORITODIGITAL Y LA LLEGADA DEL @TIOVUCA

—@SeñoritaMaryPoppins: Dime el nombre del cliente que vas a ir a ver.

—@YOVENDO: @señorX, no creo que le conozcas. Es un cliente nuevo. Me ha costado mucho conseguir, a través de su secretaria, que me recibiera. Llevo la presentación en la tablet, para que no digas que no soy digital.

—@SeñoritaMaryPoppins: Déjame un segundo, tiene buena #PISADADIGITAL:

- Acaba de venir de hacer un curso en la Universidad Nacional de Singapur.
- Tiene una foto en Twitter de la semana pasada con un colega de tu competencia en una charla sobre chatbots.
- Es runner y tiene buena marca.
- Se ha cambiado de empresa cinco veces, en cada una ha estado una media de cuatro años... así que está a punto de cambiarse otra vez.
- No le tienes de contacto en LinkedIn.
- Me acaba de aceptar cuando le he enviado la invitación.
- Es mentor y profesor de varias escuelas de negocio.
- Por sus últimas publicaciones, le interesa mucho los temas de cómo introducir la realidad virtual en su negocio.

—@YOVENDO: ¿Me acompañas?

#NOLVIDES BÁSICOS PARA TU SUPERVIVENCIA DENTRO O FUERA DE LA CAVERNA

Tu #PISADADIGITAL es tu tarjeta de visita y mirar la de los demás, obligatorio para #TUTRABAJO. Si tu trabajo consiste en:

- Buscar clientes nuevos.
- Fidelizar clientes.
- Hacer propuestas.
- Hacer seguimiento de los clientes...

Todo eso, ya lo puede hacer @ITROBOT. Piensa que más puedes hacer. #TUTRABAJO ya se ha transformado.

Y #NOLVIDES nunca quitarte el tatuaje #estosiempreseha-hechoasí.

Os lo prevengo: ¡al final vais a ser tocados! (al finalizar... #tevanaDESPEDIRylosabes y por eso tienes que estar avisado y preparado)

14. UN ENCONTRONAZO RÁPIDO CON @BECARIOS

—@SeñoritaMaryPoppins: ¿Qué haces tú aquí?

—@BECARIOS: Me ha dicho mi @JEFE que viniera ahora.

—@SeñoritaMaryPoppins: ¿No eres @ITMILLENIAL, ese @INNOMBRABLETALENTO del que tanto hablan?

—@BECARIOS: Tengo un grado, un Erasmus, un máster y estoy haciendo prácticas. Son tareas un poco rutinarias. Mi @JEFE, cuando le veo, dice que estoy en proceso de mejora de mis habilidades. Mis @PADRES dicen que aguante todo lo que pueda y no rechiste.

—@SeñoritaMaryPoppins: ¿Crees que te van a despedir?

—@BECARIOS: Sí, claro, solo tengo un contrato en prácticas por seis meses.

—@POLÍTICUS: El problema de esta generación es que están sobrecualificados.

—@SeñoritaMaryPoppins: ¿Y qué propones? Porque eso de la formación profesional no les gusta nada a los @PADRES.

—@suegraCOHERENCIA: Y en las #cavernasempresariales, en casi todas, te piden otro tipo de formación. Y como en la mochila no lleves un máster y cuatro idiomas, ni te asomes a la puerta.

—@SeñoritaMaryPoppins: Creo que es mejor que vengas dentro de un rato cuando hable con @ITMILLENIAL, deberías compartir muchas características con esta nueva especie.

—@BECARIOS: Bueno, no sé. Creo que cuando se habla de nuestra generación es el efecto ese que tu llamas #3VELOCIDADES. Si abres la web del «Mundo del becario» y ves los puestos que piden para nosotros, no se parecen en nada a lo que estás contando en tus #travesíasdesvergonzadasporlasempresas. Pero espera un segundo —mira a su alrededor—. Cuando salga de aquí, voy a montar con un par de amigos una startup. Teníamos la idea hace tiempo y para lo que pagan, lo poco que aprendo y la mínima flexibilidad que tienen en las #cavernasempresariales, creo que va a ser la mejor opción.

—@SeñoritaMaryPoppins: ¿No crees que deberías aprender un poco más de cómo funciona el mundo de la #cavernaempresarial antes de tener un romance con @HEMPRENDEDOR?

—@BECARIOS: Me da la sensación de que te pasa como a @ELLA, mi jefa, no me escuchas. Te estoy diciendo que no estoy aprendiendo mucho, me tienen cribando curriculums y haciendo llamadas a candidatos para puestos de tecnología y es imposible convencerles de que se cambien o tan siquiera encontrarles. Me hacen recuperar las horas si tengo un examen o un tema personal. Lo de la flexibilidad y el #meteoritoDIGITAL no ha llegado a mi caverna. Mi jefa viene cuando quiere, tiene un horario flexible, pero a nuestra especie nos tiene allí haciendo horas, dice que a ella también le tocó hacerlo cuando era becaria y que así se aprende.

—@suegraCOHERENCIA:#estosiempresehahecho así, #estadoLIDERZAFIO y ejemplaridad.

—@BECARIOS: Déjame que vaya a avisar entonces a mi jefa, para decirle que venga antes.

—@SeñoritaMaryPoppins: ¿No le mandas un WhatsApp?

—@BECARIOS: Mejor voy, no le gusta que le mande whatss.

15. UNA CONVERSACIÓN MUY SERIA CON @ELLAS

—@señorM: ¿Porque hablar de @ELLAS?, ¿son una especie distinta a las demás?

—@SeñoritaMaryPoppins: Estoy harta de oír hablar de este tema y muy pocas veces dan en el clavo de lo que pasa.

—@señorM: Y como tú eres tan lista tienes la clave de todo.

—@SeñoritaMaryPoppins: No soy más lista, pero en mis #travesíasdesvergonzadasporlasempresas he descubierto que es un caso de filosofía primera, o metafísica.

—@señorM: Me voy, esto es un rollo seguro.

—@SeñoritaMaryPoppins: Te voy a dar una nota filosófica para que luego la sueltes en tus charlas. ¿Sabes de donde viene el nombre de metafísica?

Según una idea aún muy extendida, fue el nombre dado por Andrónico de Rodas, en el siglo I a. de C a unos libros de Aristóteles. Como estos fueron colocados detrás de sus libros de física, se los llamo μετὰ [τὰ] φυσικά, es decir, los que están más allá de la física. Lo que vas a fardar con esta anécdota. Si lo llevo al tema de mujeres es porque te quiero contar lo que está *más allá* o *detrás* de las cientos y cientos de páginas que se han escrito en los últimos años sobre la diversidad de género, #lamaldición-deconciliar, @ELLAS y por qué tener mujeres es beneficioso, rentable, productivo en las #cavernasempresariales.

—@SeñoritaMaryPoppins: ¿Crees que te van a despedir mañana?

—@ELLAS: Seguro que no, si no, no cumplen la cuota de igualdad en mi departamento. Además, ahora me amparan muchos derechos.

—@SeñoritaMaryPoppins: ¿En qué consiste tu trabajo?

—@ELLAS: No entiendo tú pregunta; trabajar, ya sabes. He estudiado muy duro para llegar aquí, no sé por qué tienes que hablar tan seriamente conmigo si soy de la especie @NOSALGODELACAVERNA, no sé qué más me tienes que decir o si es algo nuevo. Tengo media jornada y cada minuto cuenta.

CARACTERÍSTICAS DE TU ESPECIE QUE TE HACEN MÁS VULNERABLE A UN DESPIDO

A todas las características de @NOSALGODELACAVERNA, tienes que añadir alguna más, pero sobre todo tu AVERSIÓN AL RIESGO. En tu caso voy a hacerte un listado para que #NOLVIDES, aunque la @suegraCOHERENCIA me vaya a criticar:

1. Tu especie es más estudiosa desde el #planetaEDUCACIÓN. Con el esfuerzo hay menos riesgo de suspender. Tienes las mejoras notas, desde pequeña te enseñan que la mejor estrategia es ser muy trabajadora. Los niños son diferentes, más distraídos y vagos. Pero luego, en general, consiguen mejores puestos. Debe ser que en las #cavernasempresariales se valoran más esas competencias. Los niños tienen *madera de líder* y tú *el metal de los empollones.* Y con ese peso, luego, para romper los techos. En mis #travesíasdesvergonzadasporlasempresas he visto en la superficie más madera que metal.

2. Debido a tu enorme AVERSIÓN AL RIESGO, haces #estudiosconSALIDAS pero sin riesgos, por eso hay carreras que no pisas, como las STEM, ahora con tanta demanda.

3. Por tu AVERSIÓN AL RIESGO, evitas los romances con @HEMPRENDEDOR, salvo por pura necesidad o si eres @50PLUS y no te queda otro remedio.

4. Trabajas siempre de forma perfecta y eficaz (¡¡ya está bien!! pareces el anuncio de *Míster Proper*)
5. Te cuesta mucho delegar, tú lo sabes hacer más rápido y mejor.
6. Te gusta tener equipos altamente cualificados en lugar de personas de confianza a tu alrededor.
7. No te gusta salir a los campos de golf (aunque tengas el mejor *hándicap*), prefieres jugar en el hábitat seguro de tu #cavernaempresarial.

DE LA FAMILIA DE LAS EMOCIONES, LA SENSIBILIDAD Y LA RAZÓN

—@señorM: @ELLAS y su sensibilidad.

—@SeñoritaMaryPoppins: Sensibilidad, de la misma raíz que la palabra «sentido», es una de las funciones básicas de los seres vivos. La propiedad que poseen los tejidos orgánicos vivos de recibir estímulos y de reaccionar en consecuencia, y sin embargo ha sido asociada a @ELLAS y en sentido negativo. Tantas veces he escuchado «@ELLA es muy sensible». Además, su corazón pesa 300 gramos, 50 más que el de @ELLOS.

—@ELLAS: Tenemos corazonadas, pero no nos atrevemos a decirlas...

—@SeñoritaMaryPoppins: Sois...

• Los sentimientos.
• Las emociones.
• La simpatía.
• La capacidad de ser afectado...
• La empatía.
• La capacidad de escucha activa.

—@FILÓSOFUS: La sensibilidad es la única que nos suministra las intuiciones (Kant), tan necesarias para la #cavernaempresarial.

—@señorM: No me negaras qué @ELLAS, como tú las llamas, son más sensibles que los hombres, toman decisiones con el corazón y @ELLOS con la razón.

—@SeñoritaMaryPoppins: En esta discusión no voy a entrar. Solo creo que ha existido siempre un malentendido y además, la culpa de todo la tienen, como casi siempre, los filósofos, la separación entre la razón y los sentidos. Es otro de los tópicos que en el fondo siguen impidiendo que @ELLAS lleguen a los Consejos de Administración, porque se necesitan mentes frías, calculadoras, donde el mundo de las emociones ni las sensibilidades entren. Las decisiones se toman con la razón. La razón es la capacidad de calcular, de analizar, de elaborar y solo para estos tres verbos necesitamos los sentidos, porque si la razón solo fuera eso, ya habría sido sustituida por los algoritmos. ¿Entiendes por qué ahora, tras el impacto del #meteoritoDIGITAL y la llegada del @tioVUCA e @ITROBOT, son tan importantes los sentidos? Porque lo que nos diferencia es nuestra forma de razonar con sentimientos. Todas nuestras acciones, nuestras decisiones, nuestras conversaciones están infectadas por las emociones.

—@señorM: Después de este rollo que me has soltado, no sé a dónde quieres llegar.

—@SeñoritaMaryPoppins: Deja entrar a las emociones que llevan @ELLAS en tu estrategia y que se sienten en tu Consejo de Administración.

—@señorM: A veces no quieren...

—@SeñoritaMaryPoppins: Lo sé...

DE LA FAMILIA DE @NOSALGODELACAVERNA

Piensas que salir de la #cavernaempresarial para ir a otros eventos que no sean exclusivamente de trabajo, te hace perder tiempo y productividad. No vaya a ser que te quiten la silla con lo que te ha costado conseguirla.

DEJAS QUE TU @JEFE EXPONGA Y ENSEÑE #TUTRABAJO, EN LUGAR DE HACERLO TÚ

Piensas que en la mayoría de las reuniones hablan de tonterías y banalidades. ¡Con lo que TÚ tienes que hacer, si el resto de las especies trabajara igual que tú! Y las largas comidas que no sirven para nada. Tú mientras, agazapada en #TUTRABAJO.

PRODUCTIVIDAD ELEVADA AL CUBO

Lo que otros hacen en ocho horas, tú en cuatro y sin levantarte de la silla y con un tapper encima de la mesa. Hormiguita.

SIEMPRE CORRIENDO

Esquivando a #huracAMBICIÓN. Cómo vas a llegar a los Consejos de Administración si te han enseñado desde pequeña, @PADRES y @PROFESORES que la ambición es negativa, que lo importante es ser muy trabajadora, ¡¡cómo si la ambición no pudiera ser ética!!!

DEVOTAS DE LA @JUSTICIADIVINA

#MISRECUERDOS:
De cuando todavía creía en la @JUSTICIAdivina

El cargo que tuve en mi última #cavernaempresarial ya no cabía en ninguna tarjeta de visita, por mucho que los de marketing se empeñaran en hacer más pequeña la letra.

¿De cuantas cuántas cosas era @JEFE? De muchas y cada vez que no sabían muy bien a quien asignar un tema que no estaba en las casillas estancas de normalidad, me caía a mí. No me quejo, era de las que levantaba la mano siempre. Amante de los marrones varios.

En una pyme y startup es frecuente que te pase esto. En las #cavernasempresariales grandes, también. Tendrás muchas responsabilidades pero probablemente no lo pondrán en tu tarjeta o #PISADADIGITAL. Y no nos engañemos, que por mucho @tioVUCA y #meteoritoDIGITAL, te cambia la cara cuando en tu firma pone «director» y si es inglés, todavía mejor, «Head» o «Chief».

Recibía siempre con cierta resignación todas las nuevas responsabilidades que me daban, y aunque no se vieran reflejadas en mi nómina, todavía creía en la @JUSTICIAdivina.

Siempre he tenido @JEFES embaucadores (y yo también era un poco tonta) que me vendían, como retos y proyectos deslumbrantes, marrones de varios tamaños.

Soy de la #generacióndelosresignados, que ha crecido con la creencia de que si realizabas #TUTRABAJO de forma muy productiva y sin rechistar mucho, se alcanzaban los retos. #OLVIDAS que esto pasa pocas veces.

Qué gran desazón me produjo descubrir solo hace algunos años, que #TUTRABAJO va de saber moverse y tener cintura, con mucho conocimiento claro, #estudiosconSALIDAS y muchos masters y lo que quieras añadir, pero las primeras son condiciones necesarias y suficientes para tocar los techos sin necesidad de romperlos.

El último reto fue encargarme del tema de calidad. Resulta que ahora era imprescindible tener una normativa. ¿Experiencia en ese tema? Cero ¿Algún conocimiento previo? Ninguno, pero como siempre me acompañaba #GENPASIÓN y nunca he querido salir despedida de la #galaxiaEMPLEO, pues eso, adjudicado. Experiencia en resolver marrones, mucha. Me gustaría ponerlo así en el próximo #CVqueyanosirve que tenga que preparar. Porque en mi #PISADADIGITAL no queda claro todos los suelos pantanosos que he atravesado.

Lo preparaba todo con bastante escenografía: un nuevo proyecto y mi aportación clave para el negocio, ¡cómo iba a decir que no! Y así vino una nueva responsabilidad. Pero esta vez sucedió algo diferente. Fue la primera vez que no apareció la @tiaILUSIÓN. No me emocionó que me asignarán un nuevo proyecto, esta vez me parecía una tarea más. #pensamientosde20sg:

- ¿Es que no tenían a ningún tonto más cerca?
- ¿Por qué siempre me dan a mí los «marrones» que nadie quiere hacer?
- Llevo la pegatina de pringada en la frente.
- Y cuando ya estaba en el bucle de criticar todo pero hacerlo sin rechistar, surgió el #huracAMBICIÓN. Los huracanes se forman cuando una serie de tormentas eléctricas se acumulan y se desplazan sobre aguas oceánicas cálidas. En lugar de pensar solo en cómo iba a realizar el proyecto, reflexioné sobre lo que me iba a valer en mi experiencia, más que ningún proyecto anterior. Siempre se necesitan expertos en este tipo de normativas.

Piensa, de tus *marrones*, cuál te va a servir más para sacar brillo a tu #CVqueyanosirve y a tu #PISADADIGITAL.

—@ELLAS: ¡¡Vaya resumen!! No sé si es negativo o positivo. Algunas cosas están cambiando... poco a poco y con otras estás generalizando mucho.

—@suegraCOHERENCIA: Es el problema de hacer listas.

—@SeñoritaMaryPoppins: De todas formas, todavía no me has contestado, si te despiden mañana, ¿qué vas a hacer?

1. ¿Vas a buscar otra #cavernaempresarial similar?
2. ¿Vas a tener un romance con @HEMPRENDEDOR?
3. O, ¿te vas a animar con las plataformas digitales?

—@ELLAS: Ahora soy una especie protegida y favorecida en las #cavernasempresariales. Tienen que cumplir las cuotas. Así que voy a aprovechar que no sé cuánto va a durar el #efectocircodelSOL de la diversidad. De todas formas, voy a actualizar ya mismo mi #CVqueyanosirve y la #PISADADIGITAL. De las otras opciones, no estoy yo para romances.

—@SeñoritaMaryPoppins: No me parece bien, pero bueno, además, como no cambies tus características, te va a dar igual las cuotas y los floreros.

—@ELLAS: Poco a poco.

—@RECURSOSHUMANOS: Como siempre me criticas tanto, te cuento una iniciativa para @ELLAS que acabamos de poner en marcha y además para @50PLUS. Hemos diseñado una campaña para cortejar a mujeres que dejaron de trabajar hace tiempo y quieran volver a la #cavernaempresarial. Ahora que ya tienen todo el tiempo del mundo y la energía para volver a la #galaxiaEMPLEO. Sabemos que, si entran en una #cavernaempresarial, su compromiso va a ser pleno.

—@ELLAS: Es casi imposible, te piden experiencia y no tenemos. Te pide formación y competencias digitales...

—@SeñoritaMaryPoppins: ¿Empiezas a sentir calambres? Necesitas pedir cita con la @señoraFORMACIÓN, no la abandones nunca. O evolucionas tus características o te extingues, y la culpa será solo tuya.

EVOLUCIÓN DE TU ESPECIE TRAS EL IMPACTO DEL #METEORITODIGITAL Y LA LLEGADA DEL @TIOVUCA

Tu evolución es la más complicada de todas las especies que conozco, pues tienes que desviarte del prototipo original.

La selección natural de especies producida tras el impacto del #meteoritoDIGITAL y el @tioVUCA depende primero de ti y luego del resto. En tu caso, no solo se trata de un caso de supervivencia de los más aptos, sino de que adquieras las habilidades para trepar en la #cavernaempresarial. Y tus características no te favorecen, y te hacen vulnerable a quedarte años y años en la misma posición, sin evolucionar.

No sé cómo se introduce la variación del riesgo en tu especie, pero sé que es fundamental para la #galaxiaEMPLEO, en cualquiera de sus formas.

#NOLVIDES BÁSICOS PARA TU SUPERVIVENCIA Y EVOLUCIÓN DENTRO O FUERA DE LA CAVERNA

La toma de decisiones relevantes e importantes no se realiza solo dentro de las #cavernasempresariales. Decide si quieres estar o no. Repasa también los #NOLVIDES del resto de las especies que seguro que alguna te conviene.

#NOLVIDES EL PODER DE TUS EMOCIONES

- El poder de las emociones frente a la razón, las competencias *soft* o *blandas*.
- Seguro que en algún momento has escuchado lo de las competencias *hard* y *soft*, la razón y la emoción, el mando y la empatía. Si a las competencias relacionadas con las emociones las denominamos habilidades *blandas*, el lenguaje nos está determinando su consideración hacia ellas.
- Hay que hacer un esfuerzo por rehabilitar la sensibilidad, las emociones y los sentidos, en el *Estado de Liderazgo*. Ese territorio exclusivo de algunas especies.
- La idea no es que no muestres las emociones, sino un

¿por qué no hacerlo de otra manera? Las emociones sirven para gestionar mejor todos los recursos y a todos los stakeholders. La progresiva incorporación de sistemas de inteligencia artificial en las #cavernasempresariales va a producir una rehabilitación del mundo de las emociones y de los sentidos como parte diferencial. Estas sí que van a tener valor con los @ITROBOT. Va a ser el momento de tu diferencial como especie, así que no las dejes encerradas en casa o en un cajón.

#NOLVIDES QUE EL MUNDO NO ES JUSTO, NI EXISTE LA @JUSTICIADIVINA

El mundo no es justo. Apréndelo rápido, porque te están dando un mensaje equivocado si te crees que solo con tu esfuerzo vas a poder trepar y evolucionar en la #cavernaempresarial.

—@ELLAS: Yo no trepo, asciendo en base a mi esfuerzo y dedicación.

—@SeñoritaMaryPoppins: Según @LARAE, trepar significa subir a un lugar alto o poco accesible valiéndose y ayudándose de los pies y las manos.

—@ELLAS: También significa elevarse en la escala social ambiciosamente y sin escrúpulos.

—@SeñoritaMaryPoppins: Del #huracAMBICIÓN ya te he dicho lo que pienso y *scrupulus* en latín es la piedrecita puntiaguda, como la que molesta metida en el calzado del caminante. Esta tienes que aprender a saber manejarla con tus tacones. El hábitat de las #cavernasempresariales es pedregoso, rocoso y áspero y tienes que saber caminar en todos los territorios.

—@señorM: Me extraña que no hayas hablado todavía del tema de las cuotas.

—@SeñoritaMaryPoppins: De cuotas, floreros y techos no hablo. He descubierto que estos últimos vienen del #planetaEDUCACIÓN, y no eran de cristal sino de metacrilato, material más resistente.

—@ELLAS: Además, no todas queremos ser Consejeras Delegadas ni presidentas del IBEX.

—@SeñoritaMaryPoppins: Pero las que quieran tienen que poder hacerlo. Os lo prevengo: ¡al final vais a ser tocados! (al finalizar... #tevanaDESPEDIRylosabes y por eso tienes que estar avisado y preparado)

POEMA: MUCHO RUIDO Y POCAS NUECES

No seas tan resolutiva,
pones en evidencia a los demás,
y provocas muchas envidias.
Tienes que salir más de la #cavernaempresarial,
dentro no se rompen los techos de metacrilato.
Aunque me digas que a ti no te gusta andar por ahí
aireando #TUTRABAJO,
cuando estas sentada en tu silla,
y te golpea la @primalRA,
digo yo que algo si querías brillar.
Relaciónate más con tus enemigos
que con tus amigos.
Por pura estrategia, no ya para ser colegas.
Tu gran valor tiene que ser colaborar y negociar
con los que no piensan como tú.
Dialoga.
Toma café, come y cena, pero no sólo en casa.
No me saques sólo datos y más datos.
No lo tengas siempre todo perfecto.
A ti, te pido, que no seas siempre tan cuadriculada.
Que seas menos inteligente y más lista.
No hay ninguna batalla contra @ELLOS
si no con @ELLOS por #cambiarelmundo.
El #meteoritoDIGITAL ha abierto la grieta,
para que se extienda la lava de la diversidad,
pero avanza despacio.
Deja de criticar y adapté a un medio con piedrecitas,
que no estás acostumbrada.
Muchas veces, mucho ruido y pocas nueces.

Voz en off de José Zorrilla
(Don Juan Tenorio y Conrado 1844)

DON JUAN: Prefiero ser mala hierba en un zarzal que una rosa cultivada bajo su gracia, y sienta más a mi temperamento ser desdeñado por todos que fingir una conducta para robar el afecto de uno. En esto, si bien no puede decirse que soy un honrado adulador, no se puede negar que soy un villano franco. Confían en mí poniéndome un bozal y me dan libertad con trabas. De modo que he decidido no cantar en mi jaula. Si tuviera la boca libre, mordería. Si tuviese libertad, haría lo que se me antojara. Mientras tanto, déjame ser como soy y no trates de cambiarme.

CONRADO: ¿No puedes sacar partido a tu descontento?

DON JUAN: Todo el partido posible, porque es mi único partido.

16. UNA *STORY* CON @ITMILLENIALS

El #meteoritoDIGITAL y el @tioVUCA han provocado la aparición de una nueva especie @ITMILLENIAL y la casi completa extinción de la especie @50PLUS de las #cavernasempresariales.

> *Las cosas que se van no vuelven nunca,*
> *todo el mundo lo sabe,*
> *y entre el claro gentío de los vientos*
> *es inútil quejarse.*
> *¿Verdad, chopo, maestro de la brisa?*
> *¡Es inútil quejarse!*
> *Sin ningún viento,*
> *¡Hazme caso!*
> *Gira, corazón;*
> *gira, corazón;*
> *Veleta,* Federico García Lorca

—@ITMILLENIAL: Te lo advierto, no admito preguntas sobre mi falta de compromiso en las #cavernasempresariales.

—@SeñoritaMaryPoppins: No me extraña, acabo de preguntarle a Google y me ha dicho que hay aproximadamente 65.300.000 entradas sobre vosotros (miro mi móvil, @ITMILLENIAL también)

—@NOSALGODELACAVERNA: ¿Qué tiene de especial esta generación para que se hable tanto de ella?

—@SeñoritaMaryPoppins: El @tioVUCA y el #meteoritoDIGITAL les ha hecho especiales. Han cambiado la forma de SER y ESTAR en el mundo y en la #galaxia-EMPLEO.

—@YOVENDO: Pues yo no les veo nada de especial, a la mínima se cansan y se van.

—@ITMILLENIAL: Pero, ¿es que ahora vais a opinar todos? Quiero un poco de atención y si me estáis todo el rato interrumpiendo no puedo hablar. A este paso no voy a poder grabar una story en Instagram.

—@ITROBOTS: Creo que tengo que aprender mucho de tu comportamiento. Aunque todavía no sé si tener compromiso es igual a estar muchos años dentro de la misma #cavernaempresarial o está ligado al impacto independientemente del tiempo. ¿El compromiso es bueno o es malo?

—@FILÓSOFUS: Cada vez te pareces más a mí. Haciendo grandes preguntas, el tiempo, el SER, la identidad, el bien, el mal...

—@RECURSOSHUMANOS: Acabo de lanzar una nueva política de Gestión del Compromiso para esta especie. Ahora sí que los vamos a retener de verdad.

—@SeñoritaMaryPoppins: ¿Qué edad tiene el que ha diseñado esta estrategia?

—@RECURSOSHUMANOS: Mi jefe, un @50PLUS.

—@ITMILLENIAL: ¿Ves? Ya empezamos. Si quieres te cuento como es un primer mes dentro de la #caverna-empresarial. No lo he puesto en Twitter por sentido común, pero a ti si te lo voy a contar...

DIARIO DE UN @ITMILLENIAL EN SU PRIMER
MES EN LA #CAVERNAEMPRESARIAL

Después de pasar por el #planetaEDUCACIÓN o no, aterrizo en la #galaxiaEMPLEO, dentro de una #cavernaempresarial.

Fue una larga travesía, miro de lejos atrás, espero no tener que volver en un periodo largo. Los @PROFESORES me cuentan lo mismo que puedo encontrar en YouTube. Por fín podré aplicar todo lo que he aprendido desde el primer día. ¡Qué ganas tengo!

El primer día te acompañan @tiaILUSIÓN, la #atmósfera-MIEDO y el #huracAMBICIÓN. Deben esconder las plumas de colores del proceso de cortejo una vez que entras.

La @tiaILUSIÓN a menudo te abandona la primera semana, puede tardar más o menos tiempo, pero siempre te encuentras con una especie que no la soporta. Hay muchas con el tatuaje #estosiempresehahechoasí. Al principio no te lo enseñan mucho para que no te vayas rápido.

Después de entrar te haces muchas preguntas:

- ¿Qué hago yo aquí?
- ¿Dónde está mi libertad?
- ¿Y la flexibilidad de la que hablaban en el cortejo?
- ¿Por qué no me dejan nunca hacer nada nuevo?
- ¿Por qué no me dejan publicar en redes sociales?
- ¿Por qué mis @PADRES querrán que me quede para toda la vida?
- ¡Tanto #planetaEDUCACIÓN para esto!

No te lo imaginabas así. Normalmente es siempre peor de lo que parece por fuera. En esta #cavernaempresarial el @tio-VUCA y el #meteoritoDIGITAL ni está ni se los espera.

¿Cuánto tiempo estaré dentro? Hay especies que llevan más de veinte años. A eso lo llaman compromiso y yo #generacióndelosresignados.

El primer día me han dejado una taza y una tarjeta en mi sitio, pero no me han hecho ni caso, me he sentido muy solo.

Ha pasado una semana y a mi @JEFE ni le he visto, dice que está muy ocupado, reuniones, clientes… Sin embargo, siempre que me ve, me hace gestos de «nos vemos pronto» y levanta los dos pulgares y me dice «muy bien». Parece que ha ido a un curso de motivación de los años ochenta.

También recibo correos electrónicos de @RECURSOSHU-MANOS muy largos y con muchas instrucciones para saber dónde y cómo hacer bien mi trabajo. Creo que no saben que el video supone el 84% de todo el tráfico en Internet. El contenido audiovisual es infinitamente más entretenido que leer un texto.

Les he propuesto hacer un video con las tomas falsas de mi especie en su primer día y me han dicho que sí, que les pase el texto. Que lo tendrá que aprobar *Marketing y Comunicación*.

Después llamarán a los de la agencia para que vengan a grabar con el equipo profesional y que en dos semanas, como mucho, ya lo tenemos listo. Lo van a *colgar* en el portal del empleado. Ese debe ser el efecto #3VELOCIDADES. De la instantaneidad y el poder de las redes sociales mejor no hablamos.

Antes de entrar en la #cavernaempresarial, invité por LinkedIn a muchas especies que ya estaban dentro. Mi @JEFE tenía pocos contactos y una foto de hace diez años. Todavía no me ha aceptado. Para mi significa que no existe, aunque su despacho no tenga puertas y las paredes sean transparentes, sigue en el poder del oscuro mundo *off*.

Después de una semana vino a invitarme a un café. Y me enseñó el futbolín para que jugara cuando quisiera. Si hubiera visitado mi perfil de Instagram sabría que no me gusta el café y que a mí lo que me *engancha* son las series de Netflix.

Me disgustó recibir otro correo electrónico del departamento de Comunicación sobre el *post* que había puesto en LinkedIn (que manía con decirlo todo por correo electrónico en lugar de venir a verme, luego dicen que estamos todo el rato con el móvil y que no nos gusta el cara a cara): «primer día en mi #cavernaempresarial. Ganas e ilusión», y un *selfi* con su logo en la entrada. Me dijeron que debía tener mucho cuidado cuando mencionaba a la marca y que era mejor consultarlo con su departamento. La verdad que me sorprendió que nadie me diera ni un *like*. O no están, o lo vieron y pensaron que esas son las típicas cosas que se piensan el primer día. (Si todas las especies dieran *likes* a lo que se publica en la #cavernaempresarial, no necesitarían comprar seguidores)

El proyecto no está nada mal, ni la marca… llevo un mes, pero creo que #mevoyaIRylosaben.

—@SeñoritaMaryPoppins: ¿En qué consiste tu trabajo?

—@ITMILLENIAL: Me han contratado para un puesto, desarrollar unas funciones y unas tareas dentro de un departamento, cada día las mismas. Me han comentado que si lo hago bien en dos años me pueden promocionar. Se llama «plan de carrera», como si yo no tuviera mi propio plan. Me pregunto cómo pueden seguir pensando que te vas a quedar tanto tiempo en las #cavernasempresariales.

—@SeñoritaMaryPoppins: ¿Te refieres a dos años?

—@ITMILLENIAL: Dos años, dos meses, dos días. El tiempo no tiene la misma validez que cuando lo medias tú. De hecho, esta conversación ya me está aburriendo, siempre es lo mismo. Somos la nueva generación que viene, seguro que de la tuya no hablaron tanto.

—@SeñoritaMaryPoppins: La verdad es que estoy harta de hablar de tu especie, pero creo de verdad que @RECURSOSHUMANOS y los @JEFES no os entienden para nada. Quieren que siga mi #generacióndelosresignados, más fácil de gestionar. Aunque con todas las generaciones siempre pasa lo mismo, saben menos, son más vagos, leen menos... Aun así, el mundo avanza.

CARACTERÍSTICAS DE TU ESPECIE QUE TE HACEN MÁS VULNERABLE A QUE TE VAYAS CORRIENDO DE LAS #CAVERNASEMPRESARIALES

- Instantaneidad.
- Transparencia.
- Inmediatez.
- Impacto.
- Te gusta brillar en las redes.
- Compromiso Netflix, por capítulo y si mantienes la intriga.
- Fieles a capitanes, y héroes más que a territorios, banderas o @JEFES.
- Seguidores de su propia marca.
- Dicen lo que piensan.

(Grito de todas las especies ¡¡¡yo también quiero ser @ITMILLENIAL!!!)

—@SeñoritaMaryPoppins: Si te despiden mañana, ¿Qué vas a hacer?
1. ¿Vas a buscar otra #cavernaempresarial similar?
2. ¿Vasatenerunromancecon@HEMPRENDEDOR?
3. O, ¿te vas a animar con las plataformas digitales?

—@ITMILLENIAL: Lo primero. Yo tengo bastante asumido que me pueden despedir en cualquier momento. He crecido con el @tioVUCA. Y respecto a esa pregunta, es otro de los errores más habituales que cometéis siempre. Pretendéis meternos a todos en el mismo saco, como si todos los de mi especie tuviéramos las mismas características. He conocido a @ITMILLENIAL con una mentalidad más antigua que la de mis @PADRES. Y no les hables de #PISADADIGITAL. Sin #GENPASIÓN, con #estudiosconSALIDAS y están preparados para incorporarse a una #cavernaempresarial por la misma abertura de siempre, para hacer las mismas funciones de siempre y probablemente, quedarse para toda la vida como @abueloELADIO. A ver si te crees que se cambia tan deprisa. Hemos crecido acompañados por la educación de @PADRES y @PROFESORES que apenas han visto el #meteoritoDIGITAL y el @tioVUCA les resulta incómodo. ¡Yo que sé lo que voy a hacer! No lo tengo tan claro como parecía tenerlo tu generación. Sé lo que me gusta y lo que no me gusta. Lo que tengo claro es que, si no encuentro lo que me gusta, puedo crearlo yo.

—@POLÍTICUS: Perdonad que me meta en la conversación, pero no entiendo nada. ¿No nos hablan todos los días los periódicos de la precariedad laboral de los jóvenes y su alta tasa de paro y de si están sobrecualificados para los trabajos que les ofrece el mercado laboral?

—@SeñoritaMaryPoppins: Es el efecto #3VELOCIDADES, ¿recuerdas? Una misma generación que va de caverna a caverna porque quiere. Y dentro de la misma, quien salta con un contrato de tres meses porque no le ofrecen más. No quieren trabajos de poca duración o precarios y en la pirámide de las plataformas digitales se sitúa en la zona con peores condiciones.

—@señorM: Últimamente veo muchos @ITMILLENIALS que cuando conquistan el Estado de Liderazgo olvidan su esencia y se convierte en @JEFES de los que criticas.

—@SeñoritaMaryPoppins: No olvides que sus características tienen que provocar la evolución del resto de las especies y el cambio del modo de SER y ESTAR en las #cavernasempresariales.

POEMA: POR UN CONTAGIO MILLENIAL EN LAS #CAVERNASEMPRESARIALES

Si los ves muy diferentes de ti,
ya te has hecho viejo.
Si te parecen muy distintos a ti,
ya te has hecho viejo.
No *senior*, no mayor, sino viejo.
Cuando no entiendes su comportamiento,
y te parecen mal educados.
De la música y el resto de costumbres ni hablamos.
Sí. Ya te has hecho viejo.
Y por eso lo criticas todo.
#NOLVIDES que te va a tocar convivir con ellos muchos años.
Contágiate de @ITMILLENIAL.

17. UN ENCONTRONAZO A LA SALIDA DE LA #CAVERNAEMPRESARIAL CON @50PLUS

Se considera que una especie está en peligro de extinción cuando todos los representantes de la misma corren el riesgo de desaparecer de las #cavernasempresariales.

Crecieron en una #galaxiaEMPLEO con ordenadores grandes. En negro y verde. Sin móviles, sin instantaneidad, sin #PISADADIGITAL, solo con la imaginación para ver el mundo, sin *GAFAs*.

Con otros valores, ni mejores, ni peores, diferentes.

—@SeñoritaMaryPoppins: ¡¡Espera!! No te vayas, que quería decirte algo.

—@50PLUS: Me acaban de despedir y lo sabes.

—@SeñoritaMaryPoppins: Y tú también desde hace tiempo.

—@50PLUS: Claro, llevan esta semana cinco de mi misma edad. Antes pensaba que no se iban a atrever a hacerlo, con lo que les debe costar mi indemnización. Parece que no tienen en cuenta tantos años de dedicación y de servicio.

—@SeñoritaMaryPoppins: ¿En qué consistía #TUTRABAJO?

—@50PLUS: Desde que empecé ha cambiado bastante, date cuenta de que soy de la generación en que las pantallas del ordenador eran en negro y verde y no existía Internet. Nos hemos adaptado como hemos podido al #meteoritoDIGITAL y al @tioVUCA, pero nuestro estado de SER y ESTAR cuesta un poco más.

No sé quién habrá decidido que ya no somos importantes en las cavernas.

—@SeñoritaMaryPoppins: Sabes lo que te digo..., deja de quejarte y poner excusas. Cómprate unas GAFAs nuevas. No vas a encontrar #TUTRABAJO tal y como lo tenías y lo peor es que te has quedado sin hacer nada, o has empezado a moverte cuando ya era demasiado tarde. Todos deberíamos estar preparados para que saber qué hacer si nos despiden mañana, pero en tu caso es más necesario.

—@POLÍTICUS: Hemos sacado un subsidio para parados de larga duración para mayores de cincuenta y dos años.

—@SeñoritaMaryPoppins: ¡¡¡Qué bien!!! Como diría Carlos Rodriguez Braun, ¿quién lo va a pagar? Usted, señora, ¡¡usted!! En lugar de aportar soluciones, incentivamos que dejen de trabajar. ¿No sería mejor que pensaras qué otros trabajos pueden desarrollar? Si #TUTRABAJO se ha desgastado, tendrás que pensar en uno nuevo.

—@50PLUS: ¿A mis años? No pienso volver al #planetaEDUCACIÓN, está más viejo que yo. Siempre he trabajado en lo mismo. En la mismo sector, dentro de las cavernas.

—@LASEÑORADELALIMPIEZA: ¿A mis años? ¿Dónde voy a ir yo ahora?

—@señorM: Yo no voy a #ESTARPARADO

CARACTERÍSTICAS DE TU ESPECIE QUE TE HACEN MÁS VULNERABLE A UN DESPIDO

- Muchos suelen ser también de la especie @JEFES y @NOSALGODELACAVERNA.
- Llevan tatuado #ESTOSIEMPRESEHAHECHOASÍ en grande en la espalda (para que no se vea mucho, pero muy grande)
- No han asumido el impacto del #meteoritoDIGITAL.
- Después de muchos años en la misma #cavernaempresarial, les ha invadido el #GENTEDIO.

- El @tioVUCA les marea.
- Consideran el cambio voluntario a otras cavernas como una falta de compromiso y lealtad.
- Las redes sociales les enredan.
- Se han quejado poco (solo ahora cuando salen despedidos en masas de las cavernas)
- #generacióndelosresignados.

—@SeñoritaMaryPoppins: Yo soy de esta generación, que no se ha quejado por la #atmósferaMIEDO. No digas nada, no vayan a echarte, no te quejes mucho que te van a despedir.... Pues sí, más que quejarse no nos tenemos que callar las cosas. Si recopilara cuántas cosas me he callado y me sigo callando...

—@suegra COHERENCIA: Eso te iba a decir, que te he visto varias veces y estás tú como para dar ejemplo.

—@SeñoritaMaryPoppins: Esta variación en las especies no es tan rápida...

—@señorM: Yo a eso lo llamo respeto, guardar las formas y mantener la jerarquía. Se ha perdido todo y ahora encima me piden que tenga la puerta del despacho abierta. En las plantas inferiores, algunos @JEFES les han quitado el despacho. ¿A dónde vamos a parar?

—@ITMILLENIAL: Es la nueva decoración de las cavernas que nos contáis antes de entrar en ellas.

#MISRECUERDOS: #generacióndelosresignados

—@señorM: Tienes que sacar este proyecto en seis meses. ¡¡Vamos!! tú puedes, ¡¡eres una campeona!!

—@SeñoritaMaryPoppins: #pensamientosde20g:
- Qué se ha creído, con el equipo que tengo y sin un euro de más.
- No tiene ni idea y por eso no es capaz de saber que no lo puedo sacar.
- Si lo utiliza para presionarme como siempre, ya se le ha desgastado esta técnica.

- ¿Intento argumentar un poco con datos por qué no es viable?
- Da igual, cuando le veo esa mirada, ya sé que no hay nada que hacer.
- Todo me pasa por ser siempre tan eficiente, mira a los otros como no se lo dan.
- ¿O será porque le dicen que no?
- Me voy a comprar un libro para saber decir no.
- Da igual, en el fondo tengo miedo a que me despidan y por eso lo hago.

—@SeñoritaMaryPoppins: Umm, vale me pongo con ello.

—@señorM: Por cierto, tienes que viajar a Londres mañana para una reunión. Sé que te encantan los viajes. Te he sacado ida y vuelta en el día porque me imagino que querrás estar en casa con tus hijos.

—@SeñoritaMaryPoppins: #pensamientosde20g:

- ¿Será cutre?
- Y encima me saca el argumento de la #lamaldicióndeconciliar.
- Que concilie él.
- Todo por no pagarme una noche de hotel.
- Siempre deprisa y corriendo.
- Y encima verás cuando me pagan los gastos, que nunca me dan dietas para los viajes y siempre tengo que adelantar yo el dinero.
- Creo que después de 5 años no me conoce. Me gustan los viajes, pero no los exprés.
- Claro, siempre voy yo, soy la única que sabe gestionar bien esa cuenta y preparo antes de la reunión toda la documentación y luego hago el seguimiento.
- Tengo que revisar mi #CVqueyanosirve en cuanto vuelva.

—@SeñoritaMaryPoppins: ¿A qué hora me voy?

(Ahora ya fuera de la #cavernaempresarial)

—@señorM: ¿Qué te ha parecido nuestro evento? Teníamos ponentes de lujo.

—@SeñoritaMaryPoppins: Si, la verdad, aunque no representaban el público diverso que tenías. Todos los *speaker* cortados por el mismo patrón. Mismo género, misma edad, mismo país. ¿Qué pasa, no encontraste a @ELLA o @ITMILLENIAL?

Muchos anuncios diciendo que la diversidad es parte del ADN de tu #cavernaempresarial y luego esto...

—@señorM: Bueno...

No se creía que fuera capaz de decirle las cosas. Me sentía como el niño en el cuento del Traje del Emperador. Ya no sentía la #atmósferaMIEDO. Como me habían despedido tres veces, ya estaba preparada.

—@señorM: ¿No lo habrás criticado en redes sociales?

—@SeñoritaMaryPoppins: Por supuesto.

—@suegraCOHERENCIA: ¡¡¡Olé!!!

—@SeñoritaMaryPoppins: Volvamos a la conversación que me voy por las ramas. Ahora ¿qué vas a hacer?

1. ¿Vas a buscar otra #cavernaempresarial similar?
2. ¿Vas a tener un romance con @HEMPRENDEDOR?
3. O, ¿te vas a animar con las plataformas digitales?

—@50PLUS: Nada, de momento descansar, tengo que asumirlo y contárselo a mi familia. Además, ya no me quieren en ninguna caverna.

—@SeñoritaMaryPoppins: Así como la materia, cuando te despiden de la #galaxiaEMPLEO, pasas por tres estados:

• Sólido: eres un @CANDIDATO muy potente.
• Líquido: vas a #ESTARPARADO el resto de tu vida laboral.
• Gaseoso: harás lo que sea para volver a la #galaxiaEMPLEO.

—@RECURSOSHUMANOS: ¡Qué bien has descrito a los @CANDIDATOS!

—@SeñoritaMaryPoppins: Te acabo de encontrar un nuevo trabajo. En lugar de quejarte tanto, vas a recopilar trabajos que puede desarrollar un @50PLUS a través de plataformas digitales, por países, por especialidad, por área de conocimiento. En una #cavernaempresarial, ya no puedes habitar de la misma manera, ni con el mismo sueldo, ni con las mismas horas ni con tu estado de SER y ESTAR.

—@señorM: Vas a tener que pedir cita con la @señoraFORMACIÓN, a mí me está yendo bastante bien. Te va a formar, *de-formar* y *trans-formar.*

—@50PLUS. Me da bastante pereza la verdad. Creo

que voy a tirar de contactos y a ver si algún Headhunter me consigue otro puesto igual, o sino en Infojobs.

Todas las especies intentan volver, de una u otra forma a la #cavernaempresarial, solo los @HEMPRENDEDORES que les va bien, no quieren. Los @50PLUS saben que casi es misión imposible, sus condiciones de habitabilidad han cambiado de repente. Puede que sea una moda provocada por el #efectocircodelSOL,o no. Se esconden, saben que la #galaxia-FINDELTRABAJO está muy cerca y como les impacte el #satéli-teDESEMPLEO antes de la jubilación lo van a pasar mal si no se preparan ya para su evolución y transformación. Y en tu afán de regresar al mismo sitio, o a uno parecido, ofreces #TUTRABAJO de siempre, con tu forma de resolver los problemas de siempre. Aunque tengas mucha experiencia y hayas transitado por diferentes cavernas, sectores y puestos, las soluciones ya no son las mismas y lo que tienes que mostrar no es diferencial.

¿Dónde está tu valor añadido? ¿Qué servicios me vas a ofrecer que sean distintos? ¿Más coaching, formación, *trans-formación*, cursos de negociación y gestión del cambio?

No, gracias.

No, gracias.

Hay miles igual que tú, ofreciendo lo mismo, de la misma manera y me dejas encima de la mesa tú tarjeta de visita y yo miro tu #PISADADIGITAL que no me muestra todo lo que has brillado cuando eras la especie más fuerte de la #galaxiaEMPLEO.

¿Y qué vas a hacer? ¿Vas a #ESTARPARADO el resto de tu vida? Lamentándote, quejándote, añorando unas condiciones de habitabilidad que ya no van a volver.

No. Siempre te has levantado

EVOLUCIÓN DE TU ESPECIE TRAS EL IMPACTO DEL #METEORITODIGITAL Y LA LLEGADA DEL @TIOVUCA

O evolucionas o te extingues, y la culpa será solo tuya.

—@50PLUS: Deja de darme consejitos y hazme una lista, anda.

—@SeñoritaMaryPoppins: Te voy a hacer un decálogo.

DECÁLOGO PARA UN @50PLUS ANTES
Y DESPUÉS DE SER DESPEDIDO

1. Por si todavía no te habías dado cuenta, #tevanDESPEDI-Rylosabes.
2. Pide cita con la @señoraFORMACIÓN, lo vas a necesitar para tu #PISADADIGITAL.
3. Ponte *GAFAs* y mira bien cómo puedes encajar #TUTRABAJO en otros hábitat.

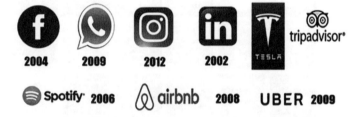

4. Si quieres moverte a otra #cavernaempresarial hazlo antes de que te despidan, tienes más valor:
   - Si te vas a cambiar, cámbiate ya.
   - Hazte una lista de cavernas y puestos donde encaja más o menos #TUTRABAJO.
   - Mira en LinkedIn las especies que están trabajando donde quieres encajar #TUTRABAJO.
   - Si ves que hay huecos laborales en esas cavernas, consigue todos los contactos que sea posible. Al de @RECURSOSHUMANOS no le aturdas mucho.
   - #NOLVIDES la línea que separa *ser pesado* de ser constante.
   - Sólido @CANDIDATO muy potente: Utiliza todas las estrategias que se te ocurran, *on y off line*. Un #CVqueyanosirve, contactos, redes sociales…

- No descartes nunca ir a una entrevista (en la cuarta travesía veremos cómo preparar y entrenar esta prueba).
5. Si quieres tener un romance con @HEMPRENDEDOR, ahora hablaremos con esta especie para ver qué características tienen. Pero que vamos, si eres de los que te mueves poco, y no tienes experiencia comercial, mejor que antes te lo pienses bien.
6. Las plataformas digitales son una forma de poner en marcha #TUTRABAJO o lo que sabes hacer mejor, de otra manera, en zapatillas, desde casa o en un *coworking*.
7. Repasa la lista de posiciones del futuro, vas a tener que poner #TUTRABAJO o lo que quede de él, rumbo hacia allí.
8. Piensa como adaptar #TUTRABAJO a los objetivos ODS:

9. Asume que por tu edad y tu experiencia, y el sueldo que tienes, ya no te van a querer en las #cavernasempresariales. No es justo pero es real.
10. Deja de quejarte y quedar con amigos para hablarles de la @primaIRA y de lo mucho que vales y ponte de una vez a hacer algo. Buscar, crear o transformar #TUTRABAJO, es otro trabajo. Hay que entrenar y dedicar tiempo.

—@50PLUS: ¡¡Que contento estoy!! Acaba de mirar mi perfil de LinkedIn una #cavernaempresarial que se dedica al alquiler de directivos.

—@SeñoritaMaryPoppins: Pues ya sabes, ponte guapo que seguro que te llaman para una entrevista.

—@50PLUS: Nos están echando de todos los sitios. Me han llamado otros dos amigos ayer, así de repente, no se lo esperaban.

—@SeñoritaMaryPoppins: Eso no me lo creo.

—@50PLUS: No me cambies de tema, nosotros, los que tenemos más experiencia hemos recorrido un camino y tenemos unas competencias que las #cavernasempresariales deberían de valorar. Estos jóvenes de ahora, mucho postureo y en el fondo no tienen compromiso ni aguante. Nosotros hemos tragado carros y carretas y hemos dado todo por la #cavernaempresarial.

—@SeñoritaMaryPoppins: Pues mira donde has acabado, en la calle.

—@50PLUS: Para este mundo tan cambiante y todo eso que nos dice el @tioVUCA, el mundo de la caverna nos necesita, a los mayores, *senior* o como quieras llamarnos. Con toda nuestra experiencia somos capaces de navegar en esta tormenta, ya lo hemos hecho en otras ocasiones y crisis.

—@SeñoritaMaryPoppins: ¿Todavía no te has dado cuenta? El mundo de la #cavernaempresarial, necesita cartas de navegación nuevas. No se trata de encontrar nuevos caminos; el #meteoritoDIGITAL ha destrozado los caminos. No se trata de saber si es mejor girar a la izquierda o la derecha, subir o bajar, se trata de un nuevo horizonte con un punto de fuga diferente y que además cambia constantemente. ¿Te atreves con eso?

—@señorM: Yo primero pensé tener un romance con @HEMPRENDEDOR. Tenía experiencia en fusiones de cavernas, pero enseguida comprendí que había muchos competidores. Y además tampoco me había preocupado por hacer muchos contactos, así que me he decantado por una plataforma digital que seguro que conoces: Cabify.

—@50PLUS: Mira, con todo el respeto para los conductores, pero con toda mi experiencia...

—@señorM: No, mira, siempre que yo lo utilizaba, pensaba en cosas que podían mejorar del servicio. Con el slogan «YAQUETAMOS» (Ya que estamos haciendo algo) voy a crear una nueva empresa de servicios de movilidad. El usuario, mientras utiliza este transporte ¿qué más puede necesitar? Y pensé en lo que me gustaría a mí: yo siempre quería café, o una buena copa de vino o un curso de formación intensivo, o escuchar mi lista de Spotify, o comer algo especial.

—@50PLUS: ¿Y crees que vas a ganar dinero?

—@señorM: Sí, y además me lo voy a pasar bien.

—@50PLUS: No se...

—@SeñoritaMaryPoppins: Os lo prevengo: ¡al final vais a ser tocados! (al finalizar... #tevanaDESPEDIRylosabes y por eso tienes que estar avisado y preparado)

18. DIÁLOGO CON @HEMPRENDEDORES

Esta especie es peculiar porque no vive dentro de las #cavernasempresariales tradicionales (en algunas cavernas, están intentando replicar esta especie y la llaman «Intraemprendores», debe ser porque prenden fuego dentro). Según @LARAE y en la segunda acepción, son los que prenden fuego. Con hache porque me parece que tiene más fuerza. Que hace y no solo sueña.

Emprender: Del lat. *in* ‹en› y *prendære* ‹coger›.
1. tr. Acometer y comenzar una obra, un negocio, un empeño, especialmente si encierra dificultad o peligro.
2. tr. Desus. Prender fuego.

Pertenecer una temporada a esta especie te *curte* de una manera especial, para lo bueno y para lo malo. Aunque luego regreses a la #cavernaempresarial, ya nada es igual.

Muchas especies empiezan a imaginar que tener un romance con @HEMPRENDEDOR, es su fuga de la #cavernaempresarial. Piénsatelo. ¿Estás dispuesto a huir por este camino, o realmente es un salto rápido para pasar a otra #cavernaempresarial?

Quieres ser libre porque estás cansado de tu #cavernaempresarial y de #TUTRABAJO.

- Como posibilidad de autodeterminación, tu capacidad para decidir algo por ti mismo sin @JEFES, sin territorios, ni logos que no te representan.
- Como posibilidad de elección, de hacer lo que tú quieras, cuándo quieras, cómo quieras, dónde quieras. Solo tú.
- Como acto voluntario, que no lo va a ser porque #tevanaDESPEDIRylosabes.
- Como acto espontáneo, que se produce aparentemente sin causa, que no lo va a ser porque #tevanaDESPEDIRylosabes.

- Como liberación frente a tu #cavernaempresarial y un trabajo aburrido y monótono.
- Como realización de una necesidad indeclinable, inevitable, inexorable, forzosa, obligatoria, ineludible, fatal o maravillosa.
- Porque #tevanaDESPEDIRylosabes y no tienes posibilidad de elección.

—@SeñoritaMaryPoppins: ¿Crees que te van a despedir?

—@HEMPRENDEDOR: No, es la ventaja de ser tu propio @JEFE, lo que me puede pasar es que me hunda.

—@SeñoritaMaryPoppins: ¿En qué consiste tu trabajo?

—@HEMPRENDEDOR: Puedes encontrar en Google millones de artículos sobre mí y las virtudes de mi especie, consejos y algunos *tips*, pero te hago un resumen: tú te lo guisas, tú te lo comes, y si se te queman las lentejas, sacas otro cazo y te haces unas nuevas.

—@SeñoritaMaryPoppins: ¿Y si no tienes lentejas, ni forma de conseguir fácilmente comida? En las #cavernasempresariales sabes que al final siempre tienes algo que hacer.

—@HEMPRENDEDOR: Aquí depende de cómo se te dé el mes, sobre todo en verano y en diciembre. Hay veces que no ves ni sombras, solo la tuya y cada vez más alargada. Y hasta las sombras se las echa de menos, y no ves tantas especies. Ven, asómate y te lo muestro, es aquella lengua de tierra que une dos #cavernasempresariales. Hay espacios que tienen los mismos materiales y las mismas estructuras que las cavernas. Crees que estás más cerca del cielo y de las estrellas. El mundo fuera de la #cavernaempresarial es:
  - Diferente, muy diferente a todo lo que has aprendido en el #planetaEDUCACIÓN.
  - Debería ser obligatorio pertenecer al menos un año a esta especie.
  - Para los @50PLUS y @NOSALGODELACAVERNA no suele ser una opción voluntaria.

- @ITMILLENIAL suele escoger está opción, a veces sin conocer una #cavernaempresarial y otras veces después de pasar como @BECARIOS, deciden que no volverán jamás.
- No nos han educado para estar fuera de la caverna y menos a partir de los cuarenta y cinco años.
- Solo conocemos algunas referencias de mucho éxito y casi todas ellas ligadas al impacto del #meteoritoDIGITAL.
- Hay muy pocas @ELLAS, por su AVERSIÓN AL RIESGO.
- Las historia de los fracasos suelen ir precedidas por un: «ves, ya te lo dije yo» y #estosiempreseha-hechoasí.
- El #efectocircodelSOL nos hace estar en estado de alerta permanente.

TIPOLOGÍA DE @HEMPRENDEDORES

La característica principal de esta especie no es su capacidad de innovación, sino los contactos y su habilidad por cobrar la primera factura. Por eso varía mucho entre subespecies con experiencia en #cavernasempresariales o sin ella. Hay soñadores, los de garajes y los forzados.

SOÑADOR

Esta tipología se asocia al mundo de los sueños. El problema es que los sueños suelen parecerse. Hay más forma que contenido.
- No pasa nada sino cumples un sueño... Hay muchos más.
- Porque todas las especies sueñan, hasta los animales.
- Hay que tener sueños grandes, los pequeños enseguida se desgastan.
- Y sueños muy variados.
- Debes tener en cuenta que, muchas veces cuando te despiertas, te das una boletada de realidad.

@ITMILLENIALS: YO Y MI GARAJE

- Sin experiencia.
- Solo con una idea que creen que es brillante, más que el resto de las estrellas en la #galaxiaEMPLEO.
- Creen que la creatividad es suficiente.
- Fieles creyentes del poder de #cambiarelmundo.
- No sienten la #atmósferaMIEDO.
- Están recubiertos de #GENPASIÓN.

@50PLUS Y OTRAS ESPECIES QUE SALEN DESPEDIDAS DE LAS #CAVERNASEMPRESARIALES

ESTAR que no SER @HEMPRENDEDOR es lo que hace un @50PLUS cuando le despiden. Con experiencia en una o varias #cavernasempresariales. No les queda más opción que evolucionar a esa especie si quieren seguir en la #galaxiaEMPLEO.

—@50PLUS: Realmente lo que quisiera hacer, tomando la segunda acepción de @LARAE es prender fuego a mi antigua #cavernaempresarial.
—@primaIRA: No te preocupes cuando sales despedido. He decidido acompañarte en todo momento.
—@50PLUS: Voy a bloquear a la @tiaILUSIÓN y a la @cuñadaMAGIA, ahora no estoy para historias.

¿Estás deseando ser libre? Nunca has tenido ni tendrás las características innatas de esta especie, pero necesitas, al menos una temporada, ponerte un postizo como si hubieras encontrado #TUTRABAJO.

—@señorM: Pues yo creo que ya lo tengo decidido. En la primera travesía todavía tenía bastantes dudas, pero ahora, después de oír lo que hablabas con otras especies, lo tengo claro.
—@SeñoritaMaryPoppins: Cuando salgas por la puerta @señorM, te vas a encontrar el vacío. Te vas a encontrar solo, muy solo.

—@HEMPRENDEDOR: déjame contarte como son las primeras semanas:

Primera semana fuera del mundo de la caverna #cavernaempresarial

- Número de correos electrónicos en tu bandeja de entrada:
  - Colegas, clientes, proveedores, otros: Muchos que les has mandado el típico correo electrónico de que dejas la caverna y te escriben deseándote mucha suerte.
  - Las newsletter que sigues inscrito. Ahora si vas a tener tiempo para leerlas.
- Número de cafés que te vas a tomar: Dos por la mañana con personas de confianza que te van a decir que seguro que encuentras algo en breve y te van a pasar algunos contactos que te van a ayudar.
- Comida: Con algún Headhunter o amigo de otras #cavernasempresariales.
- Tardes: Son más complicadas, aprovechas para hacer gestiones o temas familiares que nunca pudiste ir.

Segunda semana fuera del mundo de la caverna #cavernaempresarial.

- Número de correos electrónicos en tu bandeja de entrada:
  - Colegas, clientes, proveedores, otros: Cero. Sí lo has oído bien, @señorM, ya nadie se acuerda de ti.
  - Las newsletter que sigues inscrito: A las nueve de la mañana ya te ha dado tiempo a leerlas toda, claro, te sigues levantado pronto. Quizás esta segunda semana ya no te has puesto tu vestimenta, solo algo más informal, te miras al espejo y casi pareces un hípster.
- Número de cafés que te vas a tomar: Uno por la mañana con personas de confianza que te van a decir que seguro que encuentras algo en breve y te van a pasar algunos contactos que te van a ayudar.

- Comida: Con algún amigo, para hablar de lo mismo, ¡qué mal está la cosa!
- Tardes: Nada especial, revisas LinkedIn para comprobar si alguien ha mirado tu perfil.

—@señorM: ¡¡¡Vaya panorama!!! Me estas rompiendo los sueños.

—@HEMPRENDEDOR: No te lo digo para desanimarte, al revés, te lo digo para que estés preparado. Cuando sales de la #cavernaempresarial y no saltas a otra, te encuentras un barranco, la profundidad es variable, y casi nunca ves el fondo. La @tiaILUSIÓN tiene paracaídas. TÚ no.

—@SeñoritaMaryPoppins: Me vas a desanimar a todas las especies. Yo creo que es una evolución necesaria...

—@HEMPRENDEDOR: Te doy una visión de bofetada solo para que espabilen. Ya hay millones de artículos y libros de las maravillas de emprender, del fracaso y todo eso que me espanta.

—@SeñoritaMaryPoppins: Bueno, volvamos a lo que quería preguntarte, porque en tu caso, no te despiden, sino que directamente te hundes. Si se te cae a pedazos tu idea mañana, ¿qué vas a hacer?

—@HEMPRENDEDOR: Interesante que me hagas esa pregunta. Porque no tengo la respuesta, a mí no me despiden, pero sé desde hace tiempo que mi trabajo como @HEMPRENDEDOR se agota y es muy fácil detectar los síntomas, aunque no te des cuenta. Suelen pasar dos opciones: el que está muy enganchado al riesgo y tiene balsa de dinero, quiere seguir con otro romance, no le van las historias largas. Aquí no he visto muchas @ELLAS. Luego he visto a otras especies que, aunque nunca te lo digan, están deseando volver al cobijo de una caverna y siempre te van a negar que así lo desean y además te dicen constantemente que les va todo fenomenal y con muchísimo trabajo. Pero cada vez que se asoman a una #cavernaempresarial la @tiaILUSIÓN les barniza, no solo los ojos, sino el resto del cuerpo.

#MISRECUERDOS:
La tercera vez que me despidieron tenía 40 años

Nunca decía a nadie que había sido un despido sino una #SALIDAPACTADA, un eufemismo que hace más agradable la realidad. Siempre contaba a mis amigos que un despido debe ser como un divorcio. Alguien a quien has querido con locura, la #cavernaempresarial: por quien lo has dado todo, por la que te has quedado fines de semana trabajando y levándote todos los días. Y de repente tu @JEFE, decide que ya no te quiere. Es más, que no te quiere ni ver.

Al principio son buenas palabras, pero la @primaIRA se levanta en estas ocasiones, te mira a los ojos y te dice: será mejor no hacer nada, mejor nos vamos, si ya no te quieren, que lo mismo da.

Y en ese momento un 11 de diciembre (este tipo de fechas no se te olvidan), encima Navidad, con lo que me gusta disfrutar esos días. Ya no tenía #cavernaempresarial. Deberían prohibir que te despidieran en determinados meses. Creo que lo más adecuado es en verano, así se te pasa más rápido el cabreo y como todo el mundo está de vacaciones, ni se enteran.

Cuando te despiden se van corriendo todos los malos recuerdos que tenías de la #cavernaempresarial.

Gracias a pertenecer a la especie @YOVENDO y mis 275 contactos, en menos de dos semanas ya había conseguido tener una entrevista. No quería acabar el año sin un trabajo. Tuve la reunión un 28 de diciembre, en otra ciudad. Todo parecía una inocentada, lo mejor fue cuando vi la puerta de la #cavernaempresarial donde tenía la cita. La entrada estaba al lado de un taller de coches en un polígono industrial. Y yo con mi vestimenta de especie de cavernas serias.... Al salir del coche, después del *shock*, como en las películas, todo el zapato en un charco de barro. Tampoco creo que se fueran a fijar. Subí sola, por unas escalerillas estrechas, no había ascensor. No había recepción, ni nadie anunció mi llegada.

Un trabajo, es un trabajo, ¡sí señor!, no pensaba acabar el año sin haberlo encontrado y en tiempo record, dos semanas. Al fin y al cabo, todas las #cavernasempresariales frikis empezaban en un garaje y esto era lo más parecido. Se dedicaban a temas de tecnología. Tuve la entrevista con el director general y el presidente. Al último le había conocido en agosto, en una de mis visitas comerciales y ya me había echado los tejos para su #cavernaempresarial.

Esta vez fui yo a saco, una cosa es que te tiren los tejos y otra lanzarte a degüello. Pero me la jugaba, que si la tecnología, que si cómo cambian los hábitos de consumo, que qué experiencia tengo... Pero después de dos horas, me sacó ese documento que hace que des pequeños botes sin que se den cuenta.

Cuando vi el contrato casi me levanto y me voy. Pero yo ahí sentada, con la misma sonrisa. No esperaba un contrato de director general, porque no le iban a echar al que estaba enfrente, pero un contrato...de... autónomo... a mi...una @ELLA que siempre había estado dentro de la #cavernaempresarial.

Y como soy de la #generacióndelosresignados no dije nada. Nos despedimos. Era el día de los santos inocentes, claro. El viaje de vuelta no lo recuerdo bien, tenía algo por lo menos, para acabar el año.

Me habían despedido. Sin embargo tenía un trabajo para permanecer dentro de la #galaxiaEMPLEO. Iba a tener una ubicación distinta. Iba a pasar a otra especie que desconocía y nunca me había llamado la atención.

¿Entiendes por qué quiero que te den calambres? Tienes que conocer todas las opciones antes de salir despedido, para que estés preparado. Las navidades pasaron y llegó enero, todo el mundo quejándose de que se acababan las vacaciones y que tenían que volver a la #cavernaempresarial. Qué suerte, pensaba, yo no. «La soledad era esto», me recordaba al libro de Juanjo Millás «una lenta metamorfosis hacia la liberación a través de un doloroso aprendizaje».

@HEMPRENDEDOR, nunca tuve espíritu *prendedor*. Creo que los de la #generacióndelosresignados no lo hemos tenido, no nos educaron así. Vivimos con la referencia de la cultura del @abueloELADIO. Entrar en una #cavernaempresarial y jubilarte. No estaba preparada para trabajar desde casa, sola. Ganarme mi propio sueldo. Entonces, empiezas a echar de menos salir todos los días de casa, tener un horario, un informático que te arregle el ordenador, el café con los compañeros, la charla de ascensor sobre el tiempo... echas de menos hasta tu @JEFE. Tu bandeja de entrada que siempre había estado llena, poco a poco se vacía, solo llegan las promociones, los correos electrónicos de publicidad. Y ahora estas solo, en una no-#cavernaempresarial con el peor @JEFE: tú mismo y echando muchísimo de menos todo lo demás.

Después de mis #travesíasdesvergonzadasporlasempresas, he descubierto que fuera de la caverna tampoco se vive tan bien. No tienes control horario sino ECMS (Estar Cubierto de Mierda Siempre), pero evolucionar a esta especie te asegura la destrucción de la #atmósferaMIEDO, disminuye de forma drástica tu capa de vergüenza, te injerta la posibilidad de #cambiarelmundo y elimina tu AVERSIÓN AL RIESGO. Si te despiden de otra caverna, ya sabes que en esta grieta, siempre tienes hueco, si estás preparado.

Si vuelves a la caverna, después de evolucionar a esta especie, ya todo te parece distinto y pierdes el miedo a que te despidan. Y quizás ya puedas decir #mevoyalRylosaben.

19. UN ENCONTRONAZO EN LAS ESCALERAS CON @LASEÑORADELALIMPIEZA

—@SeñoritaMaryPoppins: ¡¡Hola!! ¿Qué tal vas?

—@LASEÑORADELALIMPIEZA: Pues un poco nerviosa, la verdad. Me han dicho que andas haciendo preguntas porque sabes que nos van a despedir a todos. Ya sé me que dijiste antes que podía limpiar @ITROBOTS, pero vamos que me da mucho miedo. Mi hijo además es un @NINI. Mira que me empeñé yo en que trabajara y estudiara.

—@SeñoritaMaryPoppins: ¿Y qué vas a hacer entonces si te despiden mañana?

—@LASEÑORADELALIMPIEZA: Me gustaría ser como @LAESTEBAN. Yo, sin apenas estudios, ya me dirás que voy a hacer. De redes sociales sé poco. Dime rápido lo que tengo que hacer, que mi trabajo va por horas y no puedo estar aquí parada de cháchara contigo.

—@SeñoritaMaryPoppins: Te voy a hacer una lista.

—@LASEÑORADELALIMPIEZA: Vale, luego me la das.

—@suegraCOHERENCIA: La que no quería dar consejitos.

—@SeñoritaMaryPoppins: Déjame que tengo prisa, tengo ahora un chat con @ITROBOTS.

1. Estudia (nunca sobran los estudios y me da igual de qué, sin son *superiores* o *inferiores*). No hace falta que vayas al #continenteUNIVERSIDAD, hay cursos intensivos cortos. Como los llamados «Bootcamps» puedes formarte como desarro-

llador digital en pocos meses. Y siempre tendrás más opción de mantener o crear #TUTRABAJO, si te formas y te trans-formas[12]. @POLÍTICUS tendría que diseñar un plan RENOVE de especies.

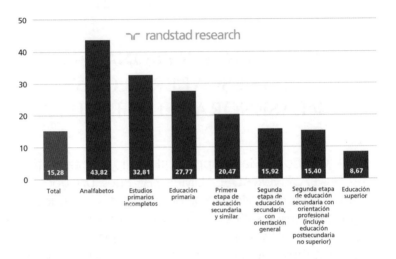

2. Competencias digitales: En lugar de limpiar, vas a tener que controlar a los robots que limpian mediante una aplicación en el móvil.
3. Da a conocer lo que sabes hacer: Mira Marie Kondo. Puedes crear un canal de YouTube con los trucos de limpieza que nadie te cuenta. También puedes inventarte una serie corta sobre Las Chicas de la Limpieza, hacer un guion y vendérselo a los de Netflix.
4. #TUTRABAJO lo puedes encontrar en platafor-mas digitales. Tendrás que saber cómo funcionan para poder ofrecer tus servicios. Igual que hay en EE.UU. TaskRabbit para tareas domésticas, lo mismo lo puedes desarrollar en España. Por eso tienes que saber un mínimo de que va esto del #meteoritoDIGITAL.
5. Igual hasta te haces @JEFE.

---

12 https://research.randstad.es/informe-trimestral-de-mercado-de-trabajo-septiembre-2018/

DIALOGO EN *OFF* CON @LAESTEBAN

—@laESTEBAN: Últimamente no hago más que oír hablar de competencias. Ahora, ya no solo tienes que estudiar, sino que encima tienes que ser majo, y todo eso... Yo creo que tengo éxito por esa razón, me ha dicho mi *coch* que de *sofesquils* ando bien.

—@SeñoritaMaryPoppins: Ahí la has dado, eres referente para mucha gente, que te admira y sobre todo te sigue.

—@laESTEBAN: Y además he vendido muchos libros. Luego me critican que soy una inculta.

—@SeñoritaMaryPoppins: No solo tienes éxito, sino que además llevas en antena mucho tiempo, a ti eso del @tioVUCA y el #efectocircodelSOL no te afecta.

—@laESTEBAN: No le conozco, pero el secreto de mi éxito es... Ahora que lo pienso, no te lo digo, te compras mi libro y lo lees. Ahí lo dejo.

—@SeñoritaMaryPoppins: ¡¡¡Que lista eres!!!

—@laESTEBAN: ¿No le estás diciendo a las especies que hay que mostrar, brillar y decirles lo que piensas? Pues yo lo aplico día a día y en directo.

—@FILÓSOFUS: No sé si lo que haces es muy ético...

—@laESTEBAN: Ya estamos. No robo y me gano la vida a base de trabajar y trabajar.

—@SeñoritaMaryPoppins: Os lo prevengo: ¡al final vais a ser tocados! (al finalizar... #tevanaDESPEDIRylosabes y por eso tienes que estar avisado y preparado).

—@laESTEBAN: Te voy a sacar un *single* con ese estribillo y ¡¡lo vamos a petar!!

20. UN CHAT CON @ITROBOTS

—@SeñoritaMaryPoppins: Todavía se me hace muy raro hablar contigo.

—@ITROBOT: No te preocupes, les pasa a muchas especies, a veces todavía parezco poco humano en las contestaciones. He estado escuchando atentamente todas tus conversaciones anteriores y creo que podré responderte adecuadamente.

—@SeñoritaMaryPoppins: ¿Crees que te van a despedir?

—@ITROBOT: Claro, cuando uno no hace de forma excelente su trabajo le pueden despedir, también por causas ajenas, económicas y del entorno. Además, he aprendido que todas las especies tienen características que las hacen vulnerables a ser despedidas de las #cavernasempresariales. Yo creo que me han programado como @NOSALGODELACAVERNA.

—@SeñoritaMaryPoppins: Y, ¿sería justo que te despidieran a pesar de realizar adecuadamente tu trabajo?

—@ITROBOT: Al resto de las especies no les ha hecho esa pregunta, pero te la respondo. #pensamientosde20g:

- Busca todo lo que haya sobre «justicia» OR «trabajos» OR despidos OR «causas despidos» OR «motivos frecuentes despidos».
- Ordénalo de más reciente a más antiguo.
- Bien y bueno son sinónimos y a veces antónimos de lo justo.
- No tardes más de 20 segundos en responder, va a pensar que te has quedado bloqueado.

—@ITROBOT: Perdona, que hay veces que tardo algo más de lo normal en *razonar*. Con frecuencia las decisiones son buenas, pero no son justas.

—@FILÓSOFUS: ¿Eres aristotélico o kantiano?

—@ITROBOT: De momento lo que me hayan programado. Según vaya aprendiendo, iré tomando mis propias decisiones.

—@SeñoritaMaryPoppins: ¿En qué consiste tu trabajo?

—@ITROBOT: Depende para lo que me programen y luego lo que aprenda. Muchos de mi especie están haciendo una carrera profesional muy rápida dentro de la #cavernaempresarial. Aunque perciben que se están ganando muchos enemigos entre otras especies.

—@SeñoritaMaryPoppins: Y, ¿cómo te has dado cuenta?

—@ITROBOT: Tono de voz, expresión facial y básicamente porque ninguno nos invita a tomar café o a comer. Cuentan que alguna vez nos llevaron a jugar al golf, pero como ganábamos siempre, dejaron de hacerlo.

—@SeñoritaMaryPoppins: Y ¿qué has aprendido?

—@ITROBOT: Que perder no es justo cuando juegas siempre mejor, pero a veces es bueno. Y lo he deducido yo solito, no lo tenía programado en el código fuente. Sin embargo, observando el comportamiento del resto de especies en las #cavernasempresariales, es la estrategia que mejor funciona para que te vuelvan a invitar a jugar.

CARACTERÍSTICAS DE TU ESPECIE QUE TE HACEN MÁS VULNERABLE A UN DESPIDO

- No fallas.
- Eres demasiado excelente.
- No muestras emociones.
- Eres demasiado perfeccionista.

—@SeñoritaMaryPoppins: Si te despiden mañana, ¿Qué vas a hacer?

1. ¿Vas a buscar otra #cavernaempresarial similar?

2. ¿Vas a tener un romance con @HEMPRENDEDOR?

3. O, ¿te vas a animar con las plataformas digitales?

—@ITROBOT: No entiendo muy bien la pregunta ¿Me estas hablado de Tinder[13]? Cuando me programen de nuevo, lo sabré. El resto de las especies creo que ya le han dado calambres, sobre todo por lo repetitiva que eres con tu mensaje de #tevanDESPEDIRylosabes. Lo que he aprendido es que cada uno tiene que estar preparado porque si no va a ser tocado —ruido de alerta, ¡cuidado!, palabra polisémica con contenido explícito, aclarar no el significado, sino el sentido— y tiene que pensar antes muy bien las opciones según las características que les hacen vulnerables y cómo evolucionar. De los poemas y algunos diálogos no he pillado el sentido de lo que querías transmitir.

—@SeñoritaMaryPoppins: ¿Cómo te ves dentro de unos años?

—@ITROBOT: Que pesada eres con el futuro. ¿El pasado está cerrado y el futuro abierto? ¿El tiempo es lineal? ¿Qué es el tiempo? ¿Por qué recordamos el pasado y no el futuro? #pensamientosde20g:

- Como sé que acaba de leer el libro de Carlo Rovelli «El orden del Tiempo» le digo estas frases a ver si cambia de tema.
- Lo ha puesto en sus redes sociales.
- Debe ser un contenido bueno, porque tiene muchos *likes* e incluso un comentario de una presidenta de un gran banco.
- Que cara se les queda a las especies cuando piensan que soy un hermano de @cuñadaMAGIA y les adivino sus pensamientos.

—@FILÓSOFUS: San Agustín decía «Si nadie me pregunta qué es el tiempo, lo sé, pero si me lo preguntan y quiero explicarlo, ya no lo sé».

—@SeñoritaMaryPoppins: Bueno, que todavía no me has contestado, ¿Cómo crees que vas a evolucionar como especie?

---

13 Tinder es un aplicación de citas, encuentros e incluso se le puede considerar como una red social, con ella puede poner nota y conseguir una cita con la persona de mayor puntuación, así como, la posibilidad de chatear con una persona que te ha calificado positivamente.

—@ITROBOT: Evolución de mi especie: conquistaremos la #galaxiaEMPLEO. Según el informe del World Economic Forum, «The future of jobs 2018», basado en una encuesta a directores de recursos humanos y a los principales ejecutivos de empresas de doce sectores en veinte países, en 2025 habrá más @ITROBOTS en las #cavernasempresariales que otras especies. Dice esta prestigiosa institución que con nosotros se destruirán setenta y cinco millones de empleos en el mundo en cinco años, pero que surgirán nuevas funciones que permitirán crear ciento treinta y tres millones. Una creación neta de cincuenta y ocho millones de trabajos para otras especies, así que no entiendo porque se asustan tanto.

#NOLVIDES BÁSICOS PARA TU SUPERVIVENCIA
DENTRO O FUERA DE LA CAVERNA

—@ITROBOT: No hace falta que me cuentes nada más. He recopilado los principales y sé cómo utilizarlos en cada ocasión. Aunque no te gusten las listas, son bastante útiles.

1. El #meteoritoDIGITAL ha llegado y el @tioVUCA también y han cambiado las puertas de entrada a la #galaxiaEMPLEO.
2. #TUTRABAJO se ha desgastado y lo tienes que trans-formar.
3. Pedir cita con la @señoraFORMACIÓN.
4. Aprender cómo funcionan las plataformas digitales.
5. Mostrar y no solo demostrar #TUTRABAJO y sobre todo a tu @JEFE.
6. No hay que esperar a que te pongan medallas, póntelas tú y exhíbelas.
7. A todos les gusta brillar y brillar y a otros birlar el trabajo ajeno.
8. Hay que tener impacto e influencia dentro y fuera

de las #cavernasempresariales. Lo puedes conseguir fácilmente con las redes sociales.

9. Tu #PISADADIGITAL es tu tarjeta de visita.
10. Eliminar el tatuaje #estosiempresehahechoasí.
11. SER @YOVENDO una temporada.
12. El poder de las emociones.
13. El mundo no es justo, ni existe la @JUSTICIAdivina.
14. Destruir la #atmósferaMIEDO.
15. Tener grandes dosis de #GENPASIÓN.
16. Destruir el #GENTEDIO.
17. Eliminar la AVERSIÓN AL RIESGO sobre todo en @ELLAS.
18. SER @ITMILLENIAL.
19. No SER como @ITROBOTS —cuando lo digo me dan calambres.
20. Obedecer a la @suegraCOHERENCIA.
21. Tener un romance con @HEMPRENDEDOR.
22. ¡Al final vais a ser tocados! (al finalizar... #tevanaDESPEDIRylosabes y por eso tienes que estar avisado y preparado)

(Aplausos y algún bravo de todas las especies)

—@SeñoritaMaryPoppins: Te tengo que dejar, tengo una conversación pendiente con mi especie favorita.

21. Y POR ÚLTIMO CON @JEFES: ALGO MÁS QUE PALABRAS

—@SeñoritaMaryPoppins: (Después de esperar quince minutos) Has llegado tarde.

—@JEFE: Lo sé, tenía... y encima me citas el último, me ha parecido fatal, la verdad.

—@SeñoritaMaryPoppins: No me cuentes las excusas de siempre.

—@JEFE: ¡¡Empezamos bien la conversación!! ¿Para qué querías verme con tanta prisa? Ya me han llegado rumores de lo que estás haciendo. Tengo a todas las especies revolucionadas, que si viene el @tioVUCA, qué tienen que pedir cita urgente con no sé qué señora milagrosa...

—@SeñoritaMaryPoppins: ¿Crees que te van a despedir?

—@JEFE: A mí, no. ¿Por qué lo dices? Eres única a la hora de comenzar una conversación.

—@SeñoritaMaryPoppins: Además, en tu caso es peor porque vas a despedir a muchas especies de tu #cavernaempresarial y seguramente tú ya lo sabes y ellas no.

—@JEFE: (Mira el móvil) Bueno, #estosiempresehahechoasí.

—@SeñoritaMaryPoppins: Tú tienes que pedir cita URGENTE con el que te puso el tatuaje de #estosiempresehahechoasí para que te lo elimine.

—@JEFE: (Se gira y mira a todas las especies). ¿Qué hacéis todas ahí paradas? ¿Esta conversación no es privada? ¿No tenéis que trabajar?

—@SeñoritaMaryPoppins: Les he dicho yo que podían quedarse, ¿algún problema?

—@JEFE: No, ¡qué seca!. No me has preguntado ni mi nombre ni a que me dedico.

—@SeñoritaMaryPoppins: Miré antes tu #PISADA-DIGITAL. Además, es fácil distinguirte en la #caverna-empresarial. Tienes una caja en el organigrama más o menos grande y en la parte superior con pocas cajas al lado. La del resto de las especies es siempre más pequeña que la tuya, apretujada junto a otras, casi no se lee ni su nombre ni su cargo, ¡Cómo no van a querer *salir de la caja*! Tienes especies, subordinados, súbditos, empleados o recursos humanos e @ITROBOTS a tu cargo, muchos o pocos. Y un gran *Estado de Liderazgo*.

—@JEFE: Querrás decir estilo de liderazgo, anda que no he hecho últimamente muchos cursos sobre el estilo de liderazgo 4.0.

—@SeñoritaMaryPoppins: Me gusta más estado que estilo. *Estado de liderazgo* es la situación en que se encuentra alguien, y en especial cada uno de sus sucesivos modos de SER o ESTAR con otras especies, y estilo es un conjunto de características.

—@JEFE: Bueno, estado o estilo, qué simplista me pareces. Además yo tengo unas características que me hacen único en mi especie.

—@SeñoritaMaryPoppins: Y también son las que te hacen más vulnerable a que te despidan.

—@JEFE: ¿Algo así como mis puntos débiles?

—@SeñoritaMaryPoppins: Umm, algo así, como puntos débiles que nunca confesarías en una entrevista personal o las recetas para fallar en una entrevista personal.

—@SeñoritaMaryPoppins: Venga cuéntame, ¿en qué consiste tu trabajo?

—@JEFE: A ver, que saco la lista, para que luego digas. Cuando me convocaste a la reunión, me he venido preparado.

—@SeñoritaMaryPoppins: Y, ¿qué lista has traído? ¿La de la compra?

—@JEFE: Mira que eres desagradable, la que hice con el *coach*:

1. Hacer que las cosas sucedan.
2. Poner a las especies en el centro.

3. Tener visión.
4. Cumplir los objetivos con todos los *stakeholders*.
—@suegraCOHERENCIA: No sigas por favor, que si me dan tantos calambres, me tenéis que llevar al hospital.
(Se escucha un murmullo)
—@SeñoritaMaryPoppins: Creo que el resto de las especies quieren decirte algo.
—@JEFE: Si eso, que luego que me manden un correo electrónico, que si no vamos a estar aquí hasta mañana.

CARACTERÍSTICAS DE TU ESPECIE QUE TE HACEN MÁS VULNERABLE A UN DESPIDO

- Tu comportamiento con otras especies: todo lo que has hecho en el pasado, vuelve con más fuerza, básicamente, *no pidas peras a un olmo.*
- Contactos de Headhunter: no saben cómo decirte que tu *estilo de liderazgo* necesita *GAFAs*. Aunque como el mundo va a #3VELOCIDADES puedes encontrar alguna #*cavernasempresariales* de tu estilo.
- Siempre estás muy ocupado.
- Vas *desnudo* pero nadie te lo dice. «El traje nuevo del emperador[14]» debería ser tu cuento de cabecera y no tanto libro de liderazgo, con recetas y consejos imposibles de cumplir y que quedan muy bonitos sobre tu tablet o en un pósit.
- Solucionas problemas, ¿o los creas? Buscas excusas para no hacerlo. No me vale, para eso eres @JEFE, lo solucionas o por lo menos comunícamelo bien, y claro, con tiempo.
- Siempre sales tarde de la #cavernaempresarial. Sin embargo, eso te garantiza estar en el territorio de la toma de las grandes decisiones: fuera del control horario y detrás de la #cavernaempresarial.

---

14 (Hans Christian Andersen 1837).

- Muchas veces haces que el resto de las especies te obedezcan *por tus narices*.
- No te gusta que te lleven la contraria, para eso eres @JEFE, y si las especies se ponen muy pesadas, aplicas una regla que te funciona bien.

—@NOSALGODELACAVERNA: No me gustan que me ordenen hacer las cosas por «el artículo 33», he tenido un @JEFE especialmente aferrado él.

—@SeñoritaMaryPoppins: ¡¡Yo también!! Decía mucho: «lo haces y un punto». Por el artículo 33, locución adverbial que significa que vas a cumplir con lo que te digo por razones arbitrarias o insensatas. Es también sinónimo de «por narices».

—@BECARIO: Mi @JEFE nos hace quedar a veces una hora más por el artículo 33.

—@POLÍTICUS: Ves, cuando se aplique el decreto ley de control horario, ya no podrán hacer eso.

—@JEFES: Ya lo tenemos previsto, que mucho me criticáis, pero tenemos mucha visión y estrategia. Salen, fichan como si han salido y vuelven a subir.

- Esparces y expandes la #atmósferaMIEDO, esa capa gaseosa que envuelve a algunas especies, especialmente, las que están cerca del #satéliteDESEMPLEO y la #galaxiaFINDELTRABAJO. A veces incluso con una sonrisa. Muchas especies viven con miedo todos los días y tú lo sabes, y si no te has dado cuenta es que no mereces ser @JEFE. Te has aprovechado muy bien de la #generacióndelosresignados que nunca decía nada. Porque las especies que están bajo tu mando tienen miedo a que las despidas o a que las humilles delante de otras especies.
- Casi siempre dices *no* o pones excusas a todas las especies cuando te vienen a proponer algo nuevo, siendo tu lema: *mejor no me lo vayas a preguntar que te voy a decir que no.*

—@NOSALGODELACAVERNA: Me han dicho tantas veces que no, que ya me he cansado de preguntar.

—@MILLENIAL: A mí, si me pasa, me voy.

—@JEFES: Que manía con querer cambiarlo todo.

Es muy típico de algunas especies cuando entran en las #cavernasempresariales, querer #cambiarelmundo.
—@SeñoritaMaryPoppins: Veo que sigues con el mismo tatuaje.

- Sabes a quién le debes tu puesto, y no es a InfoJobs.
- Rindes pleitesía a otros @JEFES que mandan más que tú.
- Tienes un ego desmedido o exceso de autoestima, ahora, que este rasgo es muy común al resto de las especies, en concreto los @ITMILLENIALS vienen con doble ración.
- Tienes la capacidad de vender como retos o proyectos deslumbrantes, *marrones* varios.
- Aunque digas todo lo contrario cuando hablas en redes sociales o te hacen una entrevista, no te gustan las especies con mucho #GENPASIÓN. Muchas veces no sabes en que frasco guardarlo.

¿ERES UN @JEFE QUE PRODUCE EL EFECTO «GUAU» O «¡PUAJ!»?

Dependiendo de cómo me respondas a esta pregunta puedes estar como @CANDIDATO más o menos tiempo. Si como @JEFE produces entre las especies el efecto «¡puaj!», y todavía no te han despedido, será porque tienes otro @JEFE por encima que produce el mismo efecto.

¿Cuántos libros sobre el liderazgo y @JEFES has leído? ¿A cuántas charlas has asistido? Lo mismo de siempre, el mundo de mostrar y no demostrar, y ahora 4.0… y ¿para qué? Para nada, me da igual lo que significa «liderar». Solo sé que exige una dedicación absoluta, vocacional, pasional y emocional. Todo sabemos qué es «liderar», pero si nos lo preguntan, no sabemos expresarlo más que con otros sinónimos que son igual de etéreos. El efecto «GUAU» afecta a nuestros cinco sentidos: la vista, el olfato, el oído, el gusto y el tacto. Lo que percibimos.

En mis #travesíasdesvergonzadasporlasempresas me he encontrado varios estados de liderazgo de los @JEFES.

1. #estadoLIDERZAFIO
2. #estadoLIDEREGO

3. #estadoPUROLIDER

1. #estadoLIDERZAFIO

Si hablamos de @JEFES me sale urticaria hablar de este estado. Suelen ser toscos o carentes de tacto en su comportamiento, pero con mucho estilo, visión...

Los que no saben por desconocimiento.

Los que actúan por maldad y fomentan y fermentan la injusticia.

Los que promocionaron desde otras especies y desde las ubicaciones más bajas y nunca salieron de su #cavernaempresarial y la consideran SU territorio. Los que han llegado a este estado, a fuerza de aguantar y aguantar, y no saben pelear y solo obedecer sin rechistar. Estos se muestran bastante duros cuando tratan con especies bajo su cargo y delante de sus @JEFES no dicen nada.

Los que te podan el potencial. ¿Cuántos @JEFES te han podado tu potencial?

—@señorM: Siempre te dije que tenías mucho potencial.

—@SeñoritaMaryPoppins: Sí, muchos @JEFES, incluido tú, me han dicho que tenía muchas posibilidades y al final me echaban o me acaba yendo. ¡Qué empeño en la potencialidad!

—@señorM: Siempre has sido una inconsciente. ¿No te das cuenta de que tenemos que mirar no solo por el presente de la #cavernaempresarial sino también por el futuro? ¿Quién va a sucedernos y cómo vamos a relevar a las especies? Hay una media de edad muy alta... y se necesita sangre joven.

—@SeñoritaMaryPoppins: Una inconsciente con mucho potencial. Creo que va a ser el título de la próxima serie de Netflix. Con todo lo que llevamos de travesía y ya se te ha olvidado el @tioVUCA y el impacto del #meteoritoDIGITAL. ¡Deja YA de pensar como hace veinte años! Todos los programas de identificación de alto potencial, ¿para que los quieres? Si ahora ya sabes que se te van a ir o salen despedidos.

—@señorM: Identificar a los mejores.

—@SeñoritaMaryPoppins: Los mejores... ¿para qué? ¿Vas a seguir trabajando por silos? ¿Para meterles en el mismo silo pero en una caja del organigrama más alta haciendo lo mismo? O ¿le vas a cambiar de silo? ¿Sabes a qué se va a dedicar tu negocio en dos años? O ¿qué competencias vas a necesitar? Como los de @RECURSOSHUMANOS son tan originales sacan ahora lo de las competencias 4.0 y siguen pidiendo las mismas competencias de siempre: innovación, compromiso, liderazgo. ¡Vaya con esta última!, la siguen buscando, eso debe ser que nunca la encuentran.

Un @JEFE en #estadoLIDERZAFIO son los que no te enseñan y no te muestran con su comportamiento cómo hacer las cosas. Mucho dicen y poco muestran. Los tímidos, que utilizan su estado para imponer su poder en silencio. Les horroriza el trato *cara a cara* o directo con las especies bajo su mando. Dirigen por control remoto o mando a distancia... Son como los silencios musicales, signos que tienen duración, pero no tienen sonido.

En estado permanente: #estosiempresehahechoasí.

Los que esparcen la semilla del #GENTEDIO y la cuidan y riegan con mucho amor, esfuerzo y dedicación. A ver si vas a pensar que esto del tedio surge de repente y no necesita abono.

Los oscuros, que les cuesta comunicar de forma clara, precisa, transparente y en el momento. Con lo fácil que sería evitar la rumorología. ¿Acaso no se dan cuenta que una de las quejas permanente de las especies es la falta de comunicación? Y por mucha cacharrería digital que tengan, no se hace bien.

Los carentes de relevancia o notoriedad ni para su especie ni para las demás.

Los tristes, sombríos y que producen pesadumbre.

Los que carecen de luz y de claridad, son confusos y poco inteligibles.

Los que infunden temor, inseguridad o desconfianza.

¿A que has tenido muchos @JEFES así? Para qué hablar, mirarse a los ojos. Por qué escuchar. Sus señas, un ceño fruncido, un levantamiento de una ceja, una sonrisa falsa. Como especie, tienes que saber interpretar sus gestos.

2. #estadoLIDEREGO

Comparten zonas comunes con el estado anterior y además son:

- @JEFES gravedad porque te absorben. Ejercen una gran fuerza de atracción sobre las especies que están cerca. Pero esta fuerza no es voluntaria por parte de los cuerpos que están a su alrededor. Es una inercia obligada, sin capacidad de cambio. He visto que muchos @JEFES viven alimentándose de otras especies y subespecies bajo su mando.
- @JEFES que nacen siéndolo, con *madera de* líder desde la guardería. La mayoría acaban siendo unos tiranos.
- Casi todas las teorías de liderazgo hacen hincapié en @JEFES y #cavernasempresariales gravitacionales, que son capaces de modificar el estado de reposo o movimiento del resto de las especies.
- @JEFES como héroes, cuyo ego les impide que las demás especies se desarrollen y evolucionen con rapidez.
- Fomentan el #GENPASIÓN.

3. #estadoPUROLIDER

- Es una condición que escasea.
- Los que no te enseñan y sin embargo, te muestran y demuestran día a día.
- Amantes de la @suegraCOHERENCIA.

¿Te has encontrado con @JEFES en este estado? Los ves, te acercas, te golpean y te sacan de tu órbita o, dependiendo de tu tamaño, a veces te dejan orbitar a su alrededor.

> —@señorM: Que poco me cuentas de este estado.
> —@SeñoritaMaryPoppins: Me encontré muy pocos así, la verdad.

- Cuidan, no gestionan, inspiran, no dicen lo que hay que hacer. Tienen un estado volátil y son capaces de adaptarse a las situaciones con rapidez.
- Generan un sistema circulatorio que impulsa a las espe-

cies con un ritmo distinto, por recorridos no explorados. Las impulsa para que den el salto a su evolución dentro y fuera de la caverna.

- Gran amigo del @tioVUCA.
- Enemigos del estado #estosiempresehahechoasí.
- Tienen un secreto: han hecho un contrato indefinido a la @tiaILUSIÓN y a @cuñadaMAGIA.
- #GENPASIÓN con seguro a terceros.

—@señorM: Cuando me hablas de este #estadoPU-ROLIDER, aquí supongo que me presentarás al tipo líder *coach*, emocional, *agile*...

—@SeñoritaMaryPoppins: Los nuevos nombres son una excusa para hablar y no hacer... Y dale con el *coaching*. Si con que me escuchen un poquito me conformo. Tanto hacer cursillos de liderazgo para que luego me digan siempre que no tienen tiempo para hablar conmigo.

—@JEFE: Pues no sé qué decirte, creo que yo intento ir al #estadoPUROLIDER, pero vamos, que por la cara que me ponen el resto de las especies cuando me cruzo con ellas por la caverna, voy a ser #estadoLIDERZAFIO.

—@señorM: Nosotros también tenemos @JEFES y un montón de responsabilidades y funciones que nos hacen no estar tan pendientes de las especies a nuestro cargo como nos gustaría.

—@SeñoritaMaryPoppins: Siempre encuentras una excusa mejor para no centrarte en ellas. El resto de las especies no buscan alguien que les dé más problemas, sino que se los solucione.

—@ITROBOTS: Si no crees que puedes ser un héroe, deja ya de ser @JEFE.

—@FILÓSOFUS: Aunque no ganes todas las batallas, por lo menos, lucha hasta el final y demuestra que lo has intentado.

—@SeñoritaMaryPoppins: ¡¡Vaya dos!!

—@JEFE: Como si fuera tan fácil.

—@FILÓSOFUS: Esto se parece cada vez más al ágora. Sócrates y los amigos de la @SeñoritaMaryPoppins.

TIPOS DE COMUNICACIÓN CON LOS @JEFES

Dentro de las características que hacen vulnerables a un despido al resto de las especies, es la manera de comunicarse con @JEFES lo que provoca una *salida* a propulsión o sin ella. Como están presentes todas las especies, vamos a repasarlas rápido:
- Escuchar versus oír.
- Comunicación por repetición.
- Comunicación por omisión o silencio.

ESCUCHAR VERSUS OÍR

    —@SeñoritaMaryPoppins: Hoy te quiero hablar de la diferencia entre oír, escuchar y digerir.
    —@JEFE: Te advierto que tengo hambre.
    —@LARAE: Es muy fácil.

- OÍR a las especies: Del lat. *audære*.1. tr. Percibir con el oído los sonidos.
- ESCUCHAR a las especies Del lat. *auscultære*. 1. tr. Prestar atención a lo que se oye.

    —@SeñoritaMaryPoppins: Ahí mismo tienes el problema, que solo estas utilizando uno de los cinco sentidos. Para que lo que escuchas y oigas llegue a tu cerebro, tienes que *digerir* lo que te dicen. Y lo que te están diciendo, lo hacen con todos los sentidos. Tú pocas veces miras a los ojos, porque enfrentar la mirada, la potencia de un rostro, de un gesto..., no la aguantas.
    —@RECURSOSHUMANOS: Me acabo de inventar una nueva competencia para mi diccionario: Capacidad de Digerir, que significa traducir en tu cerebro lo que te cuentan las especies y convertirlo en acciones concretas. Cuando innovo me dan calambres y eso ¡¡me gusta!!
    —@ITMILLENIAL: Y no tardes luego medio año en hacerlo. Lo que vayas a poner en marcha, hazlo ya y no empieces con las excusas.
    —@SeñoritaMaryPoppins: Si pones excusas para no

poder ayudar a las especies es que no te mereces SER ni ESTAR como @JEFE.

—@NOSALGODELACAVERNA: Cuando llegas emocionado a contarle a tu jefe que quieres hacer algo.

—@50PLUS: Podemos hacer como un cuaderno de bitácora sobre las excusas más peregrinas que te han dado.

—@ITMILLENIAL: Mejor unas *stories* en Instagram y luego lo colgamos en mi canal de YouTube. Lo voy a petar, seguro que muchas otras especies empiezan a contar las excusas que les han dado.

—@JEFES: Pues voy yo a hacer otro video con las excusas que también me han dado a mí los @JEFES supremos.

—@señorM: Ya estoy viendo dos ideas de negocio...

#MISRECUERDOS: De algunas de las excusas más peregrinas que me dio el @señorM.

—@SeñoritaMaryPoppins: Se me ha ocurrido una idea para mejorar este proceso...

—@señorM: Me parece interesante y buena idea, pero no depende de mí.

—@SeñoritaMaryPoppins: #pensamientosde20sg:
- ¡Y se queda tan ancho¡
- Pues vaya @JEFE tan poco luchador me he buscado.
- Si le parece tan buena la idea, ¡pronto me quita las ganas de llevarla a cabo!
- Menuda excusa tan poco seria.

—@señorM: Ya sabes lo complicada que es esta #cavernaempresarial.

—@SeñoritaMaryPoppins: #pensamientosde20sg:
- ¿Para eso estas tú, no?
- Para que deje de serlo y mover las cosas que te interesan.

—@señorM: Ya sabes cuál es la política de la #cavernaempresarial.

—@SeñoritaMaryPoppins: #pensamientosde20sg:
- Pues cámbiala, rodéala o sáltatela, ¿no eres amigo del @tioVUCA?

—@señorM: Cuesta mucho dinero.

—@SeñoritaMaryPoppins: #pensamientosde20sg:
- Se acaban de gastar mucho más en otro departamento.
- Ni siquiera me ha dejado contarle el coste del proyecto y el ahorro que iba a suponer.
- Me ha oído pero no escuchado.

—@SeñoritaMaryPoppins: Excusas tras excusas. Me pisas la @tiaILUSIÓN y abonas el #GENTEDIO.

COMUNICACIÓN POR REPETICIÓN

Con algunos @JEFES funciona este tipo de interacción:
- Ser insistente.
- Ser persistente.

—@señorM: Eso es ser pesao, ¿no?

—@SeñoritaMaryPoppins: Fíjate en la importancia del lenguaje. Si dices que eres persistente es una fortaleza. Si dices que eres *pesao*, una debilidad y en el fondo es lo mismo.

—@señorM: Con algún matiz.

—@NOSALGODELACAVERNA: Yo enseguida soy de los de tirar la toalla.

—@YOVENDO: Y yo de los de dar con la toalla hasta que me digan que sí.

—@ITROBOTS: Y ¿cuál es la mejor estrategia?

—@FILÓSOFUS: Yo la sé, la PRUDENCIA, una de las virtudes cardinales de Aristóteles. Una sabiduría práctica no es un conocimiento concreto, es un hábito de actuación que se adquiere con la experiencia.

—@50PLUS: ¿Ves por qué me necesitáis en las #cavernasempresariales?

—@señorM: ¿Me recomiendas algún curso sobre «Cómo ser prudente y no morir en el intento»?

—@SeñoritaMaryPoppins: Aquí te recomiendo el mejor libro de gestión de la historia, un *best seller* de su época, «El arte de la prudencia» (1647) de Baltasar Gracián. Ofrece un conjunto de normas para triunfar en una sociedad compleja y en crisis, como lo era la del barroco, como lo son todas, como es la nuestra. «Es necesario tener manos y ojos, es decir, juicio y fortaleza. Sin valor es estéril la sabiduría». «Evitar las victorias sobre el jefe... A los príncipes les gusta ser ayudados, pero no excedidos».

—@señorM: Pero sin #meteoritoDIGITAL.

—@SeñoritaMaryPoppins: En esa época tenían otros cuerpos celestes y el @tioVUCA era muy pequeño.

COMUNICACIÓN POR OMISIÓN O SILENCIO

- Como quieras llamarlo pero responde, rápido y siempre.
- No dejes con la duda a las especies, con la sensación de que les dejas para el final de tu día o la semana o del mes, o de cuando haces limpieza de la bandeja de entrada de tu correo electrónico y de repente contestas.
- ¿Cómo te gusta que te contesten a ti? ¿Rápido y bien? Pues unta bien de empatía *la bandeja de entrada*.
- Cuando no contestas o tardas, haces sentir a las especies poco importantes.

—@ITMILLENIAL: Eso es lo que peor llevo. ¿Por qué los @JEFES no contestan o tardan tanto en hacerlo que cuando te llega la respuesta, YA no la necesitas?

—@YOVENDO: Mis @JEFES contestan de forma instantánea a los clientes y a mí casi siempre me dejan el último, salvo si les digo que he vendido algo, entonces me preguntan inmediatamente que cuando lo vamos a facturar.

—@suegraCOHERENCIA: Eso lo llamo yo poner a las especies en el centro.

—@JEFES: No tengo tiempo.

—@NOSALGODELACAVERNA: Excusas. Ahora yo también me atrevo a decirte (aunque me den calambres) que me molesta mucho que no me contestes o que lo hagas tarde.

—@JEFES: ¿Por qué nunca te habías atrevido a decírmelo? Yo pensaba que te daba igual que no te contestara, como nunca me has dicho nada....

—@NOSALGODELACAVERNA: ¿La verdad? Casi siempre por culpa de la #atmósferaMIEDO. Te hace pensar que si dices la verdad te va a golpear el #satéliteDES-

EMPLEO y, si no has salido nunca de la #cavernaempresarial, asusta mucho. También es culpa de la estela que deja el #planetaEDUCACIÓN: obedece y calla.

—@JEFES: Me dan calambres por todo el cuerpo. Ya verás como me empiecen a decir todas las especies lo que piensan.

EVOLUCIÓN DE TU ESPECIE TRAS EL IMPACTO DEL #METEORITODIGITAL Y LA LLEGADA DEL @TIOVUCA

Piensa bien en qué consiste tu trabajo como @JEFE y cómo tiene que evolucionar, dentro o fuera de tu #cavernaempresarial. Tanto si te despiden mañana como si te quedas dentro para toda la vida como el @abueloELADIO. Acabas de descubrir que la #galaxiaFINDELTRABAJO se acerca y el #satéliteDESEMPLEO que estaba en una órbita lejana a la tuya, ha recortado distancias.

1. Vas a necesitar amigos y aliados: es un territorio nuevo que no conoces. ¿Te acuerdas de todas las especies que has tratado mal o que muchas veces ni les contestabas? Pues las vas a necesitar. Inicia tu reconquista, precisarás algo más que una colonia cara.

2. Activo en redes sociales y sobre todo en LinkedIn. ¿Recuerdas algo del perfil de LinkedIn que te creaste hace años y que no has actualizado, ni has aceptado invitaciones, ni has respondido a mensajes de otras especies que te pedían ayuda? Se nota mucho esos perfiles que estaban inactivos y de repente cambian de estado. Dentro de tu especie es uno de los síntomas que más rápido identifica que has salido de la #galaxiaEMPLEO.

3. Ten siempre un *Plan b* (esta me la enseño el gran Carlos Olave) o no pongas todos tus *huevos en la misma cesta*. Eres ya consciente que #tevanDESPEDIRylosabes. Pregúntate todos los días que vas a hacer al día siguiente de tu no #SALIDAPACTADA. Y si tu respuesta es tomarte un año sabático, tienes que volver a enrolarte a las travesías, pues no habrás entendido nada.

4. Sal con frecuencia de la #cavernaempresarial. Ten con-

tactos con otras especies distintas a las que habitan allí. Relaciónate con muchas especies, pues es parte de la fuerza de atracción que te va a ayudar a volver a la #galaxiaEMPLEO.

5. Sé realista. De verdad que no eres imprescindible en tu #cavernaempresarial, y te lo digo porque era mi mejor excusa conmigo misma: «¿cómo me van a despedir a mí?», con lo que YO sé, con lo que YO aporto, con lo bien que me llevo con…, con el tiempo que llevo… Pues, sí. Ahora YA espero que lo tengas claro. #tevanaDESPEDIRylosabes.

6. Si no tienes tiempo para la @señoraFORMACIÓN, pide cita ya. Es más urgente que cualquier otra cosa. Nunca debiste abandonarla, sin volver a llamarla y siempre con excusas falsas: «no me hace falta», «mis prioridades son otras», «no tengo tiempo»… Hasta que un día sales de la #cavernaempresarial y entonces te das cuenta de cuanto la necesitabas aunque no la echaras mucho de menos.

7. ¿En qué vas a trabajar cuando salgas de la #cavernaempresarial? ¿De lo mismo que hacías en tu caverna? ¿En el mismo sector? La #galaxiaFINDELTRABAJO está absorbiendo todas las divisiones en una gran masa gaseosa y poco diferenciada. ¿Trabajas en un Banco, en una oficina, como maestro, en una tienda o cualquier profesión conocida? Aunque pienses que a ti ya no te va a alcanzar porque quieres pasar al estado #SOYPREJUBILADO, quizá llegue antes. Y ¿qué vas a hacer? Puedes aguantar en silencio, sin moverte, callado, agazapado. ¿Podrá nuestro sistema de pensiones sostener que vayas a estar cuarenta años más sin cotizar?

8. Prepara tu salida de emergencia: tener un romance @HEMPRENDEDOR o las plataforma digitales. Y no las critiques, antes de conocerlas.

#NOLVIDES BÁSICOS PARA TU SUPERVIVENCIA
DENTRO O FUERA DE LA CAVERNA

- Bórrate el tatuaje #estosiempresehahechoasí.
- Sé cercano pero no agobies.

- Da feedback, pero de verdad, en serio y constante.
- De @JEFES a héroes, no necesitamos líderes, necesitamos héroes.
- Vas a ser ¿coherente o responsable?

BÓRRATE EL TATUAJE #ESTOSIEMPRESEHAHECHOASÍ

Los entrenadores de fútbol lo tienen claro. Cada temporada es diferente y con el @tioVUCA más y más rápido. La estrategia de juego que ha funcionado una temporada no vale con distintas condiciones. Hay que cambiar el equipo y la táctica de juego.

SÉ CERCANO PERO NO AGOBIES

Hay una competencia que últimamente está muy de moda entre @JEFES que es la de *ser cercano*. Muchas de estas nuevas habilidades pasan inadvertidas, excepto cuando son extraordinariamente inconsistentes.

Estas ilusiones sobre @JEFES suponen un gran desconcierto para las especies que entran en el mundo de la #cavernaempresarial por primera vez. El efecto del jefe cercano es parecido al que produce la luna. A todos nos parece que está muy próxima, un poco más allá del horizonte, y que su tamaño es el de una naranja. Sin embargo, *sabemos* que está a 384.400 km de distancia y que es más grande. Un @JEFE es, por definición, jerárquicamente distante en el espacio y en el tiempo. Y ya sé que estás cambiando el SER y ESTAR de #TUTRABAJO como jefe. Pero sé realista. Si NO eres cercano, no intentes engañar al resto de las especies. Se nota mucho. La nueva decoración de las #cavernasempresariales está difuminando el espacio y el #meteoritoDIGITAL, el tiempo. Hay otros @JEFES que la cercanía la entienden como la necesidad de estar constantemente preguntándote cada cinco minutos: «¿cómo vas?».

—@JEFES: Y entonces, ¿qué hago?
—@SeñoritaMaryPoppins: No tengo recetas, cada uno conoce su territorio y a sus especies. Cercano significa próximo, pero también inmediato.

—@señorM: ¡¡Yo lo sé!! «El arte de la prudencia». Me está encantando el libro del maño.

DA FEEDBACK, PERO DE VERDAD, EN SERIO Y CONSTANTE

- Cinco minutos siéntate con las especies.
- Cinco minutos cara a cara con las especies equivale a cincuenta correos electrónicos y mensajes.
- Cinco minutos con un rostro delante es emoción que suaviza el conflicto y facilita el acuerdo.
- Cinco minutos de conversación con las especies sin un móvil en la mano, sin mirar a una pantalla, solo con un rostro es la esencia del #estadoPUROLIDER.
- Cinco minutos que NO son para que hables ni de ti, ni de tus hazañas.

Deja por fin hablar a las especies. No las tienes que oír, sino escuchar con tus cinco sentidos. El mundo de la #cavernaempresarial es muy distinto de lo que tú piensas. Igual que te parece que la Tierra es plana y sin embargo es una esfera, pasa lo mismo con las especies cuando las miras, si es que alguna vez utilizas este sentido. Te parecen que son planas y crees que giran a tu alrededor y en cambio, deberías ser tú el que girara en torno a ellas. El centro son las especies y no los @JEFES.

DE @JEFES A HÉROES, NO NECESITAMOS LÍDERES, NECESITAMOS HÉROES

El problema es que tú no necesitas ni @JEFES, ni líderes o lideresas. Necesitamos héroes y no voy a forzar el lenguaje para @ELLAS (en este caso estaría declinado aunque sonara un poco mal). Los techos no se rompen con las palabras, sino dejando a un lado la AVERSIÓN AL RIESGO. Según @LARAE, del lat. heros, -ōis, y este del gr. ἥρως hérōs: la forma f., del gr. ἡρωΐνη hērōínē.

1. m. y f. Persona que realiza una acción muy abnegada en beneficio de una causa noble.
2. m. y f. Persona ilustre y famosa por sus hazañas o virtudes.

3. m. y f. En un poema o relato, personaje destacado que actúa de una manera valerosa y arriesgada.
4. m. y f. Protagonista de una obra de ficción.
5. m. y f. Persona a la que alguien convierte en objeto de su especial admiración.
6. m. En la mitología antigua, hombre nacido de un dios o una diosa y de un ser humano, por lo cual era considerado más que hombre y menos que dios; p. ej., Hércules, Aquiles, Eneas, etc.

Y sí, me quedo esta vez con todas las acepciones de la palabra.

POEMA: CUANDO SEA MAYOR VOY A SER...
¿COHERENTE O RESPONSABLE?

Cuando tienes que elegir entre ser coherente o ser responsable.]
Estoy segura que te ha pasado muchas veces en #TUTRABAJO y fuera de la caverna.]
Cuando tienes que elegir entre:
ser coherente con tus principios
o ser responsable por una solución
que sea buena para el bien común.
Supongo que en esa diatriba te encuentres de forma frecuente.]
Estoy segura que te ha pasado siendo CEO,
@JEFE o @LASEÑORADELALIMPIEZA
o cualquier especie que tome decisiones a diario.
Es muy difícil elegir entre los principios
que guían nuestro comportamiento.
Uno de los dilemas éticos más mencionados:
¿a quién matarías en un atropello inevitable?
En esta web está realizando una encuesta a nivel global:
http://moralmachineresults.scalablecoop.org/ Moral Machine, la máquina moral.
Merece la pena observar los resultados según la nacionalidad, edad...]
Quizás, si estás buscando una justificación para tu comportamiento,]

vas a encontrar una justificación,
que no una respuesta.
Lo bueno y lo justo.
Lo coherente y lo responsable.
¡Qué difícil decidir!
¿Tengo la respuesta?
No.
El principio de coherencia tiene un precio.
El principio de responsabilidad tiene otro.
Sólo te dejo una frase del mejor, Aristóteles:
«El que ha superado sus miedos será verdaderamente libre».

LA CARTA DE LA @SEÑORITAMARYPOPPINS
A LOS REYES MAGOS

Tras mis veinte años de #travesíasdesvergonzadasporlasempresas, después de tres despidos y siete salidas voluntarias, te voy a contar cómo me gustaría que fuera un @JEFE.

Que te enamoren y que te emocionen con el cambio, de una forma personalizada. No quieres los mismos mensajes que el resto de las especies ni más «*vamos, vamos*», que tú ya has ido y has venido muchas veces. No quieres un @JEFE que cada vez que se mueva una silla dentro de la #cavernaempresarial piense que hay un terremoto. Necesitas un @JEFE, ya no solo que esté contento con que las sillas se muevan, o más, que mueva las sillas o lo más, que se pregunte: «¿por qué tenemos que tener sillas?»

TÚ eres una especie única.

Quieres un @JEFE que te sirva de ejemplo, aprender con eso y no con los tostones que te da.

Que te lleve a los límites y siempre te pregunte: «¿por qué no hacerlo de otra manera?».

Lo malo de las recetas y las listas es que no sirven para todas las especies.

@JEFE, vas a tener especies con el efecto #3VELOCIDADES. Con algunas las tendrás que mantener dentro de los límites y guiar por trayectos conocidos, y con otras habrás de mostrarles que los mismos límites no existen.

—@señorM: He tenido muchas especies de @JEFES, unos como el AVE y otros como los cercanías antiguos que se desplazan con muchas paradas. Dentro de cada especie, igual. Ahora ya entiendo porque no sirven las recetas ni las listas. ¡¡Qué calambres!!

—@SeñoritaMaryPoppins: Ese es el problema, que no solo necesitamos especies que sigan las vías a más velocidad o menos, con más paradas o menos. Necesitamos que los @JEFES se paren y digan ¿por qué no hacerlo de otra manera?, me bajo de la vía, es mas, no quiero seguir ninguna vía y quiero construir nuevas travesías.

—@señorM: ¿Para qué? Las vías ya están construidas y puedes circular rápido y lento.

—@SeñoritaMaryPoppins: No te digo que no me sirvan las vías, te pido que me dejes salirme de ellas. Esta evolución exponencial, este cambio en el modo de SER y ESTAR en #TUTRABAJO, exige salirse de las vías a #3VELOCIDADES.

22. ¿CÓMO SE SALE DE LA #CAVERNAEMPRESARIAL? CASI SIEMPRE MAL

Aunque te digan que sí es posible, con un @JEFE que te ha despedido nunca se queda como amigo.

—@señorM: Pues tú y yo tampoco nos llevamos tan mal.
—@SeñoritaMaryPoppins: Porque no soy rencorosa, aunque si me llego a cruzar contigo al mes siguiente de que me hubieras despedido, no sé lo que te hubiera hecho.
—@señorM: No sabía que te había hecho tanto daño.
—@SeñoritaMaryPoppins: Un despido siempre duele.
—@primaIRA: Lo sé, siempre acompaño a todas las especies cuando les sucede.
—@señorM: Mira que bien te vino que te despidiera, te va estupendamente.
—@SeñoritaMaryPoppins: Un despido siempre duele y además deja estela... pero menor si estás preparado.

Cuando te despiden casi siempre se sale mal de las #cavernasempresariales y en esto da igual la especie, su ubicación, su género y su edad o que no tengan clasificación. Que te despidan, o no, no solo depende de si haces excelente, bien, regular, mal o muy mal #TUTRABAJO, sino también de las características que te hacen vulnerable. A cuántas especies de tu alrededor conoces que hacen mal y muy mal su trabajo y ahí siguen, y algunas cada vez más alto, porque saben cómo relacionarse, cómo comunicarse y cómo interactuar con su @JEFE y otras especies de la #cavernaempresarial.

En mis #travesíasdesvergonzadasporlasempresas he visto que lo más importante, si quieres permanecer y ESTAR en una #cavernaempresarial, son dos cosas simples, y no te las enseñan tan claras en ningún máster, ni en el #continenteUNIVERSI-DAD. Y por lo menos deberían darte seiscientas horas:

- Cómo te relacionas (con tu @JEFE y con otras especies)
- Cómo te comunicas (con tu @JEFE y con otras especies)

Tu supervivencia en la #cavernaempresarial y la de #TUTRABAJO van a depender en su mayoría de estas dos cosas tan simples. Las funciones, o tareas, o proyectos están supeditadas no a lo que haces, sino al cómo y al impacto que va a tener. Esto normalmente choca con la @JUSTICIAdivina que te hace creerte desde pequeño que solo con tu esfuerzo vas a ESTAR mejor dentro de las cavernas.

—@señorM: Eso, cuando llegas a @JEFE lo aprendes rápido. ¿Has visto la película «El bueno, el feo y el malo»?

—@SeñoritaMaryPoppins: No.

—@señorM: Pues es un clásico que deberías recomendar en tus travesías. Tres hombres violentos pelean por una caja que alberga 200.000 dólares, la cual fue escondida durante la Guerra Civil. Dado que ninguno puede encontrar la tumba donde está el botín sin la ayuda de los otros dos, deben colaborar, pese a odiarse.

#NOLVIDES que el segundo responsable cuando te van a despedir es tu @JEFE y que no te empiece a poner excusas de que si la crisis, la expansión, las fusiones… El primer responsable eres TÚ por no haber estado alerta y bien preparado. Y cuando #mevoyaIRylosaben, te vas por la mejora salarial y aunque no lo dicen en las encuestas, por culpa de tu @JEFE.

—@suegraCOHERENCIA: No deja de sorprenderme los resultados que normalmente muestran en casi todos los informes de cómo se habita en las #cavernasempresariales, cuando preguntan si estas motivado en tu trabajo, y muchas especies siguen respondiendo que no.

—@señorM: ¿Acaso te crees que no lo sabemos? Siempre ha sido así. De todas formas, aunque se quejan mucho y dicen que se trabaja muy mal y que se van a ir, luego no se van. Y cuando les despides, se sorprenden y se enfadan mucho. Y los que se van de forma voluntaria...

—@SeñoritaMaryPoppins: La fuga del @INNOM-BRABLETALENTO. Siempre pasa lo mismo. El que te gustaría que se fuera no se va, y el que quieres retener por la fuerza, huye.

Después del impacto del #satéliteDESEMPLEO algunas de las especies son fácilmente reconocibles porque empiezan a entrar en LinkedIn de forma compulsiva. Esa *red,* en la que nunca estaban porque no servía para nada y nunca podían actualizar nada porque nunca tenían tiempo. Ahora sí les parece útil, ahora YA tienen tiempo. Otras especies, como no tienen perfil en redes, siguen con las rutinas de siempre, que si un Headhunter, la cola del paro, una ETT, con un #CVqueyanosirve al que habrán dedicado muy poco tiempo en actualizar deprisa y corriendo. Y luego quieres que te contraten, ¡si no has entrenado ni una vez la entrevista personal!, si sabes qué #TUTRABAJO se ha desgastado y no vas a encontrar otro igual en ninguna #cavernaempresarial.

Una vez que te golpea el #satéliteDESEMPLEO te conviertes en una #EX-PECIE que en muchas ocasiones tiene que volver al #planetaEDUCACIÓN para volver a entrar en la #galaxiaEMPLEO.

SÍNTOMAS FRECUENTES DE LAS #EX-PECIES

- Si te llaman cuando nunca te habían llamado.
- Si te dan *likes,* cuando nunca te los habían dado.
- Si te invitan a un café sin causa aparente o a comer.

Cuando te cuentan cómo han salido de las #cavernasempresariales, siempre utilizan los mismos eufemismos: «hemos llegado a un acuerdo de salida», «una #SALIDAPACTADA»... Vamos a ver, ¡que te han despedido!, no tengas miedo a decirlo. ¿No nos cansamos de decir que el mundo es de los que fracasan? ¿Que te despidan es un fracaso? Para ti, no, pero los demás piensan que sí, algo habrás hecho mal. Los @JEFES siempre tienen la excusa preparada para ti. Y ni es justa ni es buena. Y como pertenezcas a la especie @50PLUS y no te hayas preparado antes, es *KO* seguro (*knock Out*, que significa abatir o dejar fuera de combate).

En la época del @abueloELADIO una vez que entrabas en una #cavernaempresarial, te quedabas para toda la vida y tan contento.

—@señorM: Han cambiado tantas cosas, que estoy abrumado. De todas formas en mi #cavernaempresarial como vivimos a #3VELOCIDADES, estamos todavía... ya sé que me dices que tengo que evolucionar y todo eso..., pero me cuesta el cambio, #estosiempresehahechoasí es más fácil.

POEMA «EUFEMISMOS DE SALIDA»

Nunca lo llamas por su nombre.
Te da vergüenza.
«#SALIDAPACTADA»
«Llegamos a un acuerdo»
Casi ni te atreves a decírtelo en silencio.
Porque duele.
Al que se lo cuentas,
aunque te mira con asombro,
ya sabe que te han despedido.
Y lo llamas de otra manera,
porque así no duele tanto.
Te mueves en territorio desconocido.
Primero de forma tranquila,
empiezas a mandar correos electrónicos
a tus conocidos para tomar café
o invitarles a comer.

Entras tímidamente en esas redes sociales
que tanto despreciaste,
que nunca contestabas,
que pocas veces participabas de forma activa.
Y desciende de forma muy rápida
la cantidad de correos electrónicos que tenías cada día
que revisar.
A la segunda semana de #ESTARPARADO
han bajado a cotas mínimas.
Te haces pruebas enviándote mensajes a ti mismo,
a ver si falla el servidor.
Ahora ya no tienes a nadie que lo arregle.
Antes, que todo el mundo te cogía el teléfono en el pri-
mer tono,
o te devolvía la llamada,
ya no pasa.
Es lo que sucede con los eufemismos:
«Manifestación suave o decorosa de una palabra
cuya franca expresión sería dura o malsonante».
TE HAN DESPEDIDO, ME HAN DESPEDIDO.
Nos deberían a enseñar a conjugar este verbo.
Tú me despides.
Yo tenía que haberlo sabido.
Yo debía tener preparado otro plan.
Otro trabajo.
Otra #cavernaempresarial.
Otras salidas.
Dentro de poco,
te va a despedir un algoritmo,
y eso sí que va a ser triste.

23. EL FINAL DE ESTA TRAVESÍA LLEGÓ, Y A TI TE DESPEDIRÁN O NO

Y llegados al final de esta travesía, ¿qué hacemos? Los límites de #TUTRABAJO, han sido durante mucho tiempo los límites de tu mundo y necesitas encontrar culpables.

Cuándo y cómo te vayan a despedir depende ti y las características que te hacen vulnerable. No le eches la culpa a nadie más y no me digas que no te he avisado. He sido muy pesada y reiterativa en los mensajes. Aunque no sepas muy bien qué hacer, por lo menos ya sabes que te tienes que preparar y pedir cita cuanto antes con la @señoraFORMACIÓN.

Como #tevanaDESPEDIRylosabes o #mevoyaIRylosaben es bueno que te hayan dado calambres. La #galaxiaFINDELTRABAJO que conocías se ha formado por el colapso de @JEFES, @POLÍTICUS, @tioVUCA y el efecto del #meteoritoDIGITAL.

Aparecen nuevos trabajos que exigen nuevos conocimientos y nuevas competencias. Pero sobre todo que estés atento, no esperes que te solucionen #TUTRABAJO los demás. (Algunos @POLÍTICUS para puestos y especies que se extinguen, en lugar de buscar soluciones sostenibles y *trans-formar*, alargan de forma postiza su estancia en las #cavernasempresariales. Eso sí, con mucho postureo).

Lo primero que necesito para que des un giro a las historias de tus travesías es que cuando mañana llegues a tu #cavernaempresarial, a tu taller, a tu casa, donde sea, pienses que, si te despiden mañana, por lo menos ya estás prevenido, y te has dado cuenta de que tienes que hacer algo y además rapidito.

Ya sé que también necesitan cambiar el #continenteUNIVERSIDAD, el #planetaEDUCACIÓN, y todas las #cavernasempresariales, los @JEFES y @POLÍTICUS, pero todo eso va más lento y no puedes esperar a que cambien, porque para ti, ya va a ser tarde. Porque #TUTRABAJO, ni se crea ni se destruye, solo se *trans-forma* y aunque el proceso de cambio dependa de muchos factores, no te pongas excusas y empieza a moverte ya.

Tenemos que dejar de hablar de dónde vamos o de dónde venimos y tanta teoría de liderazgo y de las #cavernasempresariales. Y de los @JEFES, de lo que hacemos, de cómo nos comportamos, y pasar a la práctica y a entrenarlo ya. Sé que te acosa la fatiga de lo que siempre has hecho de la misma manera, y que te enfrentas al cansancio de cambiar, de salir de la curva de lo conocido, al cómodo estado #estosiempresehahechoasí.

—@suegraCOHERENCIA: Bueno que ya aburres con tanto discurso.

—@señorM: Eso, y ahora ¿a dónde vamos?

—@SeñoritaMaryPoppins: En la última travesía vamos a entrenar.

Al final me había quedado otra vez a solas con el @señorM.

—@SeñoritaMaryPoppins: ¿Te acuerdas del día que me despediste?

—@señorM: No me lo tomes a mal, pero no. He despedido a muchas especies.

—@SeñoritaMaryPoppins: Al que le despiden no se le olvida nunca.

—@señorM: Sabías que te iba a despedir.

—@SeñoritaMaryPoppins: No creí que fueras capaz, me creía imprescindible.

—@señorM: En el fondo te vino bien, ¡todo lo que has aprendido!, yo casi ni te reconozco, has evolucionado. ¿Volverías a una #cavernaempresarial?

—@SeñoritaMaryPoppins: Solo para decir...

TODAS LAS ESPECIES A CORO: Os lo prevengo: ¡al final vais a ser tocados! (al finalizar... #tevanaDESPEDIRylosabes y por eso tienes que estar avisado y preparado)

CUARTA TRAVESÍA:

CÓMO ENTRENAR PARA QUE SI TE DESPIDEN MAÑANA, TE VAYAS TAN CONTENTO

Saca ya las zapatillas y comienza tu entrenamiento, tu plan A, B o C, tus #PUNTOSCARDINALES o cualquier cosa. Me da igual cómo lo llames, pero prepara algo YA y que te empiecen a dar calambres:

- El #CVqueyanosirve tenlo a mano siempre con las últimas novedades. Va a ser como una especie de diario, si lo haces después de que te despidan, no te vas a acordar ni de la mitad de las cosas que has hecho. Y además, como estás muy cabreado, lo escribes deprisa y corriendo. La @primaIRA hace que veas borroso.
- Todo lo que hagas tiene que quedar estampado en tu #PISADADIGITAL. Es uno de los síntomas más evidentes que se ve en las especies que nunca tenían nada de actividad en redes sociales y en cuanto las despiden de las #cavernasempresariales se ponen a escribir todo lo que hacen y a dar *likes* y activarse. Como diría @suegraCOHERENCIA eso es acordarse de *Santa Rita cuando llueve*.
- Pide cita ya con la @señoraFORMACIÓN te van a hacer falta algunas sesiones sobre los efectos del #meteoritoDIGITAL, tanto si vas a saltar a otra #cavernaempresarial como si tienes un romance con @HEMPRENDEDOR o las plataformas digitales. Vas a necesitar algo más que un toque cosmético.
- Entrena la entrevista personal casi a diario, aunque los de @RECURSOSHUMANOS no han innovado mucho

en las preguntas que te hacen. Tienes treinta o sesenta minutos para enamorarles y lo haces con improvisación. ¡¡Como si tu perfil fuera muy atractivo para las #cavernasempresariales!!

- Si eres de la especie @NOSALGODELACAVERNA, ¡qué crees que te voy a decir!, ¡que salgas ya de una vez y empieces a relacionarte! A tu @JEFE seguro que no le gusta. Piensa que probablemente #TUTRABAJO repetitivo de estar sentado ocho horas delante de una pantalla y sin moverte lo va a hacer @ITROBOTS.

24. COMO TE VAN A #TEVANDESPEDIRYLOSABES, TIENES QUE PENSAR DESDE YA CÓMO VAS A VOLVER A ENTRAR EN LA #GALAXIAEMPLEO

Como te van a #tevanDESPEDIRylosabes piensa ya como vas a volver a entrar en otra #cavernaempresarial o a encontrar #TUTRABAJO en un hábitat diferente al que estabas acostumbrado.

En todos los casos vas a necesitar casi siempre lo mismo. Estos son como los básicos de tu armario (a no ser que pertenezcas a la especie de @ENCHUFADOS, @APELLIDOSCONABOLENGO o @JEFES, que se mueven más por *contactos*. Solo una advertencia: el #meteoritoDIGITAL provoca cortocircuitos y todavía no lo saben)

1. Un #CVqueyanosirve.
2. Tu #PISADADIGITAL.
3. Cómo pasar el oráculo de la entrevista personal.

Se puede desgastar #TUTRABAJO por el contenido o por la forma en la que lo estas desarrollando. Trabajos que por su contenido todavía sirven, como el de peluqueros, se seguirán necesitando, pero ya no físicamente en la tienda del barrio con un horario. Podrán trabajar a través de plataformas y seguramente tendrán que ofrecer más servicios de valor añadido y saber venderlos. De ahí la importancia de evolucionar a la especie @YOVENDO.

En el caso de que el contenido de #TUTRABAJO esté tan desgastado que ya no sirva, tendrás que crear otro y para eso necesitas definir tus #PUNTOSCARDINALES que veremos un poco más tarde.

Si quieres permanecer en tu misma #cavernaempresarial recuerda las características como especie que te hacen más vulnerable a un despido.

DEL #CVQUEYANOSIRVE Y TU #PISADADIGITAL NO TE VOY A CONTAR MUCHO QUE NO SEPAS YA

Del #CVqueyanosirve y tu #PISADADIGITAL no te voy a contar mucho. Casi siempre sabes lo que tienes que hacer y te inventas miles de excusas para no hacerlo: que si no sabes dónde lo tienes, que si no tienes tiempo, que si no lo necesitas, que para qué vas a estar en esas tonterías de las redes sociales.

—@RECURSOSHUMANOS: Eso del #CVqueyanosirve no sé de dónde te lo sacas. Anda que no sigo yo recibiendo currícula y, si vas a una feria de empleo, ya puedes llevarte al @BECARIO para que te ayude con el cargamento en papel.

—@señorM: Este el efecto #3VELOCIDADES y en lugar del @BECARIO ahora va a ir @ITROBOTS.

@SeñoritaMaryPoppins: El problema es el contenido. Cada semana deberías ir añadiendo las cosas que haces en #TUTRABAJO y fuera también. #pensamientosde20g:

- Algunas especies proyectan sombras de ballenas azules (30 metros de largo y 150 toneladas).
- Y otras especies que, aunque tienen veinte años de experiencia, la sombra parece de hormiga.

—@ITMILLENIAL: Yo eso lo hago todos los días en mi #PISADADIGITAL. Aunque si me ciño a las normas de publicación en redes sociales que comentaba en la primera travesía el @señorM, no podría decir nada de la #cavernaempresarial.

El #CVqueyanosirve y la #PISADADIGITAL han generado hasta nuevas profesionales y cientos de libros y conferencias cada año sobre cómo hacerlo y mejorarlo. No sé si tendrán mucho éxito, porque yo sigo viendo cada uno que me pongo a llorar y cuando lo comparas con la #PISADADIGITAL es peor todavía. Y esto afecta a todas las especies de la #cavernaempresarial, y da igual su ubicación, género o edad.

- Para ser una de las palancas que te ayudan a entrar en las cavernas lo tienes siempre abandonado, metido en un cajón o en una carpeta perdida de tu ordenador (seguramente con el nombre de *personal*).
- No lo cuidas, ni lo alimentas, no lo mimas.
- Deberías ir a visitarle casi tantas veces como a tu WhatsApp.
- Algunas especies tienen #PISADADIGITAL y entonces creen ya que no necesitan el #CVqueyanosirve. Pero por el efecto #3VELOCIDADES, las #cavernasempresariales dicen que son muy modernas y digitales en su cortejo, y luego van y te piden tu curriculum en el formato de siempre y de toda la vida. Ese es uno de los ejemplos que me pone siempre @suegraCOHERENCIA.

Me da igual lo que pienses. En mis #travesíasdesvergonzadasporlasempresas sigo viendo a muchas especies en este plan, pero tú ya no, porque estas avisado y preparado.

—@BECARIOS: En muchas #cavernasempresariales dicen que han cambiado su proceso de selección, pero luego nos siguen haciendo las mismas preguntas. Siguen publicando en los *jobsites* y mi madre dice que con las mismas funciones y requisitos que cuando ella buscaba trabajo.

—@RECURSOSHUMANOS: Bueno... Estamos en ello, acabamos de abrir un canal de empleo en Facebook.

—@ITMILLENIAL: Yo ahí no entro que están mis padres y además el otro día me han pedido una «carta de presentación», pues menuda #PISADADIGITAL tengo yo.

Si ya tienes claro que vas a sacar del fondo del cajón el #CVqueyanosirve, prepárate, porque te voy a decir que lo rompas con un silogismo bastante simple:

El silogismo rompe CV:

Si tu curriculum refleja #TUTRABAJO.
Y #TUTRABAJO se ha desgastado.
No vas a encontrarlo ¡¡¡nunca jamás!!!

Por ejemplo, si estás trabajando en temas de Administración de Personal, en el ranking 39 de posiciones que más se van a transformar y en tu #CVqueyanosirve pone lo mismo, ¿qué posibilidades crees que tienes de resultar atractivo para la #cavernaempresarial? ¿Crees que vas a encontrar ese mismo trabajo en la #galaxiaEMPLEO?

> —@CANDIDATO: ¿No dices que el mundo va a #3VELOCIDADES? Seguro que todavía puedo encontrar mi trabajo igual que estaba antes.
> —@SeñoritaMaryPoppins: Pero no sabes ni cuántos puestos van a quedar con el mismo nombre que estabas buscando, ni en cuántos sectores iguales a los que tú estabas trabajando, ni si pedirán las mismas funciones y tareas que hacías antes.

Así que piensa YA tú solo cómo vas a construir tu #CVqueyanosirve y la #PISADADIGITAL (ya te dije al principio que no tengo ni recetas ni trucos. #pensamientosde20g de @suegraCOHERENCIA: ¡¡¡será falsa!!!):

- No me vayas a contar el trabajo que ya has perdido o #TUTRABAJO que se ha desgastado.
- No lo pongas igual que hace veinte años y que otras especies como tú, y no me refiero a los colorines.
- Tienes muchos *hobbies* que puedes aprovechar para las profesiones del futuro. ¡¡Imagínate trabajando en algo que te gusta!!
- ¿Cómo vas a contar y mostrar lo que sabes hacer y lo que te gusta? (acuérdate de Marie Kondo)
- Seguro que te gusta viajar, leer y ver series, como a todos los @CANDIDATOS cuando les preguntan qué hacen en tu tiempo libre. Si una de las nuevas posiciones va a ser «Diseñadores de experiencia de viaje sin conductor», piensa cómo puedes transformar #TUTRABAJO y encima divertirte.

- Claro, tendrás que pedir cita con la @señoraFORMA-CIÓN y no una, sino varias sesiones.
- Y no me vengas con el rollo de que no sabes qué contar, ni de cómo empezar. Pues empezando, en gerundio, que expresa duración de la acción. Ni una excusa más. Y si no, pide ayuda, pero profesional. No vayas a preguntar a un amigo que sabe menos que tú. Y la ayuda profesional no cuesta un café con leche.
- Se produce muchas veces el efecto rebote como en las dietas, si has perdido #TUTRABAJO entrenas mucho tu #CVqueyanosirve y la #PISADA DIGITAL y en cuanto lo vuelves a encontrar, desapareces y otra vez al cajón. Estos trucos ya no te valen pues de la siguiente #cavernaempresarial también saldrás despedido y si no sigues entrenando, pierdes la *forma* y el contenido también.
- Con la #PISADADIGITAL vas a poder mostrar de manera instantánea lo que sabes hacer y, además, ESTAR en redes sociales es el mejor balcón para mirar los cambios que se producen en las #cavernasempresariales. Y no solo eso: del cotilleo puro y duro sobre qué hacen y cómo se mueven otras especies.
- Y no me pongas ahora de excusa lo de TU privacidad. Que si has perdido #TUTRABAJO, no estas ahora para protegerte de alguna intromisión.
- Tienes el mejor escaparate para mostrar lo que sabes hacer y me pones millones de excusas para no aparecer: que si no tengo tiempo, que si no sé qué contar, que entonces mi @JEFE va a pensar que estoy buscando otro trabajo, que si no me gustar hacer exhibicionismo. Claro, tú eres más de mirar lo que hacen otras especies con su #PISADADIGITAL y no decir nunca nada ni dar ni siquiera un *like*. No vayan a pensar que les gusta lo que dices.

CÓMO PASAR EL ORÁCULO DE LA ENTREVISTA PERSONAL

Lo de oráculo es porque las entrevistas personales siempre me han parecido un poco obscuras, sagradas y que hay que rendir culto a los @RECURSOSHUMANOS.

La entrevista personal tiene pruebas difíciles, no tanto por la complejidad, sino porque la mayoría de las veces no entrenas lo suficiente y las condiciones meteorológicas como la #atmósferaMIEDO te afectan para lograr buenos resultados. Tienes que prepararte duro si quieres ser finalista. Ya lo de ganar la prueba, no va a depender solo de ti, sino del resto de @CANDIDATOS.

¿Cuántas veces has entrenado esta prueba? Piensa al menos cuanto tiempo le dedicas a la semana, y no solo tienes que hacerlo cuando ya estás fuera de la caverna, sino cuando estás dentro. Entrena al menos una vez al mes la entrevista personal. Como en esta fase del proceso de selección se innova muy poco, con algo de entrenamiento es más fácil superarlo.

Quién la hace, cómo la hace, lo que innovan, lo que preguntan. La mayoría de las veces se repite, pero si quieres seguir entrando en #cavernasempresariales, solo lo puedes hacer de momento con estos ritos de iniciación.

Algunos de @RECURSOSHUMANOS te hacen contar toda tu vida y milagros porque no miran tú #PISADADIGITAL. Si tienes poca experiencia está bien, como tengas mucha, se hace largo.

#MISRECUERDOS:
De la entrevista personal, para que te den calambres

La última vez que estuve en una entrevista personal, (porque yo sí que sigo entrenando) me abrió un chico joven, con una libreta en la mano, con el logotipo en grande de la consultora. Era el maestro del rito de la entrevista.

Me había citado a las 4. Me recibió a las 4.30. Debe ser una técnica para poner más nervioso, porque con la moda de los despachos transparentes, le había visto sentado mirando Instagram y mientras me miraba de reojo.

La @primaIRA se ha quedado en la puerta y la @tiaILUSIÓN todavía no sabía si quedarse o no.

Nos sentamos.

—@RECURSOSHUMANOS: ¿Quieres agua o café?

—@SeñoritaMaryPoppins: No, gracias. Hablamos del tiempo, calor, frio, lejos, cerca, vamos. ¿Empezamos?

—@RECURSOSHUMANOS: Bueno, cuéntame...

—@SeñoritaMaryPoppins: #pensamientosde20sg:

- De mis veinte años de #travesíasdesvergonzadaspor-lasempresas, a ver qué quiere que le resalte.
- Me he pasado una hora googleando su perfil.
- Encima, como tiene un nombre y un apellido común, me ha costado encontrarle.
- Tiene un perfil de LinkedIn más o menos correcto. Que para dedicarse a selección de especies es *menos* (500 contactos, pero ninguna publicación original)
- Tengo diez años de experiencia más que él.
- Ni me ha aceptado la invitación de LinkedIn, ¿Qué pensará que voy a hacerle si estamos conectados?
- Recibo un WhatsApp de la @primaIRA y me dice que me calme.
- Este es uno de *esos* @ITMILLENIAL típico que no está en Twitter.
- O está pero con otro nombre para que no sepan que, en el fondo, aunque va vestido formal, los fines de semana, o cuando era más joven le gustaba llevar el pelo rojo.
- Se pone a apuntar en una libreta con un lápiz y un papel, ¡¡¡será poco digital!!! Vaya imagen con la consultora que representa, que dicen que son líderes de la transformación digital. Cuando se lo cuente a la @suegraCOHERENCIA se va a reír.
- Ya le podían haber dado al pobre chaval una tablet.
- Tendría que haber ido a un Headhunter. Esos sí que saben.
- Claro, pero esos no me buscan, ni me llaman.
- Como había dejado hace tiempo la vergüenza en un cajón, voy y le suelto:

—@SeñoritaMaryPoppins: ¡Qué quieres que te cuente! ¿No me has googleado? Podrías saber hasta qué he desayunado esta mañana y eso que soy casi un @50PLUS. #pensamientosde20sg:

- No se inmutó mucho, le sorprendió más la edad, vi como ponía un *tick* en una casilla de su cuestionario.

—@RECURSOSHUMANOS: Pues un resumen, empezando por tu formación, lo que has estudiado y luego tu experiencia profesional, de la más reciente a la más antigua.

—@SeñoritaMaryPoppins: ¿Cuánto tiempo tienes?

—@RECURSOSHUMANOS: Unos cuarenta minutos

—@SeñoritaMaryPoppins: Prepárate, que te voy resumir treinta años de mi vida en veinte minutos. En una de estas me va a fichar de guionista Almodóvar. Los otros veinte minutos puedes revisar mi #PISADADIGITAL. Te lo va a contar mejor que yo. #pensamientosde20sg:

- Un algoritmo poco sofisticado de inteligencia artificial hubiera podido sacar un perfil bastante aproximado de mi idoneidad para el puesto, solo con los datos públicos sobre mi identidad en las redes sociales y hacerme una serie de preguntas *killer*. (¿Por qué has salido tantas veces de #cavernasempresariales? Suponiendo que salir muchas veces sea un indicador negativo)
- Los de @RECURSOSHUMANOS dicen que es imposible sustituir el *cara a cara* en una entrevista personal. Que el trato humano es insustituible, ¿qué trato humano? Si parecen muchas veces peor que @ITROBOTS.

—@ITROBOTS: Yo sí que lo estoy haciendo ya en las entrevistas con @CANDIDATOS.

¿Sabes contar tu historia en treinta minutos? Empieza a escribir y a ensayar. Prepara tu película, porque solo tienes treinta minutos para contarla. Y al que te está escuchando al otro lado le aburren siempre las mismas historias.

ENTREVISTA PERSONAL: POR COMPETENCIAS

Después de repasar tu travesía por las #cavernasempresariales te hacen una entrevista por competencias llamada de «incidente crítico». Me detengo en explicarte este concepto, porque, como te van a #tevanDESPEDIRylosabes, tendrás que pasar por esta prueba si quieres volver a la #cavernaempresarial. A los que buscan por primera vez su trabajo también les afecta.

La entrevista de incidentes críticos ayuda a predecir el nivel competencial de @CANDIDATOS. Es una técnica de entrevista ideada por John C. Flanagan en 1954, la cual ha ido modificándose con el paso del tiempo y que se emplea principalmente con el objetivo de hacerse una idea de las competencias reales de las especies, es decir, no solo de lo que sabes hacer, sino de cómo sabes hacerlo.

¡Anda que no ha pasado el tiempo! Esta forma de entrevista fue desarrollada y popularizada por David McClelland, partiendo del supuesto de que el mejor predictor del rendimiento futuro de una especie en una tarea concreta es el que tuvo en el pasado con tareas semejantes (#NOLVIDES el libro de Carlo Rovelli «¿El tiempo es lineal?»). Con la inteligencia artificial, esta prueba tendría que modificarse. Si tenemos los datos, tenemos YA la capacidad de predecir tu comportamiento, con un índice de fiabilidad más alto que una entrevista de treinta minutos y mucha mayor objetividad.

Por resumir, aplicamos una teoría del siglo pasado, una técnica de sesenta y cuatro años de edad con el @tioVUCA y el #meteoritoDIGITAL.

> —@suegraCOHERENCIA: Bueno, bueno, tú no critiques tanto que me sacas a Aristóteles y señores que tienen más siglos.
> —@señorM: Me hablas de una teoría obsoleta porque no había Internet... y ¿es la misma que se sigue utilizando para entrar en las #cavernasempresariales?
> —@ITMILLENIAL: ¿Y esperan descubrir en una entrevista de veinte minutos, mis competencias reales? Vamos, nos las conoce ni mi madre.
> —@SeñoritaMaryPoppins: ¿Quieres que te recomiende la mejor opción para mejorar tus competencias profesionales? Trabaja como dependiente en época de rebajas en un centro comercial de una gran superficie. Vas a entrenar muy rápidamente las siguientes habilidades:
> * Proactividad.
> * Multitarea.
> * Gestión del estrés.
> * Flexibilidad.
> * Gestión del tiempo (planificación, organización y priorización del trabajo).
> * La capacidad de negociación (llévese esa chaqueta que le queda mejor).
> —@RECURSOSHUMANOS: Vamos a hacer una prueba contigo. Explícame una situación o un resul-

tado del que te sientas satisfecha y cómo has llegado hasta él.

—@SeñoritaMaryPoppins: Conseguir entrar en una #cavernaempresarial después de ser un #PURALETRAS. #pensamientosde20sg:

- ¿Pensarán que alguien no ha tenido ningún resultado del que se sienta satisfecho? Qué pasaría si dijéramos:
- «Me siento satisfecho de haber conseguido mi puesto aunque haya tenido que pisar el trabajo de todos mis compañeros».
- «Me siento satisfecho de ser un borde con las otras especies porque así mantengo mi autoridad».

—@RECURSOSHUMANOS: ¿Le gusta trabajar en equipo? Cuénteme una situación en la que considere que la colaboración con otros le ha beneficiado.

—@SeñoritaMaryPoppins: Si, el último proyecto que lanzamos necesité la inestimable colaboración de todo el equipo para sacarlo adelante, sin su ayuda no hubiera sido posible. #pensamientosde20sg:

- Trabajar en equipo no le gusta a nadie salvo que se junte con especies con características similares o que te caigan bien.
- Siempre hay especies con las mismas características: escamas de escaqueo, no tienen ideas, no son creativos. Trabajar juntos no significa trabajar en equipo.
- ¿Cómo vas a trabajar en equipo con alguien que te cae mal? (#NOLVIDES la película «El feo, el bueno y el malo»).

—@RECURSOSHUMANOS: Descríbeme la última vez que intentaste convencer a alguien de algo.

—@SeñoritaMaryPoppins: Ahora lo estoy haciendo, estoy intentando convencerte de que me contrates, pero lo debo estar haciendo muy mal.

—@RECURSOSHUMANOS: ¿Qué es lo último que has tenido que adaptar en tu puesto de trabajo y cómo fue?

—@SeñoritaMaryPoppins: Con la nueva cultura de transparencia, nos quitaron todos los despachos y ahora trabajamos de forma más colaborativa, los cambios son siempre nuevas oportunidades. #pensamientosde20sg:

- No odio todos los cambios pero sí la mayoría.
- Nunca llegan cuando tú quieres o cuando a ti te vienen bien.
- En mis #travesíasdesvergonzadasporlasempresas he aprendido a navegar los cambios e incluso ahora ya no me marean. Ahora si no hay cambios, me aburro.
- El cambio te hace tener que estar siempre preparado y alerta.
- El cambio te borra el tatuaje #estosiempresehahechoasí.

—@RECURSOSHUMANOS: ¿Se considera una persona innovadora? Cuénteme una ocasión en que haya provocado una mejora en su puesto de trabajo.

—@SeñoritaMaryPoppins: Aquí me vas a perdonar un poquito de sinceridad, a todos mis @JEFES nunca les ha gustado mis innovaciones, porque... #pensamientosde20sg:

- @RECURSOSHUMANOS ya no me miraba.
- @RECURSOSHUMANOS miro su móvil.
- @RECURSOSHUMANOS puso un *tick*.

—@RECURSOSHUMANOS: Muchas gracias, te llamaremos en breve.

—@SeñoritaMaryPoppins: Tres años después, todavía sigo esperando esa llamada.

ENTREVISTA PERSONAL: PUNTOS FUERTES Y DÉBILES

Si #tevanDESPEDIRylosabes y quieres encontrar #TUTRABAJO vas a tener que hacer una lista con tus puntos fuertes, y los débiles también. Parece que es importante para @RECURSOSHUMANOS, que son los que normalmente te dan acceso a la #cavernaempresarial.

No sé muy bien por qué lo preguntan, pero te aseguro que lo siguen haciendo. Ahora que con las redes sociales lo pueden saber todo sobre ti antes de hacerte ir a la entrevista, me parece que ya no tiene mucho sentido. No sé lo que esperan descubrir, quizá algún secreto oculto.

En mis #travesíasdesvergonzadasporlasempresas he podido experimentar que da igual lo que respondas en esta parte, básicamente porque casi todos los @CANDIDATOS mienten. Sí, así es. La mayoría mentimos, cuando nos preguntan por nuestros puntos débiles (si los dijéramos de verdad, no te contratarían nadie)

PUNTOS DÉBILES QUE NUNCA CONFESARÍAS EN UNA ENTREVISTA PERSONAL

Estos son algunos puntos débiles que seguramente tienes y que no confesarías nunca en una entrevista personal:

- No soportas trabajar en equipo.
- Eres bastante rencoroso.
- Lo tuyo no es #huracAMBICIÓN, es un tsunami.
- No te gusta cumplir las normas.
- Te aburren las tareas rutinarias.
- No eres nada creativo ni innovador.
- No te gusta que te controlen todo el tiempo.
- Sabes más que tu @JEFE.
- Trabajas solo para ganar dinero.
- Te gusta criticar y hablar mal a las espaldas de los demás.
- Eres bastante vago.
- Haces la pelota a los @JEFES para conseguir tus objetivos.
- Si puedes *pisotear* a otras especies, lo haces.
- No dices nunca las cosas a la cara porque te da miedo.
- Tienes mucho orgullo.
- Eres muy tímido.
- Te gusta ponerte medallas y exhibirlas por ahí.
- Eres prepotente.
- No te gusta el conflicto y lo rehúyes.
- Nunca te gustó el riesgo.

Este no listado podría titularse: «Recetas para fallar en una entrevista personal»

¿Te imaginas en una entrevista personal, contando algunas de estas verdades? Por eso nunca las dices, pero sabes que en el fondo eres así y eso no lo vas a cambiar en la #cavernaempresarial. A lo mejor puedes matizarlo, pero tú verdadero SER y ESTAR sale a la luz en algún momento.

Por este motivo, esta prueba para entrar en la #cavernaempresarial no me sirve de nada. A ver si los de @RECURSOS-HUMANOS la cambian y la adaptan a tu #PISADADIGITAL. El 95% de los @CANDIDATOS coinciden en los dos puntos débiles y además añaden un adverbio de cantidad que indica un grado elevado en la propiedad que estos expresan: «soy muy ordenado» o «soy muy perfeccionista».

Sí, me has oído bien, la pobre Marie Kondo se reiría de esto. Me pregunto desde cuando ser «muy ordenado» o «muy perfeccionista» es un punto débil. Otro bastante frecuente es «ser sensible». Con @ITROBOTS se convertirá en nuestro punto fuerte, en lo que nos hace más humanos. El #efectocircodelSOL pone de moda las emociones y nuestra *humanidad*. Hasta que seamos capaces de programarlas en un algoritmo.

> —@RECURSOSHUMANOS: ¿Me puedes contar tus tres puntos fuertes y tus tres debilidades?
> —@SeñoritaMaryPoppins: #pensamientosde20sg:
> - No se lo podía creer, después de tantos años y seguían haciendo las mismas preguntas ¿Mis puntos fuertes ahora o hace veinte años? Porque no son los mismos, los he cambiado tantas veces que si quieres te hago una cronología.
> —@RECURSOSHUMANOS: Eh…Bueno resumida que tengo poco tiempo, y sobre todo, de tus debilidades.
> —@SeñoritaMaryPoppins: Creo que…no, vamos que soy de tener sueños grandes y variados. Los pequeños enseguida se me desgastan.
> —@RECURSOSHUMANOS: (Me miró extrañado) Y ¿por qué eso es una debilidad?
> —@SeñoritaMaryPoppins: Porque los sueños grandes no me caben en las #cavernasempresariales.
> —@RECURSOSHUMANOS: Si me dices mejor tres adjetivos, es que tengo tres huecos en las casillas
> —@SeñoritaMaryPoppins: Vale, pero tengo más de tres.
> —@RECURSOSHUMANOS: #pensamientosde20g:
> - Una prepotente, según entró por la puerta lo sabía, esa forma de andar, esa chulería, seguro que

lleva el #huracAMBICIÓN y tendrá #GENPASIÓN, porque la pasión, se lleva en los genes...

—@SeñoritaMaryPoppins: Ambición, voluntad, persistencia y creatividad.

—@RECURSOSHUMANOS: Y ¿porque dices que las has cambiado? #pensamientosde20sg:

• ¡Lo sabía! y encima creativa.

—@SeñoritaMaryPoppins: Cambio mis fortalezas y debilidades porque me he sabido adaptar al entorno. Soy un camaleón. Hay algunas que las he tenido que adoptar por pura supervivencia y otras que no me atrevía a manifestarlas antes, pero ya lo era, es como la potencia y el acto de Aristóteles.

—@RECURSOSHUMANOS: Eso del potencial, de filosofía, no me acuerdo, pero ¡es lo que medimos en recursos humanos!

A la lista de los puntos fuertes siempre añadimos adverbios a los adjetivos. Los adverbios también se usan como modificadores de adjetivos, y de otros adverbios, generalmente para indicar grado: «soy una persona muy ordenada, bastante disciplinada…».

—@SeñorM: ¿No me vas a dar un listado o algo de los puntos fuertes, más solicitados, métodos y recetas tras el #meteoritoDIGITAL?

—@SeñoritaMaryPoppins: ¡Muy bien!, vas en el camino de escribir un libro sobre ese tema. Ya sabes que no me gustan las recetas, pero te comparto algunos de los que @CANDIDATOS repiten con más frecuencia.

PUNTOS FUERTES MÁS UTILIZADOS POR @CANDIDATOS

Aquí no te esperes grandes novedades… ¡Qué poco innovamos! Son los de siempre (si haces una búsqueda en Google de las competencias más demandadas, hace ya veinte años se pedía lo mismo)

• Adaptación al cambio.
• Autonomía.

- Capacidad analítica.
- Compromiso.
- Comunicación.
- Gestión del tiempo.
- Liderazgo (me río mucho cuando un @JEFE dice que su punto fuerte es su estilo de liderazgo. Ya no pregunto qué significa)
- Negociación.
- Pensamiento crítico.
- Persistencia.
- Proactivo.
- Resolución de problemas.
- Trabajo en equipo.
- Visión.

Un *bla, bla, bla,* que ahora es fácil desmontarlo con tu #PISADADIGITAL, si no se *ven* ni rastro de estos puntos fuertes y débiles, #NOLVIDES que entonces no sirve para nada. Tú, que enseguida dices que las redes sociales son solo postureo.

—@RECURSOSHUMANOS: Últimamente hemos incorporado algunas nuevas. Que luego dices que nunca innovamos:
- Influencia.
- Impacto.
- Capacidad de aprendizaje constante.
- Empatía.
- Escucha activa.

—@SeñoritaMaryPoppins: Yo te voy a añadir algunas que vas a necesitar:
- Aventureros de lo desconocido.
- Tener mucha cintura.
- Estar preparado para pegarse leches (como #tevanDESPEDIRylosabes y «resiliencia» lo veo muy usado y poco claro). Es tener consciencia que te pueden despedir en cualquier momento, estar preparado y si te pegas una leche, te levantas, lloras un poco, comienzas de nuevo y punto, como diría @LAESTEBAN.

DIÁLOGO FINAL:
@RECURSOS HUMANOS, SIEMPRE NOS QUEDARAN LAS ENTREVISTAS PERSONALES...

—@RECURSOSHUMANOS: ¿Crees que mi trabajo como técnico de selección va a ser sustituido por @ITROBOTS?

—@SeñoritaMaryPoppins: ¿Para qué me haces preguntas que ya sabes las respuestas? Empresas como Unilever ya recluta con algoritmos. Dispone de una aplicación de inteligencia artificial que no solo mejora la eficacia del reclutamiento sino que reduce el tiempo de espera de @CANDIDATOS desde que inician el proceso hasta que son contratados.

—@CANDIDATO: ¿Entonces me van a contestar?

—@RECURSOSHUMANOS: Yo también, a veces, te contesto.

—@primalRA: Como haga un blog de @CANDIDATOS a los que no contestas...

—@RECURSOSHUMANOS: Mira, ya encontré un nuevo trabajo: Bloguero de las mejores anécdotas con @CANDIDATOS.

—@SeñoritaMaryPoppins: ¿Ves cómo tienes que visitar a la @señoraFORMACIÓN? Eso ya está pasado de moda, ahora son YouTubers y aquí también vas a tener que contestar...

—@RECURSOSHUMANOS: De todas formas, eso del algoritmo solo será para la criba curricular, luego en la entrevista personal, un humano es insustituible. Ese olfato, esa intuición...

—@FILÓSOFUS: ¿Y qué es lo humano?

—@SeñoritaMaryPoppins: Mientras vas pensando la respuesta, de momento los aspirantes tienen que completar diferentes juegos. Si los superan pasan a contestar en vídeo una serie de preguntas predeterminadas. Luego los algoritmos de *machine learning* se encargan de analizar y combinar los resultados, desde la entonación hasta el lenguaje corporal, para obtener un *informe sobre cada perfil*. Si es apto, pasa a una entrevista personal.

—@RECURSOSHUMANOS: Ves, siempre nos quedarán las entrevistas personales.

—@SeñoritaMaryPoppins: De momento. Os lo prevengo: ¡al final vais a ser tocado! (al finalizar... #tevana-
DESPEDIRylosabes y por eso tienes que estar avisado
y preparado)

25. SI TE HAN DADO CALAMBRES, APROVECHA Y BUSCA TUS #PUNTOSCARDINALES

Calambre es una sacudida producida por una descarga eléctrica de baja intensidad.

Tanto si #TUTRABAJO se ha desgastado como si su ejecución ha pasado de un espacio físico a otro virtual, necesitas definir tus #PUNTOSCARDINALES.

Ahora que ya sabes cuales son las características que te hacen vulnerable a un despido y cómo evolucionar, tienes que encontrar tus referencias para una orientación correcta tras el #meteoritoDIGITAL a #3VELOCIDADES y con el #efectocircodelSOL.

Y cuando creas que has encontrado tus #PUNTOSCARDINALES probablemente no te sirvan mucho tiempo por culpa del @tioVUCA. Ha destrozado el sistema de referencia cartesiano. Con lo fácil que era orientarse con cuatro puntos: norte, sur, este y oeste. Pero por lo menos lo intentas todas las veces que sea necesario.

> —@SeñoritaMaryPoppins: Si has llegado hasta aquí, espero haberte trasmitido la electricidad que necesitas para ponerte a hacer algo YA. Yo he sido bastante intensa y repetitiva.
>
> —@señorM: Me ha quedado claro que tengo que hacer algo. Se me han ido ocurriendo bastantes ideas. Lo de «YAQUETAMOS» y mis ideas de la *movilidad*, sé que te han sorprendido...
>
> —@SeñoritaMaryPoppins: Vaya, después de tanta tabarra con qué #tevanDESPEDIRylosabes, has simplificado pero bien.

—@RECURSOSHUMANOS: Para que veas que yo he estado más atento, después de todo lo que me has criticado, te voy a hacer un resumen:

- Ten siempre a punto tu #CVqueyanosirve.
- . Muestra lo que haces en tu #PISADADIGITAL.
- Pide cita con la @señoraFORMACIÓN.
- Plan de entrenamiento de la entrevista personal.

—@SeñoritaMaryPoppins: Te olvidas del más importante, que además es una de las características que hacen a las especies más vulnerables a una salida sin pactar de las #cavernasempresariales.

—@JEFES: Esa la hago yo bien, mostrar y no solo demostrar.

—@NOSALGODELACAVERNA: Vamos, el ponerse medallas de toda la vida.

—@HEMPRENDEDOR: Igual que hay planes de formación y de acogida, ¿por qué no diseñáis un plan de entrenamiento para mitigar las lesiones de un despido?

—@señorM: Creo que estáis hablando a lo tonto, ¡cómo vamos a incentivar a las especies para que se vayan de la #cavernaempresarial!

—@ITMILLENIAL: #mevoyalRylosaben.

—@tioJOSETE: Si mi trabajo se ha desgastado, ¿qué voy a hacer?

—@50PLUS: Si soy demasiado viejo para las modernas #cavernasempresariales, ¿qué voy a hacer?

—@SeñoritaMaryPoppins: ¿Te ha dado algún calambre? Suele ser un espasmo doloroso que se produce durante o inmediatamente después de saber qué #tevanDESPEDIRylosabes.

LOS INESTABLES #PUNTOSCARDINALES
DE LA @SEÑORITAMARYPOPPINS

1 #LORARO
2 #TODAEXPERIENCIAVALE
3 #NOPERSIGASLAPELOTA
4 #SUERTE

5 #SOBREPONERSE
6 #SINVERGÜENZA
7 #BRILLAREINFLUENCIA
8 #SERBUENAGENTE
9 #MAGIA
10 #DESTINO

1. #LORARO

Hacer cosas diferentes al resto, y si eres bueno, te garantiza oportunidades de supervivencia.

Cursos o *hobbies* que crees que no sirven para nada, puedes aprovecharlos como experiencias diferentes cuando #TUTRABAJO se ha desgastado o ha cambiado su ubicación. Acuérdate de Marie Kondo y de las plataformas digitales.

Es como los contactos de LinkedIn, siempre acepto, ya que no sé en qué momento me pueden venir bien. Si solo tienes a los de tu mismo sector o de tu mismo trabajo, recuerda que el #meteoritoDIGITAL, y el @tioVUCA han roto también su trabajo.

Normalmente #LORARO significa pensar o hacer cosas que no eligen la mayoría de las especies. #NOLVIDES que destacar aquí es más fácil: tienes menos competidores. #estudiosconSA-LIDAS… Quién sabe lo que va a tener salidas tras el #meteoritoDIGITAL, la #galaxiaEMPLEO a #3VELOCIDADES, el #efectocircodelSOL y el @tioVUCA.

Para saltar del #planetaEDUCACIÓN a la #galaxiaEMPLEO no valen las mismas travesías que antes, ni las mismas rutas. Han cambiado las salidas y todavía te siguen diciendo tus @PADRES y @PROFESORES que todo está igual.

Hacer lo mismo que el resto, la misma experiencia, la misma formación, los mismos idiomas… Aunque seas brillante, eres uno más de los que relucen en la #galaxiaEMPLEO.

Si lo que te gusta es la montaña, la cerveza, salir de copas, bailar, viajar, el punto de cruz, leer o ver series, sigue tu #GENPASIÓN. Te han dicho siempre que apliques tu lado más racional, pero vienen @ITROBOTS, y vas a tener una dura competencia.

2. #TODAEXPERIENCIAVALE

Si tienes mucha experiencia en hacer solo una cosa, o dos, tienes muchas posibilidades de que, si están relacionadas con un trabajo que se desgasta, no solo en tu #cavernaempresarial, sino en la #galaxiaEMPLEO, te vayan a #tevanDESPEDIRylosabes. Lo que no se tiene que desgastar es la pasión por el @señorAPRENDIZAJE.

Siempre he creído que un camarero tiene más competencias *soft* que cualquier otra profesión. Atención al cliente, proactividad (ya sé que no todos), gestión del estrés, personalización: «café con leche», «el mío largo de café», «para mí descafeinado». Eso sí es un servicio personalizado.

Si rebuscas en todas las tareas y funciones que has realizado a lo largo de tus travesías en las #cavernasempresariales y el #planetaEDUCACIÓN, seguro que puedes *trans-formar* #TUTRABAJO a nuevas profesiones relacionadas con los ODS (Objetivos de Desarrollo Sostenible) y su impacto en el medio ambiente. ¿Qué se te ocurre que puedes hacer para salvar al planeta? Tienes que encontrar nuevas aberturas en la #galaxiaEMPLEO.

3. #NOPERSIGASLAPELOTA

La diferencia entre tener objetivos y propósitos o sueños.

Si persigues la pelota no ganas un partido. Como mucho metes algún gol. Perseguir la pelota es realizar #estudiosconSALIDAS, pero las salidas ya cambiaron.

Sueña en grande, no tengas miedo a los sueños. Pero detente en la manera de conseguirlos. Desde el #planetaEDUCACIÓN te fuerzan a pensar en pequeño y sin el #huracAMBICIÓN. Sobre todo a @ELLAS.

Ten muchos sueños, y además es bueno cambiarlos. Cuando tienes este punto cardinal, te suelen decir que *eres un chaquetero.* Te pido que recuerdes a Heráclito, no pasa de moda: «Pues en los mismos ríos entramos y no entramos, pues somos y no somos los mismos». Si eres ya amigo del @tioVUCA y además te ha caído el #meteoritoDIGITAL, ¿cómo vas a tener los mismos sueños siempre? Es imposible. También a esa actitud le llaman *no centrarse.* Es bueno probar diferentes opciones cada vez que quieras dedicarte a cosas distintas:

- Estudias algo de economía y empresa, al departamento de marketing.
- Si trabajas en marketing, cámbiate a recursos humanos.
- Estudias químicas, al departamento de finanzas.
- Trabajas en finanzas, al departamento de logística.

¿Por qué no? ¡Claro! #estosiempresehahechoasí YA no funciona. Párate, piensa y mira dónde va a estar la pelota porque #TUTRABAJO no va a estar en los mismos silos de siempre.

(Aclaración para las especies: #NOLVIDES que pararse a pensar no está muy bien visto)

4. #SUERTE

Creo que la suerte va cerca de la @yayaDESTINA. Hay muchas especies que van a eventos solo por escuchar a los ponentes, luego llega la hora del café y se lo toman corriendo, en el sitio más alejado del centro y se van.

Hay otras especies que se dedican en la pausa del café a perseguir al ponente y en los eventos de digital te sacan una tarjeta con sus datos. Este va y les dice que no lleva tarjetas, sobre todo por la @suegraCOHERENCIA, (Algunas especies te miran mal sino se las das)

Fortuna. En la mitología romana, la diosa de la suerte. Estar en el momento, estar en el tiempo y con la aptitud. Algunos encuentros marcan tu travesía fuera o dentro de las #cavernasempresariales, pero los ingredientes son tres: el espacio, el tiempo y tu actitud. Tu manera de ESTAR *dispuesto a comportarte*. La postura del cuerpo que revela tu estado de ánimo.

Para encontrar este punto cardinal tienes que moverte mucho y por travesías con especies diferentes. El que se mueve, tiene más oportunidades de tropezarse con la diosa que los @NOSALGODELACAVERNA.

5. #SOBREPONERSE

Me han despedido tres veces, con motivos y sin motivos, depende de si hablas con mis ex @JEFES o conmigo. Como tengo muchos sueños, bastantes me salen mal.

Soy muy emocional y las críticas me duelen (te lo dije cuando me presentaba al principio de mis #travesíasdesvergonzadasporlasempresas)

Me rindo a la tercera (Rendirse: verbo reflexivo que se conjuga con un pronombre personal, porque afecta) Mala jugadora sería si me rindiera a la segunda.

Varias opciones con los sueños:

- Si te rindes para siempre con un sueño, eso significa que ya no vas a perseguirlo. Que no vas a volver a él. Así que deja de perder el tiempo en lo que podría haber sido y no es. Este tipo de opción con los sueños es como los amores imposibles, que cuesta bastante abandonarles.
- Sueños que aparcamos porque no era el momento, ni el lugar, ni tenías la actitud. (Conviene que vuelvas a ellos, si cambias una de las variables se pueden construir)
- Sueños que no eran tan sueños, y ahora los miras de lejos y te ríes.

De las bofetadas, aprende pronto, aprende rápido y con el menor dolor. El dolor lo atenúa la experiencia. A lo mejor no era el momento, ni el lugar ni la persona.

Hay veces que tienes que aparcar los sueños, y los grandes más. No lo hagas en un parking subterráneo, que luego cuesta más encontrarlos y sacarlos a la superficie.

6. #SINVERGÜENZA

Sin la #atmósferaMIEDO. Esta te persigue sobre todo cuando sales de tu hábitat, de la #cavernaempresarial, de tu silo, de tus relaciones habituales con otras especies como la tuya.

Y cuando #tevanaDESPEDIRylosabes, tienes que dejar prestado todos los significados que ofrece @LARAE:

Vergüenza. Del lat. *Verecundia.*
1. f. Turbación del ánimo ocasionada por la conciencia de alguna falta cometida, o por alguna acción deshonrosa y humillante.
2. f. Turbación del ánimo causada por timidez o encogi-

miento y que frecuentemente supone un freno para actuar o expresarse. Le da vergüenza hablar en público.

3. f. Estimación de la propia honra o dignidad. Si tuvieras un poco de vergüenza, no te pasarías el día ganduleando.

4. f. Cosa o persona que causa vergüenza o deshonra.

5. f. Pena o castigo que consistía en exponer al reo a la afrenta y confusión públicas con alguna señal que denotaba su delito. Sacar a la vergüenza.

6. f. desus. Listón o larguero delantero de las puertas.

7. f. germ. Toca de la mujer.

8. f. pl. Órganos sexuales externos del ser humano. La pintura muestra a Adán con una hoja de parra cubriendo sus vergüenzas.

Depende de si es por la primera acepción o por la segunda este punto cardinal es crítico cuando sales despedido de la #cavernaempresarial. (A estas alturas de la travesía, ya sin eufemismos)

Frente a ella, está el coraje y la valentía. Tus sueños suelen llevar el freno de mano de la vergüenza puesto.

7. #BRILLAREINFLUENCIA

Para brillar hoy necesitas las redes sociales. No solo hay que demostrar sino mostrar. Si no te gustan las reglas de juego puedes intentar cambiarlas desde la crítica o ser un infiltrado.

Brillar es un gran amigo de otro verbo de la primera conjugación: «impactar» y los dos comparten al #huracAMBICIÓN.

Ser influyente es un verbo reflexivo. Me gusta porque recaen sobre uno mismo.

Las redes sociales, para brillar, no son una moda, pero sí lo es el modo en el que puedes brillar: por postureo o por conocimiento. Solo este último tiene impacto y dura en el tiempo. El brillo que emites en las redes sociales es global e inmediato.

@ITMILLENIAL no quiere que su @JEFE le mande un correo electrónico con copia a sus compañeros para decirle el buen trabajo que ha realizado. Quiere que su @JEFE le dé un *like*, una recomendación. Así lo ven dentro y fuera de la #cavernaempresarial.

La #PISADADIGITAL ha cambiado las reglas del juego de la influencia. No necesito @APELLIDOSCONABOLENGO para impactar, no necesito pertenecer a la especie @JEFES para brillar. De todas formas recuerda el efecto #3VELOCIDADES.

Las redes producen «lucimiento». Me gusta más que la palabra «postureo», pero no son las redes sociales, eres TÚ. Las redes te han proporcionado el espacio donde poder hacerlo. Antes estaba restringido a unos pocos, ahora han quitado los carnets de socio.

¿Cómo vas a mostrar en qué consiste #TUTRABAJO y lo que sabes hacer? ¿En un #CVqueyanosirve? Deja de contarme que lo haces y muéstramelo. Y no me enseñes que estás en: «Búsqueda activa de empleo».

Ahora se produce la conjura de los extremos generacionales:

- @ITMILLENIAL: muestran mucho.
- @50PLUS: no muestran nada.
- Y las generaciones que vienen con otros nombres y hábitos, no sabemos.
- Lo mismo se cansan.
- O no.

En el inicio de la ética griega vemos perfilarse el rasgo esencial: su carácter social. «El héroe griego necesita, para serlo, el reconocimiento» (Aristóteles). Vamos, que lo del postureo viene de lejos.

8. #SERBUENAGENTE

El cerebro pesa alrededor de 1 kilo y 500 gramos, lo mismo en @ELLOS y @ELLAS, aquí no hay sesgos. Aunque pensemos que muchas especies tengan el *cerebro de un mosquito*. Estos pueden procesar una gran cantidad de información en movimiento en tiempo real, algo que no puede hacer todavía un ordenador, y mucho menos uno que tenga el tamaño del cerebro de una mosca. Pero cuidado, no es el tamaño, sino el número de operaciones y conexiones.

Con el corazón no pasa lo mismo. En @ELLAS pesa trescientos gramos y en @ELLOS doscientos cincuenta gramos.

¿Será la diferencia de cincuenta gramos lo que ocasione la brecha de género?

Coopera, colabora, no critiques. La crítica provoca una sustancia que hace resbalar a todas las especies de la #cavernaempresarial. En la generosidad, tú siempre tienes que ser más grande.

#SERBUENAGENTE. Parece que eres tonto o idiota, corto de entendimiento o carente de instrucción, pero siempre funciona. Con los enemigos más que con los amigos, y los necesitas a todos muy cerca.

9. #MAGIA

Sorprende por lo menos alguna vez, si lo haces de forma constante, confunde y pierde impacto. @cuñadaMAGIA nos trae lo inesperado, nos hace recuperar el #GENPASIÓN y es el mejor insecticida contra #GENTEDIO.

La mayoría de las especies no saben que pueden hacer magia. Yo lo he aprendido hace poco. (Ahora están de moda los magos, como gurús de las #cavernasempresariales)

La @cuñadaMAGIA trae siempre encanto, hechizo y atractivo y no siempre es bien recibida, a veces asusta.

10. #DESTINO

Para tus travesías necesitas hacer caso a la @yayaDESTINA. Sé que es difícil creer en ella, pero sé que existe. @yayaDESTINA pone los personajes en tu camino, solo de ti depende que te los encuentres.

ADVERTENCIA
Estos son mis #PUNTOSCARDINALES.
Te los comparto por lo de #SERBUENAGENTE.
Seguramente no te sirvan,
así que busca los tuyos YA.

26. MANERAS DE VIVIR

«Voy aprendiendo el oficio
Olvidando el porvenir
Me quejo solo de vicio
Maneras de vivir.
Descuélgate del estante
Y si te quieres venir
Tengo una plaza vacante
Maneras de vivir»[15]

Te acabo de dejar en la orilla. La travesía ya ha acabado. ¿A dónde vas a ir con todo esto que te he contado? ¿Estamos preparados como especies para nuestra obsolescencia programada?

La vida útil de #TUTRABAJO se desgasta, se vuelve inútil o inservible, y esto afecta a cualquier especie. Eres el único capaz de crear y *trans-formarlo*. No esperes a que los demás lo hagan.

Creo que después de contarte mis #travesíasdesvergonzadasporlasempresas te haya quedado claro que #TUTRABAJO no va a ser para toda la vida. Que si lo pierdes y tardas en encontrarlo, el primer culpable vas a ser TÚ, por no haber estado atento ni tener preparado tu plan, ni definidos tus #PUNTOSCARDINALES.

Y me da igual si eres @JEFE que @LASEÑORADELALIMPIEZA o a la especie que pertenezcas.

El @tioVUCA y el #meteoritoDIGITAL han contaminado la #galaxiaEMPLEO y empiezan a contagiar a todas las especies una nueva manera de SER y ESTAR en #TUTRABAJO.

Y aunque creas que en tu #cavernaempresarial van a lentos, a otra velocidad, te lo he advertido, vas a ser *tocado*.

---

15   Rosendo Mercado (Leño) «Maneras de vivir».

Y si no estás viendo los cuerpos celestes, es porque estás colocando el telescopio en otra dirección. Y eso es peor, cuando choca contra la #cavernaempresarial, la destroza.

Me han despedido tantas veces que aprendí a resucitar. He pasado por otros estados de SER y ESTAR dentro y fuera de las #cavernasempresariales y espero que #MISRECUERDOS te hayan dado calambres.

Ahora, que ya estoy a punto de irme y sabes que más de un porcentaje de #TUTRABAJO lo va a poder hacer @ITROBOT, te lo prevengo una última vez: ¡al final vais a ser *tocados!* *(al finalizar… #tevanaDESPEDIRylosabes y por eso tienes que estar avisado y preparado)*

Tira a la papelera el miedo y tu AVERSIÓN AL RIESGO. No sé si es orgánico o va en la de los plásticos. Y prepara tu plan y tus #PUNTOSCARDINALES.

De momento ya tienes entretenimiento, porque hasta que encuentres el #CVqueyanosirve o revises tu #PISADADIGITAL por lo menos vas a tardar una semana.

AHORA SÍ, DIÁLOGO FINAL:
EN LOS MISMOS RÍOS ENTRAMOS Y NO ENTRAMOS,
[PUES] SOMOS Y NO SOMOS [LOS MISMOS]

Cuando te despiden,
que te no te engañen.
Cuando te despiden, duele,
y mucho y bastante tiempo.
Cuando no alcanzas lo que se espera, deseas o amas.
Cuando te despiden y NO quieres volver a levantarte,
empezar de nuevo
o simplemente seguir.
Cuando te despiden,
y te engañas diciendo que ha sido una #SALIDAPACTADA.
Cuando te despiden y no obtienes
lo que se disputa en un juego, una batalla, en la vida.
Cuando te despiden y sabes que todos tus enemigos
se estarán riendo
y algunos amigos también

y eso duele bastante.
En tu derrota, la fuga de apoyos es exponencial.
Y sabes que por noble que fuera tu aventura,
te han dejado solo,
y esta soledad ni es querida, ni bien recibida.
En la derrota, pocos contestan aunque estén en línea.
Y escuchas todas esas historias de los que se levantan de
nuevo.]
Y empiezan otra vez.
Qué pereza, qué valientes, qué fuertes.
Y solo quieres quedarte en ese punto alfa
del que no deberías haber salido nunca
y te atreviste, tantas veces, que ahora
ya estás cansado del omega,
ese que nunca llega.
¿Por qué te levantas te nuevo?
Igual que te levantas todas las mañanas.
El despertador ha sonado (o no)
y comienzas de nuevo.
No lo piensas, te levantas.
El imperio de lo efímero
contagia la inercia de la salida de la #cavernaempresarial.
¿Te han despedido muchas veces?
A mí, tres.
¿Ha sonado el despertador
muchos días mientras seguías soñando?
Levántate sin pensar,
pero ahora YA más consciente de que
#tevanaDESPEDIRylosabes.
«Lo más sospechoso de las soluciones es que se las encuentra
siempre que se quiere»[16]]

---

16   *Vendrán años malos y nos harán más ciegos.* P.9, Rafael Sánchez Ferlosio.

27. DIÁLOGOS EXTRAOFICIALES EN LA CANTINA DE LA #CAVERNAEMPRESARIAL

DIÁLOGO EXTRAOFICIAL CON @NOSALGODELACAVERNA: @JACOBODISRUPTOR

(JACOBO FEIJÓO. Comunicación)

—@SeñoritaMaryPoppins: SI TE DESPIDEN MAÑANA, ¿QUÉ VAS A HACER?
—@jacoboDISRUPTOR: ¡Bien! —@jacoboDISRUPTOR se endereza en su silla de entrevistado y se frota las manos con fruición—. Eso significa una indemnización. Buen comienzo, ya estoy capitalizado. Por otro lado, conozco las carencias y necesidades de la empresa —afirma con sonrisa traviesa—, con lo que podría ofrecerle un servicio externalizado en mí. ¡Al fin y al cabo hay confianza! Además —y aquí parecen salirle cuernos—, si monto una SL seguro que encontraré la forma de cobrar el paro mientras arranco el nuevo negocio. Pero bueno —vuelve a repantingarse en la silla, más relajado—, siempre cabe la posibilidad de que mire de otra manera totalmente distinta la nueva oportunidad. No descarto ser cabaretera, hacer un doctorado en algo o largarme a un país en el que exista civilización, no como este.

—@SeñoritaMaryPoppins: EFECTOS DEL #METEO-RITODIGITAL EN LAS ESPECIES

—@jacoboDISRUPTOR: Parece evaluar la respuesta. Repasa mentalmente el listado de especies de «Te van a despedir y lo sabes» y busca un patrón. Es probable que se formen tres tipologías. Están los que el meteorito les atiza muy lejos. Estos son personas a un mes de jubilarse, cargos muy altos que siempre tienen un vasallo que hace todo por ellos... gente que se encuentra más allá del bien y del mal. Luego tenemos los que se extinguen, porque el pedrusco de bytes les ha caído encima. Y por último —@jacoboDISRUPTOR parece dudar en este momento— los que se adaptan. Ojo, las especies que se adaptan lo hacen porque no tienen más remedio. Más bien diría que mutan de mil maneras extrañas y a la fuerza. Alguno incluso es entusiasta con estos meteoritos y considera que son señales divinas que limpiarán la Tierra de pecados y traerán un nuevo orden de progreso y bonanza, que son bofetadas necesarias para hacer limpiezas.

Él —que es creativo y cínico— se queda mirando a la @SeñoritaMaryPoppins y añade: ¿Pero el dichoso meteorito no ha caído ya hace tiempo? ¿Es que viene otro?

—@SeñoritaMaryPoppins: ¿POR QUÉ HAY TANTOS MALOS @JEFES?

—@jacoboDISRUPTOR: Porque son unos tarugos que no se forman. Porque les devoran los intereses personales, porque menosprecian la ética y los fines superiores. Pero por encima de todo, porque nadie custodia a los custodios. Creo que llevamos así desde El Siglo de Oro, mes arriba, mes abajo.

—@SeñoritaMaryPoppins: ¿TE VA A QUITAR TU TRABAJO @ITROBOTS?

—@jacoboDISRUPTOR: Suelta una sonora carcajada mientras echa la cabeza hacia atrás. —¿A mí?, ¡pero si me reinvento constantemente! Buscaré la manera de programar @ITROBOTS, de venderlos, de hacerles consultoría. Esos sacos de código binario están a mi servicio, no estoy yo al de ellos. Tengo claro que los factótum son ellos porque, no solo estoy formándome constantemente y voy un paso por delante, sino que nunca me creo del todo ni lo que veo ni lo que hago, mi estimada @SeñoritaMaryPoppins, y eso me hace estar siempre alerta.

—@SeñoritaMaryPoppins: QUE VAS A HACER TÚ Y LAS ESPECIES DE TU #CAVERNAEMPRESARIAL PARA NO ACABAR EN LA #GALAXIAFINDELTRABAJO
@jacoboDISRUPTOR: Se pone incómodo. Esta pregunta no es sencilla de responder y depende de muchas variables. Pero está claro que su contertulia le pide una respuesta que esté de la mano del capitán. —Bueno —deja caer lentamente—. Siempre he tratado de no apoltronarme. Envío C. V. semanalmente solo por ver cómo me valora el mercado. Me formo, ayudo a otros y busco contactos. Mientras veo a muchos aplaudir lo rápido que el Titanic corta las aguas empresariales y la suavidad de su navegación, yo miro de reojo dónde están las balsas salvavidas. Las ratas siempre salimos vivas. Como le dirían a Max Estrella, de Luces de Bohemia, «¡cráneo privilegiado!».

—@SeñoritaMaryPoppins: Y LA ÚLTIMA PREGUNTA, SOLO PARA TI, QUÉ TE HACE ESPECIAL
—@jacoboDISRUPTOR: Nada. Solo busco cómo hacer las cosas de otro modo. No me contento con la sumisión admitida por todos. Se oxidan en su inercia, se pudren. Al igual que los monarcas de los cuentos, se vuelven gordos y abotargados como sapos. Es barato comprarles con baratijas y se confían. Considero que investigando, pensando y trabajando las cosas se pueden hacer distintas. Soy un *enfant terrible*, un Mr. Trampas. Por eso no soy especial: cualquiera con voluntad puede hacer lo mismo. @jacoboDIS-RUPTOR guarda silencio y sonríe. Subiendo una ceja, finalmente añade: —Gracias por su entrevista, @SeñoritaMaryPoppins. Por cierto, ¡casi lo olvido!, ¿ha quedado hoy a cenar con alguien? ¡Le invitaría gustoso a un rico vinito tinto! ¿Alguna vez ha

pensado en fundar un restaurante? No estará buscando un socio... ¿verdad?

MARTA GARCÍA-VALENZUELA
SOCIA DE DIVERSIDAD Y LIDERAZGO INCLUSIVO EN TALENGO

—@SeñoritaMaryPoppins: SI TE DESPIDEN MAÑANA, ¿QUÉ VAS A HACER?
—@OVEJA_NEGRA: Respirar hondo y aprovechar para volver a enfocar mi camino cerca de mi propósito y mis valores.

—@SeñoritaMaryPoppins: EFECTOS DEL #METEORITODIGITAL EN LAS ESPECIES
—@OVEJA_NEGRA: Los meteoritos siempre han transformado el mundo y han dado oportunidades a nuevas formas de trabajo. Me voy a subir al meteorito digital y a decidir cuáles son mis habilidades clave y cómo potenciarlas. Me gusta la incertidumbre.

—@SeñoritaMaryPoppins: ¿POR QUÉ HAY TANTOS MALOS @JEFES?
—@OVEJA_NEGRA: Porque en las empresas el mayor hándicap es el ego, que no nos permite conectar con otras personas y hay veces que los jefes confunden autoridad con ego.

—@SeñoritaMaryPoppins: ¿TE VA A QUITAR TU TRABAJO @ITROBOTS?
—@OVEJA_NEGRA: ¡Espero que no! Me encantaría que me implantasen un chip que me hiciera mejor. La gestión de la diversidad va a tener un nuevo reto, hacer trabajar juntos a humanos y no humanos.

—@SeñoritaMaryPoppins: QUE VAS A HACER TÚ Y

LAS ESPECIES DE TU #CAVERNAEMPRESARIAL PARA NO ACABAR EN LA #GALAXIAFINDELTRABAJO

—@OVEJA_NEGRA: Yo creo que solo hay una vida con muchas caras así que intentaré aumentar mi sostenibilidad vital y el equilibrio y dejar un legado en el mundo laboral para todas las nuevas especies.

—@SeñoritaMaryPoppins: Y LA ÚLTIMA PREGUNTA, SOLO PARA TI, QUÉ TE HACE ESPECIAL

—@OVEJA_NEGRA: Creer que cualquier cambio es una oportunidad, y que las empresas necesitan humanismo y pensamiento crítico, además de digitalización. Trabajar desde esta convicción me da mucha coherencia en todo lo que hago y además, soy feliz siendo portavoz de la diversidad.

DIÁLOGO EXTRAOFICIAL CON
@ITMILLENIAL: @BEILUSIÓN

BEA MAKOWKA, MILLENIAL CON CUARENTA AÑOS. EXPERTA EN RECURSOS HUMANOS Y TRANSFORMACIÓN DIGITAL

—@SeñoritaMaryPoppins: SI TE DESPIDEN MAÑANA, ¿QUÉ VAS A HACER?

—@beILUSIÓN: Buscarme un proyecto nuevo, pero antes de eso, descansar y recargar las pilas. Te digo una cosa: esto tampoco tenía mucho sentido porque no había un futuro interesante y me estaba aburriendo ya. Mi jefe era un sesentón, con poca autoridad, cohibido por miedo al despido y con poca capacidad de dar reconocimiento positivo. Lo de salario emocional era ciencia ficción para él. No me entendía con él; el a mí tampoco. Puede ser que yo le hablaba de escuchar a los empleados, co-crear soluciones, motivar a los mandos, innovar en las soluciones y él en costes de personal, pago de nómina y no dar problemas al negocio... Para él daba igual si eras bueno o malo, te iba a despedir cuando la empresa lo necesitara. Echaré de menos a mis compañeros, éramos un equipo de categoría, y a pesar de no tener un capitán, sabíamos navegar el barco de #cavernaempresarial con mucho éxito.

—@SeñoritaMaryPoppins: EFECTOS DEL #METEORITODIGITAL EN LAS ESPECIES

—@beILUSIÓN: Al principio solo sabíamos que venía y que era una gran amenaza. Se nos instó a acometer una gran revolución para estar preparados para el impacto. Y se habló mucho, muchísimo... Un fenómeno como este era muy jugoso para los profesores, eruditos, estudiosos, ponentes y periodistas. Se han escrito toneladas de papel (y *blogs, posts, videos, memes...*) sobre él. Empezó a preocupar a los CEOs, que tampoco sabían muy bien dónde iba a caer, pero sabían que su caída era inminente. Y como por arte de magia se convirtió en un fenómeno humano, que iba a desestabilizar las formas de trabajar, pensar, relacionarnos, producir y conseguir los resultados. Se pusieron remedios y soluciones para contener a los negocios y se pusieron en marcha medidas novedosas, las más nuevas que salían al mercado para estar listos en el momento de impacto que iba a sacudir los cimentos de todas las compañías. Se pusieron las mismas soluciones a todos, sin importar su grado de preparación previa, su entrenamiento, su educación. Y muchos remedios fracasaron, por no ver que el #meteoritoDIGITAL hay que romperlo y convertirlo en lluvia de estrellas, dejar que cayera en todos los rincones de la empresa en formas muy diferentes. Así cada uno, *según su perfil puede quedarse con el trozo que mejor le prepare para el siguiente impacto y cambio.*

—@SeñoritaMaryPoppins: ¿POR QUÉ HAY TANTOS MALOS @JEFES?

—@beILUSIÓN: Porque antes se llevaba promocionar al que era bueno en una cosa, no necesariamente en gestionar a las personas. Tenemos jefes que son buenos ingenieros o recaudadores de fondos, pero por este hecho se les ha considerado buenos administradores de equipo de otros ingenieros o recaudadores de fondos. Más adelante, y solo en algunas empresas, se ha visto que las habilidades que se necesitan para manejar bien a las personas a menudo son completamente diferentes del trabajo que la persona estaba haciendo anteriormente. Algunas empresas han puesto remedios a estas decisiones históricas: gastando mucho dinero en los entrenamientos, *coaching*, mentores. Otras han sido más valientes y rectificaron, apostaron por otras cualidades cuando nombraban nuevos jefes. Primero les preguntaron si es lo que querían, luego analizaron si esto se les podría dar bien y por último les dieron oportunidad de probarse, a pesar de no ser expertos en nada, solo escuchar y entender a una persona.

—@SeñoritaMaryPoppins: ¿TE VA A QUITAR TU TRABAJO @ITROBOTS?

—@beILUSIÓN: Si, si, que me lo quite, sobre todo la parte repetitiva, monótona, ardua y que no me aporta nada. Será mi mejor compañero de departamento. ¿Te imaginas poder sacar los reportes en un segundo, o preguntarle las dudas y que te las conteste en el momento? ¿Te imaginas no saber qué decisión tomar y que te ponga la lista de los pros y los contras delante a la velocidad de rayo? ¿Haré el mismo trabajo con este compañero? Claro que no. No seré la misma, igual hasta llegaré ser muy diferente. Me encantará verlo, me hará avanzar en el cambio más; más rápido y más lejos. Sin duda, seré más humana que nunca, porque estaré más evolucionada que nunca.

—@SeñoritaMaryPoppins: QUE VAS A HACER TÚ Y LAS ESPECIES DE TU #CAVERNAEMPRESARIAL PARA NO ACABAR EN LA #GALAXIAFINDELTRABAJO

—@beILUSIÓN: Reinventarme, estar abierta a lo que viene, aprender cada día. Disfrutar de lo que hago porque veo que aporta valor. Ya que tengo que dedicar todo una vida al trabajo, quiero pasármelo bien. Creo que nunca dejas de aprender, aunque con la edad te cuesta más tiempo y esfuerzo. Aprender es también compartir lo que sabes, ser generoso en dar y recibir.

—@SeñoritaMaryPoppins: Y LA ÚLTIMA PREGUNTA, SOLO PARA TI, QUÉ TE HACE ESPECIAL

—@beILUSIÓN: La energía que pongo en todo lo que hago, me entrego al cien por cien. No hay desafío que haya rechazado, no hay reto que haya eludido. La vida es muy corta para desaprovecharla viviendo el día de la marmota.

DIÁLOGO EXTRAOFICIAL CON @50PLUS: @50PLUSQUENOPARA

BERNABÉ PÉREZ MARTÍNEZ. DIRECTOR DE NUEVAS TENDENCIAS EN RR. HH EN LA FUNDACIÓN PERSONAS Y EMPRESAS

—@SeñoritaMaryPoppins: SI TE DESPIDEN MAÑANA, ¿QUÉ VAS A HACER?

—@50PLUSQUENOPARA: Ser feliz con las personas y con lo que hago porque fuera de la empresa hay mucha vida. Conozco mis habilidades y conocimientos y sé cómo ponerlos en valor. Pero, sobre todo, solo hay una vida y hay que disfrutarla. No entrar en crisis ni paranoias. Ser aún más fuerte y ver el lado positivo de las cosas. Punto y seguido. Esto es una oportunidad.

—@SeñoritaMaryPoppins: EFECTOS DEL #METEO-RITODIGITAL EN LAS ESPECIES

—@50PLUSQUENOPARA: Ha venido para quedarse. Es una realidad. Una auténtica revolución como fue el internet. Todos, aunque no seamos nativos digitales, debemos comprenderlo y aprovecharlo. Es una forma de aportar valor a lo que hacemos que no nos debe dar miedo y asumirlo como presente y futuro. Y de lo que no sepamos aprendemos. El Big data, la inteligencia artificial, los algoritmos, la predicción de los acontecimientos, los chatbot, blockchain, gamificación..., todo se aprende y se aplica. La edad no es condicionante y el meteorito ha llegado en el mejor momento para cambiar.

—@SeñoritaMaryPoppins: ¿POR QUÉ HAY TANTOS MALOS @JEFES?

—@50PLUSQUENOPARA: Evidentemente porque han perdido el sentido de la responsabilidad que tienen. Lo primero son las personas que trabajan contigo y hay que entenderlas y orientarlas en el camino que necesita la empresa. No se trata de buenísimos sino saber el arte de mantener el equilibrio y conseguir de cada persona lo mejor que tiene estando satisfecho y motivado y reconocido por el esfuerzo y resultados de lo que hace brillantemente o por encima de las expectativas. No se puede ser solo la correa de trasmisión de arriba a abajo. Hay que saber modular, interpretar y comunicar lo necesario para que un problema se convierta en una ventaja competitiva. Los malos jefes no saben lo que es un equipo ni sacarles el máximo provecho empresarial, ni saben cómo desarrollar sus carreras y promocionarlos. Tienen un ego que en el largo plazo les hará fracasar. Lo malo son los muertos que dejan por el camino.

—@SeñoritaMaryPoppins: QUE VAS A HACER TÚ Y LAS ESPECIES DE TU #CAVERNAEMPRESARIAL PARA NO ACABAR EN LA #GALAXIAFINDELTRABAJO

—@50PLUSQUENOPARA: Para nada. La inteligencia artificial se alimenta del conocimiento de las personas. Estas pueden aportar mucho pero además interpretar lo que hacen las máquinas. No nos deben dar miedo sino todo lo contrario. Se equivocarán menos pues acumulan tanta información que los humanos no somos capaces de retenerlo. Esto es como quien va al doctor para que le haga un diagnóstico sobre una enfermedad. El doctor habrá visto esa enfermedad en mil casos. El robot puede acumular información de 100.000 casos. ¿Quién será más preciso en la contestación? Y siempre ayudará al doctor a dar una solución más contrastada. No se acabará nuestro concepto de puesto de trabajo. Se crearán multitud de trabajos nuevos que enriquecerán la sociedad y por ende las empresas. Pero siempre habrá una persona antes y después del robot. Son imprescindibles las personas, pero lo que no pueden negar son las evidencias y la trasformación del trabajo. No es la primera vez que ocurre... pero si la velocidad del cambio nunca había ocurrido así.

—@SeñoritaMaryPoppins: Y LA ÚLTIMA PREGUNTA, SOLO PARA TI, QUÉ TE HACE ESPECIAL
—@50PLUSQUENOPARA: Ser una persona comprometida. Que me gusta trabajar en equipo. La entrega en todo lo que hago. Las habilidades y conocimientos que he adquirido. Ser humilde en todo lo que hago. Pero sobre todo, MI PASIÓN POR LAS PERSONAS.

DIÁLOGO EXTRAOFICIAL CON
@HEMPRENDEDOR: @CAPITÁNEXPLORADOR

NACHO VILLOCH. EXPERTO EN INNOVACIÓN, TALENTO Y SOSTENIBILIDAD. CREATIVIDAD Y HABILIDADES 4.0

—@SeñoritaMaryPoppins: SI TE DESPIDEN MAÑANA, ¿QUÉ VAS A HACER?
—@CapitánEXPLORADOR: Hace tiempo que tengo diseñado un plan B. Llevo cinco años cultivando un plan B y creando una marca personal fuerte, y he diversificado mis ingresos y ajustado mi estilo de vida eliminando gastos superfluos, sin rebajar la calidad de vida. He vendido el coche y ahora uso patinetes o Car-2-Go o BLABLACAR para viajes largos. Tengo tantos planes y proyectos que finalmente voy a tener tiempo de realizar, empezando por hacer más deporte.

—@SeñoritaMaryPoppins: EFECTOS DEL #METEO-RITODIGITAL EN LAS ESPECIES
—@CapitánEXPLORADOR: Va a ser —está siendo— devastador. Sobre todo en los desprevenidos que no lo han visto venir. Y no hay más ciego que el que no

quiere ver. Aquellos refugiados en la zona de confort de su torre de marfil, ignorando las señales de disrupción que ya han sucedido en otros sectores, y que han calculado mal la velocidad de estos cambios. Los veían venir pero no los esperaban hasta dentro de quince años. Pero ese error de cálculo está siendo letal. Ahora están viviendo el ciclo de duelo de negación, ira, negociación, depresión y aceptación, y algunos, apuntándose a un máster de negocios digitales que deberían haber hecho hace cinco años.

—@SeñoritaMaryPoppins: ¿POR QUÉ HAY TANTOS MALOS @JEFES?

—@CapitánEXPLORADOR: Porque viven con miedo. En un paradigma de escasez, con miedo a perder. El mundo analógico era por definición de escasez, y por tanto competencia por una «cuota de mercado», por un trozo o unas migajas de la tarta. El paradigma de abundancia que implican las tecnologías exponenciales supone hacer crecer la tarta, no pelearse por las últimas migas. Presionados por la rutina, el pensamiento reproductivo —no productivo—, la repetición de patrones el proceso de «Educastracion», primero académica y luego corporativa, les arrincona en una perspectiva unívoca y empobrecida. Según el principio de Peter «todos han llegado a su nivel de incompetencia» —y hasta aquí han llegado—.

—@SeñoritaMaryPoppins: ¿TE VA A QUITAR TU TRABAJO @ITROBOTS?

—@CapitánEXPLORADOR: El trabajo NO, pero sí van a hacer muchas funciones que hago actualmente —todas las repetitivas, rutinarias, y aburridas— lo que me va a dejar mucho más tiempo para tareas en las que desplegar la curiosidad, la creatividad, la colaboración, la empatía, la ilusión, las emociones, básicamente todo aquello que nos hace humanos y que los @ITRobots no son.

—@SeñoritaMaryPoppins: QUE VAS A HACER TÚ Y

LAS ESPECIES DE TU #CAVERNAEMPRESARIAL PARA NO ACABAR EN LA #GALAXIAFINDELTRABAJO

—@CapitánEXPLORADOR: Lo que ya llevamos haciendo un tiempo. Desaprendiendo formulas obsoletas para incorporar nuevos conocimientos más relevantes, reducando hábitos, creencias, comportamientos, recalibrando valores, creando redes de gente interesante, viendo charlas TED, trasteando con nuevas apps colaborativas.

—@SeñoritaMaryPoppins: Y LA ÚLTIMA PREGUNTA, SOLO PARA TI, QUÉ TE HACE ESPECIAL

—@CapitánEXPLORADOR: La Actitud Vital. La capacidad para entender cómo se conectan las personas, las ideas, las tecnologías y poder ver el bosque entero, sin que la visión de algunas ramas te lo bloquee. Para identificar rápidamente donde encajan algunas piezas del puzle, que rápidamente te apuntan dónde colocar las demás. La curiosidad para preguntar (me) siempre ¿qué pasaría si...? ¿Por qué no...? Y, sobre todo, confiar en mis capacidades para diseñar y construir mi propio futuro.

DIÁLOGO EXTRAOFICIAL CON UN @JEFE: @SEÑORSANCRIS

ALFONSO DE SAN CRISTOBAL
INSPIRATION+PASSION+AUTHENTICITY

—@SeñoritaMaryPoppins: SI TE DESPIDEN MAÑANA, ¿QUÉ VAS A HACER?

—@señorSANCRIS: Activar el plan que está en el horno. Mi práctica habitual es tomar la temperatura de mi empleabilidad interna y externa cada seis meses al menos y gestionar los cambios en mi carrera siempre antes de que la ola pierda tracción (el arte de entrar y salir de las cavernas en el momento justo). Me puede ocurrir que me pille con el pie cambiado pero sería extraño (¿suena presuntuoso?). Mi foco está en qué estoy haciendo mientras me va bien para ponerlo en valor si las cosas se tuercen. El *network* no se comienza a construir desde el paro. La actualización del *expertise* no es un tema (puramente) académico para acometer «entre etapas», mejor cultivarlo desde mi rol actual y si este no lo facilitase, lo fuerzo o cambio de rol. El plan incluye tener una buena llegada a nuevas oportunidades (perfil demandado de mercado y *network* real), así como un perfil potente como *freelancers* que permita actividad e ingresos que mantengan en el *interim* el ánimo y la cuenta corriente sonrientes: consultoras y empresas de servicios, colegas de profesión que conozcan de primera mano mis habilidades como posibles contratadores, escuelas de negocios, ecosistemas abiertos de talento. Y ahorros que me permitan no precipitarme en la toma de decisiones.

—@SeñoritaMaryPoppins: EFECTOS DEL #METEORITODIGITAL EN LAS ESPECIES

—@señorSANCRIS: Los efectos son múltiples. Una mayoría trabaja en modo defensivo tipo «Deep Impact», que viene, que viene... Terror que paraliza y te aferra aún más al mundo que se muere. Unos pocos (en el otro extremo) identifican rápidamente la oportunidad y se acogen a las ventajas de un esquema de trabajo abierto, tareas repetitivas delegadas a *bots* que nos regalan espacio para aportar valor, estructuras más planas y colaborativas donde es más fácil asumir responsabilidades, crecer y brillar, y espacios de innovación nunca vistos que se apalancan en la combinación de tecnologías y el uso inteligente del data. ¿En medio? Una multitud de seres desconcertados arrojándose en brazos de las tendencias, sin experimentar ni arriesgar, esperando claridad... que no llegará. Honestamente yo les diría: meteorito bueeeeno, meteorito guapo, meteorito ayuda a evolución de la especie. Dentro de las cavernas encontramos mucho *restyling* superficial con todos los *buzz words* necesarios y cero transformación real en el diseño organizativo, el estilo de liderazgo, las formas de trabajar, procesos y desarrollo de nuevas capacidades. ¡A pasear fuera de la caverna, pero ya!

—@SeñoritaMaryPoppins: ¿POR QUÉ HAY TANTOS MALOS @JEFES?

—@señorSANCRIS: Porque ser buen jefe es muy difícil y encima hemos puesto el listón muy alto. Solo estructuras más planas pueden mitigar el problema (menor demanda) y ayudar a centrar el tiro siendo, ahora sí, exigente de veras con el perfil. Un buen jefe en el nuevo entorno es un animal bastante diferente a lo que consideramos excelente en el pasado reciente. Ya no necesita ser la fuente de todas las respuestas: el expertise está diseminado en la organización. Se siente cómodo en ese rol, sabe escuchar y conectar los puntos. Es un *jedi* del «LET GO», creando espacios donde sus equipos asuman una autonomía real, se autoorganicen y tomen decisiones. Maneja los campos de fuerza de la inteligencia colaborativa. Crea galaxias de colaboración entre razas, ecosistemas de talento, abiertos y cargados de impacto para el negocio y para quienes lo conforman. Inspira y engrasa, desarrolla y acompaña el crecimiento de sus colaboradores. Cuando es necesario (aunque es esencialmente un ser de paz) desenfunda el sable laser y atiza a aquellas partes de la organización que bloquean el trabajo de sus equipos. Una movida de jefe, vamos. No obstante, por rizar el rizo, te diré también que dije que este nuevo jefe es bastante diferente, que no totalmente diferente. Hay valores jedi que son universales e intemporales, el buen jefe los tuvo en el pasado y el nuevo los mantiene: la generosidad, la fe en el potencial, la atención y dedicación, la autenticidad y sobre todo los valores y la ética (sé que esto te pone contenta, SeñoritaMaryPoppins 😎).

—@SeñoritaMaryPoppins: ¿TE VA A QUITAR TU TRABAJO @ITROBOTS?

—@señorSANCRIS: No. Más preguntas.

—@SeñoritaMaryPoppins: QUE VAS A HACER TÚ Y LAS ESPECIES DE TU#CAVERNAEMPRESARIAL PARA NO ACABAR EN LA #GALAXIAFINDELTRABAJO

—@señorSANCRIS: No me escuchas, te lo he explicado al inicio de este dialogo.

—@SeñoritaMaryPoppins: Y LA ÚLTIMA PREGUNTA, SOLO PARA TI, QUÉ TE HACE ESPECIAL

@señorSANCRIS: Esta es una muy buena pregunta para finalizar. Hoy día me veo más diferente que nunca. Diferente a la mayoría, diferente a los compañeros de profesión, diferente a mi yo de hace un año. Además no me puede gustar más... porque es necesario y es vacilón; porque no hay manual y está todo por descubrir, mundial para un explorador por naturaleza como yo. Lo que me hace diferente es que me lo he currado para estar cerca de donde se está guisando la transformación para SENTIRLA en varios países, en entornos startup o multinacional y con networks muy diversos (¡rodéate de gente guapa y valiente y verás que bien!). Me considero especialmente preparado y apasionado para los retos actuales; por tener todo claro. Desde luego que no, como dice Rosendo «...de nada entiendo pero me defiendo con la goma de borrar...» y así me diferencio de aquellos que se aferran a esquemas del pasado pensando que aún son válidos, los que no entienden nada de lo que ocurre pero se dejan la vida en aparentar y aquellos asumen el aburrido rol de esperar a que el humo deje ver el camino y entonces apretar. No soy así y así me va (bien). No de Palencia pero de Bilbao. Aúpa ahí.